Luciano De Crescenzo

# *Geschichte der griechischen Philosophie*

*Von Sokrates bis Plotin*

*Aus dem Italienischen von Linde* [illegible]



Diogenes

Titel der Originalausgabe:
›Storia della Filosofia Greca.
Da Socrate in poi‹

Die deutsche Erstausgabe erschien 1988
im Diogenes Verlag
Anmerkungen zu den einzelnen Kapiteln
jeweils am Schluß des Kapitels
Umschlagillustration: Ausschnitt aus einem
griechischen Vasenbild, ca. 480 v. Chr.

Veröffentlicht als Diogenes Taschenbuch, 1990

80/97/8/6
ISBN 3 257 21913 X

*Apollo habe ich gefragt:*
*»Was soll ich tun?«*
*Und Apollos Antwort lautete:*
»LACHE, UND DU BILDEST EINE
GROSSE MENGE.«
*Anfangs verstand ich nicht.*
*Dann versuchte ich es mit einem*
*Anagramm.*
*Und daraus wurde die »Geschichte*
*der griechischen Philosophie.«*

Delphi, 11. September 1986

# *Inhalt*

I

# *Sokrates*

Wie soll man Sokrates nicht mögen: er hatte ein gutes Herz, war hartnäckig, intelligent, ironisch, tolerant und gleichzeitig unbeugsam. Hin und wieder werden auf der Erde Menschen dieses Schlages geboren, Menschen, die uns alle ein wenig geprägt haben: Ich meine Jesus, Gandhi, Buddha, Lao-tse oder Franz von Assisi. In einem unterscheidet sich Sokrates allerdings von diesen anderen, er nämlich verhielt sich wie ein ganz normaler Mensch. Während doch bei den Großen, die ich soeben genannt habe, der Verdacht nicht ganz unberechtigt ist, zu ihrer Außergewöhnlichkeit habe auch ein wenig die Verherrlichung beigetragen, kann es bei Sokrates keinen Zweifel geben: der athenische Philosoph war ein Mensch, der kein Aufhebens von seiner Person machte, der keine Heilsprogramme verkündete und nicht verlangte, daß ihm die Menschen scharenweise folgten. Um nur eine Vorstellung zu geben: er hatte die in Prophetenkreisen nicht gerade übliche Gewohnheit, Bankette zu besuchen, zu trinken, und wenn sich Gelegenheit ergab, auch mal mit einer Hetäre das Lager zu teilen.

Da er nie etwas niedergeschrieben hat, gab Sokrates der Philosophiegeschichte schon immer Rätsel auf. Wer war er wirklich? Welches waren seine Ideen? Die einzigen unmittelbaren Quellen, die uns zur Verfügung stehen, sind Zeugnisse Xenophons, diejenigen Platons sowie einige Kommentare, die Aristoteles »vom Hörensagen« übermittelt; dabei aber entwirft uns Xenophon ein vollkommen anderes Bild von

Sokrates als Platon, und die einzigen Übereinstimmungen ergeben sich dort, wo der eine vom anderen abgeschrieben hat; was schließlich Aristoteles betrifft, sind Zweifel an seiner Objektivität mehr als begründet.

Xenophon war, unter uns gesagt, nicht gerade eine Leuchte der Philosophie: bestenfalls kann er als gutaussehender General und brauchbarer Memoirenschreiber gelten. Als junger Mann hatte er das süße Leben Athens genossen: Trinkgelage, Ringkämpfe, Turnwettspiele usw., bis er eines schönen Tages in einer engen Gasse Sokrates begegnet. Der Philosoph versperrt ihm den Durchgang mit seinem Stock, sieht ihm fest in die Augen und fragt:

»Weißt du, wo man Fisch verkauft?«

»Gewiß, auf dem Markt.«

»Und weißt du, wo die Männer tugendhaft werden?«

»Nein.«

»So folge mir denn und laß dich belehren.«[1]

Also begleitet Xenophon Sokrates künftig auf seinen Spaziergängen, er tut es wohl mehr, um sich vor seinen Freunden aufzuspielen, als aus wahrer Liebe zur Weisheit. Zwei Jahre später meldet er sich, gewiß des allzuvielen Diskutierens müde, als Freiwilliger für den ersten Krieg, der sich anbietet. Er verkehrt nun am Hofe von Kyros dem Jüngeren, von Agesilaos, dem König der Spartiaten, und an vielen anderen Orten, die sein Meister nie betreten hätte. Er verbringt sein ganzes Leben in Schlachten und Plänkeleien und kämpft fast immer in fremden Heeren. Über Sokrates spricht er so, als müßte er sich zu seinem offiziellen Verteidiger machen: er versucht, ihn nach dem Prozeß wieder zu rehabilitieren und schildert ihn als einen rechtschaffenen, scheinheiligen und obrigkeitshörigen Mann. So konventionell das Bild ist, das Xenophon entwirft, so sehr übertreibt Platon (*das* kreative Genie schlechthin) in die andere Richtung: Liest man nämlich die »Dialoge«, muß man sich fragen, ob Platons Held wirklich die Ideen des Sokrates ausdrückt oder nicht vielmehr doch die seines Autors. So bleibt mir nun nichts anderes übrig, als all das zu erzählen, was ich weiß, und der Leser wird sich seine eigene Meinung bilden können.

Äußerlich ähnelte Sokrates Michel Simon, dem französischen Schauspieler aus den fünziger Jahren, und er bewegte sich wie Charles Laughton in dem Film *Zeugin der Anklage*. Er wurde im Jahre 469 im Demos Alopeke geboren, einem Vorort von Athen, der eine halbe Stunde Fußweg außerhalb der Stadt an den Hängen des Lykabettos lag. Für die Freunde der Astrologie können wir ergänzen, daß er vermutlich Steinbock war, da er in den ersten Januartagen zur Welt kam. Seine Familie entstammte der bürgerlichen Mittelschicht der Zeugitai (der dritten und untersten Klasse derjenigen, die in Athen etwas galten). Sein Vater, Sophróniskos, war Bildhauer oder vielleicht auch nur Steinmetz am Stadtrand, und Mutter Phainarete war Hebamme.[2] Über seine Kindheit wissen wir praktisch nichts, und ehrlich gesagt, fällt es auch ein wenig schwer, sich Sokrates als Kind vorzustellen: nachdem er aber aus einer einigermaßen wohlhabenden Familie stammte, dürfen wir annehmen, daß er die normale Schulbildung aller Jungen Athens genossen hat, dann mit achtzehn seinen Militärdienst leistete und mit zwanzig, nachdem er sich die entsprechende Ausrüstung angeschafft hatte, Hoplit wurde.

Als Junge half er vermutlich in der Bildhauerwerkstatt seines Vaters, bis ihn dann eines Tages Kriton, »entzückt von seinen geistigen Reizen«[3], mitnahm, um ihn in die Liebe zur Erkenntnis einzuführen. Diogenes Laertios erzählt in seinem Werk *Leben und Meinungen berühmter Philosophen*, daß die Lehrer des Sokrates Anaxagoras, Damon und Archelaos gewesen seien, und letzterer wird auch sein Liebling genannt[4], genau gesagt, wird er als *eromenos* bezeichnet (bei einem Liebesverhältnis zwischen Männern wurde damals der ältere *erastes* und der jüngere *eromene* genannt). Bevor wir uns nun aber hinreißen lassen und Sokrates hier als *gay* ansehen, möchte ich, um Mißverständnisse von vornherein auszuräumen, eine kleine Zwischenbemerkung über das Thema der homosexuellen Liebe bei den griechischen Philosophen machen. Homosexualität war zu jener Zeit etwas durchaus Normales, und sie ist nicht umsonst als »griechische Liebe« in die Geschichte eingegangen. Plutarch etwa hat sie sogar »pädagogische Päderastie« genannt.[5] In keinem Fall war sie etwas Skandalöses: Als Hieron, der Tyrann von Syrakus, sich in den jungen Dailochos verliebt, äußert er sich dazu mit den einfachen Worten: »Es ist natürlich, daß mir gefällt, was schön ist«[6], ob die Schönen dann Junge, Mann oder Frau waren, galt als Nebensache. Schwierig wurde die Lage der Homosexuellen erst mit dem Christentum: nach der neuen Moral war Sex nur noch zur Zeugung erlaubt, jede andere Art von Geschlechtsverkehr wurde als sündig erklärt, was zu Verfolgungen und Vorurteilen führte, die auch heute noch gang und gäbe sind.

In späteren Jahren erlebte Sokrates noch andere Liebesbeziehungen dieser Art, die berühmteste ist die mit Alkibiades. Anders als von Aristippos[7] im vierten Buch über die »Wollust der Alten« dargestellt, hat nicht Sokrates sich in seinen Schüler verliebt, sondern dieser sich in ihn, wie aus einem erstaunlichen Passus aus dem *Gastmahl* hervorgeht, in dem der junge Alkibiades, ein wenig vom Wein überwältigt, seine verzweifelte Liebe zu Sokrates gesteht:

»... weit heftiger als den vom Korybantentanz Ergriffenen pocht mir, wenn ich ihn höre, das Herz.«

Und weiter:

»Allein also, ihr Männer, waren wir zwei miteinander, und ich meinte, er sollte mir nun gleich solche Dinge sagen, wie ein Liebhaber seinem Liebling in der Einsamkeit sagen würde, und freute mich. Hieraus aber wurde gar nichts, sondern wie er sonst mit mir zu sprechen pflegte, brachte er den ganzen Tag mit mir hin und ging fort. Nach diesem forderte ich ihn auf, Leibesübungen mit mir anzustellen, und übte mich mit ihm, um dadurch etwas zu erreichen. Er trieb also mit mir Leibesübungen und rang öfters mit mir ohne jemandes Beisein. Und was soll ich sagen? Ich hatte nichts weiter davon. Da ich nun so auf keine Weise etwas gewann, nahm ich mir vor, dem Manne mit Gewalt zuzusetzen und nicht abzulassen, da ich es einmal unternommen, sondern endlich zu erfahren, woran ich wäre. Also lade ich ihn zur Mahlzeit, ordentlich wie ein Liebhaber seinem Liebling nachstellt. Auch das gewährte er mir nicht einmal gleich, doch mit der Zeit ließ er sich überreden. Als er nun zum erstenmal da war, wollte er nach der Mahlzeit fortgehen, und damals schämte ich mich noch und ließ ihn. Ein andermal aber stellte ich es listiger an und sprach mit ihm, nachdem er abgespeist, bis tief in die Nacht hinein, und als er nun gehen wollte, nahm ich den Vorwand, daß es schon spät sei, und nötigte ihn zu bleiben. Also legte er sich nieder auf dem Polster neben dem meinigen, wo er auch bei der Mahlzeit gesessen hatte, und niemand sonst schlief in dem Gemach als wir...«[8]

Sokrates heiratete Xanthippe, als er schon fast fünfzig Jahre alt war, und vielleicht tat er dies mehr aus dem Wunsch nach einem Kind, als weil er eine Frau wollte. Bis dahin hatte er die Ehe gescheut, und wenn ihn einer um Rat fragte, ob er heiraten solle oder nicht, antwortete er gewöhnlich: »Tu was du willst, so oder so wirst du es bereuen.«[9] Xanthippe, eine Frau mit Charakterstärke, ist als der Inbegriff der zänkischen und besitzergreifenden Ehefrau in die Geschichte eingegangen, und sie scheint sogar populärer zu sein als Sokrates selber. In den dreißiger Jahren widmete ihr die Kinderbeilage des »Corriere della Sera« jede Woche einen Streifen, der immer mit demselben Vierzeiler begann:

*Alle wissen daß Xanthippe*
*ganz versessen war auf Stippe;*
*für den Sokrates welch Pein,*
*täglich Stippe mußt' es sein.*

Die Beziehung zwischen Sokrates und Xanthippe ist immer etwas ausgeschmückt worden. Mit großer Wahrscheinlichkeit spielte sich ihr Eheleben sehr viel normaler ab, als man glaubt: sie war eine Hausfrau wie viele andere, praktisch veranlagt und mit konkreten Problemen belastet, sie mußte ein (oder drei) Kinder aufziehen, wozu ihr Ehemann außer einer kleinen Erbschaft von seiner Mutter keinen Heller beitrug. Er war gutmütig, voller Ironie, hatte sie eben gern und ertrug sie gelassen. Worüber sich Xanthippe am meisten erregte, war, daß ihr Mann fast nie das Wort an sie richtete: so geschwätzig er mit seinen Freunden auf den Straßen Athens war, so schweigsam verhielt er sich zu Hause. Diogenes Laertios erzählt, wie Xanthippe einmal bei einem Streit so in Wut geriet, daß sie einen vollen Wassereimer über ihm ausschüttete, worauf Sokrates nur sagte: »Ich wußte, daß auf das Donnergrollen Xanthippes früher oder später Regen folgen würde.«[10] »Wie kannst du sie nur ertragen?« fragte ihn eines Tages Alkibiades. Und er erwiderte: »Mit einer solchen Frau zu leben, kann manchmal so nützlich sein wie ein wildes Pferd zu zähmen: man ist dann besser gewappnet, den andern in der Agora gegenüberzutreten.[11] Außerdem bin ich nun auch daran gewöhnt: es ist, als hörte man das unaufhörliche Geräusch einer Winde.«[12]

Aristoteles berichtet, daß Sokrates noch eine zweite Frau gehabt habe, eine gewisse Myrto, die immerhin eine Tochter von Aristides dem Gerechten war.[13] Plutarch zufolge ging der Philosoph diese zweite Ehe nur aus Herzensgüte ein, da Myrto nämlich trotz ihrer engen Verwandtschaft mit Aristides in schlimme Not geraten war.[14] Andere behaupten, er habe mit ihr in wilder Ehe gelebt und sie eines Abends, als er getrunken hatte, mit nach Hause geschleppt. Ob Ehefrau oder Geliebte, Myrto schenkte ihm jedenfalls zwei Söhne, Sophroniskos und Menexenos und erhöhte damit die Nachkommenschaft des Philosophen, der schon gemeinsam mit Xanthippe den Sohn Lamprokles hatte, auf drei Kinder. So verwunderlich ist das nicht, denn die Athener Regierung ermunterte ihre Bürger, mit verschiedenen Frauen mehrere Kinder zu zeugen, damit sich die Zahl der echten Athener erhöhte.[15]

Über das Dreiergespann Sokrates, Xanthippe und Myrto gibt es in einem Werk von Brunetto Latini[16] eine lustige Episode. Dieser Autor erscheint, wie ich hier noch kurz anmerken möchte, als jener berühmte »Ser Brunetto« in Dantes Hölle im Höllenkreis der Sodomiten.[17] Historisch entbehrt dieses Zitat jeder Grundlage, es vermittelt uns aber eine Vorstellung, wie die Beziehung zwischen Sokrates und Xanthippe im Mittelalter gesehen wurde:

»Sokrates war ein sehr großer Philosoph in damaliger Zeit. Und war ein sehr häßlicher Mann zum Ansehen, so er furchtbar klein war, ein behaartes Gesicht hatte und breite platte Nasenlöcher, der Kopf war kahl und knotig, haarig auch Nacken und Schultern, dünn und krumm die Beine. Und zwei Frauen hatte er gleichzeitig, die sehr oft zankten und rauften, weil der Gatte heute der einen, morgen der anderen mehr Liebe bewies. Und wenn dieser sie beim Zanken antraf, stachelte er sie an, damit sie sich die Haare ausrauften, und lachte sie aus, weil sie wegen eines so häßlichen Mannes in Streit gerieten. Bis dann eines Tages, als er sich wieder über sie lustig machte, wie sie sich an den Haaren zogen, die beiden plötzlich einhielten und sich gemeinsam auf ihn stürzten und ihm die Haare ausrissen, so daß von den paar Härchen, die er noch auf dem Kopf hatte, kein einziges mehr blieb.«

Da wir schon beim Thema Krieg sind: Sokrates war übrigens ein guter Soldat, ja sagen wir ruhig, er war ein guter Matrose. Im Jahre 432 wurde er mit weiteren zweitausend Athenern eingeschifft und nach Potidaia, einer kleinen Stadt in Nordgriechenland, in den Kampf geschickt, die sich gegen die Übermacht Athens erhoben hatte. Dies geschah mitten im Peloponnesischen Krieg. Aus Angst, daß sich dieser Aufstand über ganz Thrakien ausbreiten würde, fühlten sich die Athener zu einer Strafexpedition gezwungen. Bei dieser Gelegenheit erwarb dann Sokrates seine erste Verdienstmedaille, indem er dem jungen Alkibiades das Leben rettete: Er hatte diesen verletzt auf dem Schlachtfeld liegen sehen, ihn Huckepack genommen und durch einen Wald von Feinden hindurch in Sicherheit gebracht. Mehr noch als der Mut des Philosophen kann uns sein vollkommener Gleichmut den Unbequemlichkeiten des Krieges gegenüber in Erstaunen versetzen. Dazu erzählt uns Alkibiades im *Gastmahl* folgendes:

»Wir machten den Feldzug nach Potidaia zusammen und waren dort Tischgenossen. Da nun übertraf er zuerst in Ertragung aller Beschwerden nicht nur mich, sondern alle insgesamt. Denn wenn wir etwa irgendwo abgeschnitten waren und, wie es im Felde wohl geht, hungern mußten: so war das nichts gegen ihn, wie es die anderen aushielten. Und auch wenn hoch gelebt wurde, verstand er allein zu genießen, auch sonst, zumal aber im Trinken, wiewohl er es immer nicht wollte; wenn er einmal dazu gezwungen wurde, übertraf er alle, und, was das wunderbarste ist, niemals hat irgend jemand den Sokrates trunken gesehen. Hievon nun, dünkt mich, wird sich auch jetzt gleich der Beweis finden. Im Ertragen der Witterung aber, die Winter sind dort furchtbar, trieb er es bewunderungswürdig weit, auch sonst immer, besonders aber einmal, als der Frost so heftig war, wie man sich nur denken kann, und die andern entweder gar nicht hinausgingen oder, wer es etwa tat, wunder wieviel Anzug und Schuhe unterband und die Füße einhüllte in Filz und Pelz: da ging dieser hinaus in ebensolcher Kleidung, wie er sie immer zu tragen pflegte, und ging unbeschuht weit leichter über das Eis hin als die anderen in Schuhen. Die Kriegsmänner sahen ihn auch scheel an, als verachte er sie. Ein anderes Mal war ihm etwas eingefallen, und er stand nachsinnend darüber von morgens an auf einer Stelle, und da es ihm nicht voranging, ließ er nicht nach, sondern blieb immer forschend stehen. Nun wurde es Mittag, und die Leute merkten es und erzählten verwundert einer dem andern, daß Sokrates von Morgen an über etwas nachsinnend dastände. Endlich, als es Abend war und man gespeist hatte, trugen einige Jonier, denn damals war es Sommer, ihre Schlafdecken hinaus, teils um im Kühlen zu schlafen, teils um auf ihn acht zu geben, ob er auch die Nacht über da stehen bleiben würde. Und er blieb stehen, bis es Morgen ward und die Sonne aufging.«[18]

Aus diesem Bericht des Alkibiades können wir schließen, daß Sokrates, so wie etwa einige Schamanen in Indien, fähig war, in eine Art Starre zu verfallen. Jeder Komfort modernen Lebens war diesem Mann gewiß vollkommen gleichgültig. An Kleidung trug er gewöhnlich bei warmem wie bei kaltem Wetter eine Art Tunika, die man *Chitón* nannte, oder bestenfalls ein *Tribon*, einen Stoffmantel, den er gewöhnlich direkt auf der Haut trug und über die rechte Schulter (*epi dexia*) drapierte. Von Sandalen oder Wollhemden konnte keine Rede sein. Und was die Luxusgüter betrifft, gab es nichts, was ihn interessierte. Eines Tages blieb er vor einem Laden in Athen stehen und rief beim Anblick der dort ausgestellten Waren aus: »Sieh nur, wie viele Dinge die Athener zum Leben brauchen!«[19]

Acht Jahre nach der Belagerung von Potidaia kämpft er mit gegen die Böotier. Die Schlacht wendet sich schnell zum Nachteil der Athener, die niedergeworfen und in die Flucht geschlagen werden. Auch Sokrates und Alkibiades sind zum Rückzug gezwungen.

»Ich war zu Pferde dabei, er aber in schwerer Rüstung zu Fuß«, erzählt Alkibiades. »Da konnte ich nun den Sokrates noch schöner beobachten, als in Potidaia: er schien auch dort einherzugehen und stier seitwärts hinwerfend die Augen, ruhig umherschauend nach Freunden und Feinden; und jeder mußte es sehen von ferne, daß wenn einer diesen Mann berührte, er sich aufs kräftigste verteidigen würde.«[20]

Im Alter von siebenundvierzig Jahren wird er noch einmal zu den Waffen gerufen und nimmt am Feldzug von Amphipolis teil: auch bei dieser Gelegenheit erfüllt er seine Pflicht als Soldat. Merkwürdig, wie dieser Mann, der alle Anlagen besaß, als ein Gewaltloser, als ein Gandhi des 5. Jahrhunderts angesehen zu werden, sich auf dem Schlachtfeld in einen Kämpfer verwandelte. Tatsache ist, daß Sokrates, was Vaterland und Staatsgewalt betrifft, zwar revolutionär dachte, aber immer die Gesetze befolgte. Die folgenden beiden Episoden können uns eine Vorstellung seiner moralischen Überzeugung vermitteln.

Kritias, der an die Spitze der Regierung der dreißig Tyrannen gelangt war, befahl eines Tages Sokrates und vier weiteren Athenern, in Salamis den Demokraten Leon festzunehmen, um ihn nach Athen zu bringen, wo er dann zum Tode verurteilt werden sollte. Als habe er nichts gehört, ging der Philosoph einfach nach Hause, obwohl er ja genau wußte, daß ein solcher Ungehorsam ihn das Leben kosten konnte. Zu seinem Glück starb Kritias in der Zwischenzeit. Diese Geschichte wird in Platons *Apologie* mit den Worten des Sokrates erzählt:

»Da nun zeigte ich wiederum nicht durch Worte, sondern durch die Tat, daß der Tod mich auch nicht das mindeste kümmerte, nichts Ruchloses aber und nichts Ungerechtes zu begehen mich mehr als alles kümmert.«[21]

Ein anderes Mal wurde er als Richter ausgelost und saß mit den Prytanen zu Rate. An jenem Tag sollten zehn Heerführer verurteilt werden, weil sie einige Athener Seeleute nicht gerettet hatten, die während der Schlacht bei den Arginusen ins Meer gestürzt waren. Es war dabei offenbar ein Schnellverfahren vorgesehen, denn es ließ sich unmöglich feststellen, welcher der Heerführer sich unterlassener Hilfeleistung schuldig gemacht hatte und welcher nicht. Das Volk verlangte die wahllose Verurteilung aller. Aber Sokrates weigerte sich und ließ die Drohungen der Angehörigen der Opfer gelassen über sich ergehen.[22]

Eine solche Gelassenheit und überlegene Urteilsfähigkeit bewiesen die Richter leider nicht, als Sokrates selber auf die Anklagebank mußte: Vom jungen Meletos des Gottesfrevels bezichtigt, wurde er von seinen Mitbürgern dazu verurteilt, den Schierlingsbecher zu leeren. Diese Sache mit dem Gottesfrevel ist eine wirklich merkwürdige Geschichte: während sich die Athener im Alltag in Religionsfragen sehr tolerant zeigten, reichte es in einigen Fällen schon aus, daß einer den kleinsten Zweifel an der Existenz der Götter äußerte, und er geriet in ernsthafte Schwierigkeiten. In Wirklichkeit kümmerte sich in Athen niemand um die Religiosität des anderen, aber jeder Vorwand kam natürlich gelegen, einen politischen Gegner oder einen Mann wie Sokrates aus dem Weg zu räumen, der mit seiner unerschöpflichen Dialektik die bestehende Gewalt jeden Tag aufs neue in Frage stellte. Unter den des Gottesfrevels[23] beschuldigten Philosophen erinnern wir an Anaxagoras, Protagoras, Diogenes von Apollonia und Diagoras: alle außer Sokrates retteten sich durch die Flucht.[24] Wir wollen jetzt hier nicht noch einmal den Hergang des Prozesses erzählen, wie er uns von Platon und Xenophon überliefert ist, sondern uns einfach einmal in die Rolle von zweien der fünfhundert Richter versetzen: in die des Euthymachos und die des Kallios.

»Kallios, Sohn des Philonides, auch du unter den Heliasten: wie ich sehe, ist es dir wichtiger, deinen alten Lehrer zu verurteilen, als neben deiner süßen Thalexia die Wärme des Bettes zu genießen.«

»Mir scheint, o Euthymachos, daß ich nicht der einzige bin, der den Morgen grauen sah. Die Sonne stand noch nicht über den Hymettos-Bergen, als die Stadt schon von Athenern wimmelte, die nach Gerechtigkeit dürsten. Stell dir vor, dort wo ich wohne, am Skambonides, waren so viele Bürger unterwegs zur Agora, um am Prozeß gegen Sokrates teilzunehmen, daß man auf den Straßen nicht mehr vorankam. Ich habe gesehen, wie viele Kaufleute ihre Geschäfte den treuesten Sklaven überließen, und aus den oberen Stockwerken wurde unter dem Protestgeschrei der Passanten so mancher *Amis*[25] ausgeleert. Kurz, es herrschte eine solch merkwürdige Aufregung, als wären sie alle nicht zu einem Prozeß unterwegs, sondern zu den *Oschophorien*[26].«

Es ist Februar im Jahre 399 vor Christus und noch dunkle Nacht, Tausende von Athenern begeben sich zur Agora. Jeder Bürger läßt sich von einem Sklaven mit einer Fackel leuchten. Zu jener Zeit waren die Straßen Athens schnell verstopft: Plutarch erzählt, daß die Verkehrswege so schmal waren, daß einer, wenn er sein Haus verlassen wollte, an die Tür klopfen mußte, um die Vorübergehenden zu warnen und Zusammenstöße zu vermeiden.

Allmählich bildet sich vor den Urnen mit den Losen eine lange Schlange all derer, die Richter werden wollen. Die öffentlichen Sklaven, die als städtische Polizei eingesetzt sind, sperren die Eingänge mit dem »roten Seil« ab, um die Menge der Neugierigen daran zu hindern, den den Auserwählten vorbehaltenen Bereich zu betreten. Berührte ein Bürger diese mit frischer roter Farbe bestrichene Absperrung, verlor er damit für ein Jahr die *misthos ecclesiasticos*, nämlich das Versammlungsrecht.

Die Rechtsprechung war zur Zeit des Perikles auf diese Weise geregelt: die Archonten losten zu Beginn des Jahres sechstausend Athener aus, die älter als dreißig waren und die Heliaia bildeten, also die große Reserve, aus der jeweils die für einen Prozeß benötigten fünfhundert Richter gewählt wurden. Die zweite Auslosung, die endgültige, fand erst am Morgen der Verhandlung statt, um auf diese Weise zu verhindern, daß die Angeklagten die Richter bestechen konnten. Für diese täglichen Auslosungen befand sich am Eingang zu den Gerichten eine Vorrichtung aus Marmor, *Klerotherion* genannt, in der es einen horizontalen Spalt gab, durch den jeder einzelne Kandidat ein Bronzetäfelchen mit den Angaben zu seiner Person steckte. Diese Täfelchen waren bereits so etwas wie ein Personalausweis: Name, Vatersname und Demos, also Ort seiner Herkunft, waren darauf eingeprägt. Zum Beispiel: Kallios, Sohn des Philonides, aus dem Demos Skambonidos Z. Der letzte Buchstabe bedeutete, daß Kallios dem sechsten Strang seines Stammes angehörte. Sobald das Täfelchen durch den Schlitz geschoben worden war, wurde ein innerer Mechanismus in Bewegung gesetzt, durch den ein weißer und ein schwarzer Würfel über eine Reihe von Kanälen rollten: je nachdem, welcher der beiden Würfel aus dem *Klerotherion* herauskam, war der Bürger zum Mitglied des Gerichts gewählt oder nicht. Für ihr Bemühen erhielten die Richter ein Sitzungsgeld: drei Obolus pro Tag, was etwa 60 Prozent eines Arbeiterlohns entsprach.[27]

»Im vergangenen Jahr hat mich das Schicksal viermal begünstigt«, sagt Euthymachos, »dreimal als Volksrichter und einmal als Richter des *Phreatos*, das im Frühjahr in der Nähe von Phaleron[28] stattfand.«

Das *Phreatos* war ein Sondergericht, das nur einberufen wurde, wenn es darum ging, über einen Athener, der bereits zum Exil verurteilt worden war, zu richten. Der Angeklagte, der nicht das Recht hatte, sein Vaterland zu betreten und es damit zu verunreinigen, mußte sich einige Meter vom Ufer entfernt von einem Boot aus verteidigen, während seine Richter sich am Strand aufhielten.

»Wir hatten über Aurilochos, den Sohn Damons zu urteilen«, erzählt Euthymachos. »Da ich mit seinem Vater befreundet bin, hätte ich alles getan, um ihm das Leben zu retten, aber die Beweislast war so erdrückend, daß auch ich gezwungen war, mich für die Todesstrafe auszusprechen.«

»Ich fürchte, auch Sokrates wird nicht zu retten sein«, sagt Kallios seufzend und mit aufrichtigem Bedauern. »Allzu viele fühlen sich ihm geistig unterlegen, und solche Menschen versuchen immer, sich zu rächen.«

»Wenn er zum Tode verurteilt wird, ist er selber schuld. Sokrates ist der anmaßendste Mensch, den es je gegeben hat!«

»Dabei erklärt er aber doch allen, daß er nichts wisse«, ruft Kallios aus, »daß er ein Unwissender sei!«

»Das ist ja gerade der Gipfel der Anmaßung!« entgegnet Euthymachos. »Damit will er doch den anderen Menschen nur sagen: ›Ich bin ein Unwissender, aber du, der du nicht weißt, daß du ein solcher bist, bist noch unwissender als ich!‹ Und wenn einer seinen Nächsten nun immer auf diese Weise beleidigt, kann doch die Reaktion nicht ausbleiben, und früher oder später muß er dafür bezahlen. Ich würde sogar weiter gehen und sagen, es ist schon ein Wunder, daß der Alte siebzig Jahre alt werden konnte, ohne je durch das *Scherbengericht*[29] zum Exil verurteilt worden zu sein!«

Das *Scherbengericht*, der Ostrakismos, war eine zu jener Zeit sehr verbreitete Praxis, eine Art umgekehrter Wahl. Wenn ein Athener zu der Überzeugung gelangte, daß einer seiner Mitbürger der *Polis* auf irgendeine Weise Schaden zufügen konnte, brauchte er sich nur zur *Agora* zu begeben und den Namen seines Feindes auf das *Ostrakon* zu schreiben, eine eigens dafür vorgesehene Keramikplatte. Schlossen sich insgesamt sechstausend Leute dieser Anklage an, blieben der so aufs Korn genommenen Person noch zehn Tage, um sich von ihren Freunden und Verwandten zu verabschieden, dann mußte sie den Weg ins Exil nehmen. Die Verurteilung konnte, je nachdem, wie viele Mitbürger unterschrieben hatten, fünf Jahre oder zehn Jahre dauern, und keiner brauchte sich dafür irgendwie zu rechtfertigen. Diese Praxis war von Kleisthenes, dem eigentlichen Gründer Athens, eingeführt worden, um dem Persönlichkeitskult entgegenzuwirken. Plutarch definiert sie als »eine milde Befriedigung des Neides«.[30] Gälte sie heute noch, wer weiß, wie viele Politiker, Fernsehleute und Spitzensportler ihr Heimatland verlassen müßten! Wir wollen hier keine Namen nennen, jeder Leser mag aber seine eigene Liste der Unerwünschten aufstellen.

Nun tritt Sokrates auf. Er blickt gelassen um sich. Am Leibe trägt er wie gewöhnlich ein *Tribon*, und beim Gehen stützt er sich auf einen Stock aus Eichenholz.

»Da ist er ja, der unbeugsame Alte«, ruft Kallios aus. »Wenn man ihn so sieht, könnte man gerade meinen, er gehe nicht zu einem Prozeß wegen Gottesfrevel, sondern zu einem Gastmahl: er lächelt, bleibt stehen, um mit den Freunden zu sprechen, und grüßt alle, die er sieht!«

»Er macht doch wieder nur Schwierigkeiten«, protestiert Euthymachos, der jetzt mißgünstiger ist denn je. »Außerdem merkt er überhaupt nicht, daß das Volk ihn als schuldig betrachtet und ihn daher angsterfüllt und um Gnade flehend sehen will.«

Sokrates hat die Tribüne bestiegen: Er befindet sich links vom Großarchonten und wartet geduldig darauf, daß der Gerichtsschreiber den Prozeß für eröffnet erklärt.

»Heliasten«, verkündet der Gerichtsschreiber, »die Götter haben eure Namen aus der Urne auserwählt, damit ihr Sokrates, den Sohn des Sophroniskos, von der Anklage des Gottesfrevels, die Meletos, Sohn des Meletos, gegen ihn erhoben hat, freisprechen oder aber ihn schuldigsprechen könnt.«

Die athenischen Gerichte kannten noch keinen Staatsanwalt. Anklage konnte von jedem einzelnen Bürger erhoben werden, der dies allerdings auf eigene Gefahr tat: wurde der Schuldige verurteilt, zog er den zehnten Teil seines Vermögens ein, wurde er aber freigesprochen, zahlte er eine Geldstrafe von tausend Drachmen.[31] Ebensowenig gab es aber auch einen Verteidiger. Ein Angeklagter mußte sich, ob er gebildet war oder ein Analphabet, selber verteidigen. Wenn er dazu gar nicht imstande war, konnte er vor dem Prozeß einen *Logographen* rufen, das heißt einen Rechtskundigen seines Vertrauens, der fähig war, ihm eine Verteidigungsrede zu schreiben, die er dann auswendig lernen mußte. Zu den berühmtesten *Logographen* zählen Antiphon, Prodikos, Demosthenes und Lysias.[32]

»Das Wort hat Meletos, Sohn des Meletos«, verkündet der Gerichtsschreiber und deutet auf einen wohlgekleideten jungen Mann mit Lockenhaar.

Meletos besteigt das Podest, das für die Anklage bestimmt ist. Er hat eine hochmütige und leidende Miene, wie es einem tragischen Dichter angemessen ist. Er will den Anschein erwecken, daß es ihm leid tut, gegen einen Greis wie Sokrates wüten zu müssen.

»Richter von Athen!« beginnt der junge Mann und läßt seinen Blick langsam über alle die Richter wandern, die ihm gegenüber sitzen. »Ich, Meletos, Sohn des Meletos, klage Sokrates an, die Jugend zu verderben, die Götter nicht anzuerkennen, die die Stadt anerkennt, an die Dämonen zu glauben und religiöse Praktiken zu üben, die uns fremd sind.«

Langes Murmeln steigt aus der Menge auf. Der Angriff war entschieden und genau. Meletos schweigt einen Augenblick, um der Ernsthaftigkeit seiner Anklage mehr Nachdruck zu verleihen, und als er dann fortfährt, betont er jedes Wort einzeln:

»Ich, Meletos, Sohn des Meletos, klage Sokrates an, sich in Dinge einzumischen, die ihn nichts angehen; das zu untersuchen, was unter der Erde und über dem Himmel ist, mit allen über alles zu reden, wobei er jedesmal versucht, die schlechteste Meinung als die beste erscheinen zu lassen. Wegen dieser Vergehen fordere ich die Athener auf, ihn zum Tode zu verurteilen!«

Bei diesem letzten Satz wenden sich alle Sokrates zu, um seine Reaktion zu beobachten. Der Philosoph zeigt Verwunderung: er gleicht mehr einem Zuschauer als einem Angeklagten. Euthymachos stößt Kallios mit dem Ellbogen an und sagt, wie er die Lage einschätzt:

»Ich befürchte, Sokrates ist sich gar nicht bewußt, in welche Schwierigkeiten er sich begeben hat. Meletos hat recht: alle wissen, daß Sokrates nie an die Götter geglaubt hat. Eines Tages soll er gesagt haben: ›Es sind die Wolken und nicht Zeus, die den Regen hervorbringen, andernfalls, wenn es nur von Zeus abhinge, würden wir es regnen sehen, auch wenn es heiter ist.‹[33]«

»In Wahrheit«, wirft Kallios ein, »legte Aristophanes diese Dinge Sokrates in den Mund, nicht er selber hat es gesagt.«

Der Prozeß nimmt unterdessen seinen Lauf, und nach Meletos betreten zwei andere Ankläger das Podest: Anytos und Lykon.

»Apollodoros hat mir erzählt«, sagt Kallios, »daß Sokrates gestern abend Lysias' Hilfe abgelehnt hat.«

»Hatte der ihm eine Verteidigungsrede geschrieben?«

»Ja, und es scheint eine ganz außergewöhnliche Rede zu sein.«

»Das glaube ich gern: der Sohn des Kephalos ist der Allerbeste in Athen! Aber warum hat er nur abgelehnt?« fragt Euthymachos.

»Er hat nicht nur abgelehnt, sondern Lysias sogar wegen seines Hilfsangebotes beschimpft. Er hat zu ihm gesagt: »Du willst mit deinen trickreichen Worten die Richter zu meinem Besten hinters Licht führen. Aber wie willst du für mein Bestes sorgen, wenn du gleichzeitig die Gesetze hintergehst?«

»Immer die gleiche Anmaßung!«

Anytos und Lykon haben soeben ihre Reden beendet. Der Gerichtsschreiber dreht die Wasseruhr um, mit der die Redezeit bemessen wird und verkündet:

»Das Wort hat nun Sokrates, der Sohn des Sophroniskos!«

Sokrates blickt um sich, als wolle er Zeit gewinnen, kratzt sich im Nacken, wirft dem Großarchonten einen Blick zu und richtet sich dann sofort an die Richter.

»Ich weiß nicht, o Athener, welchen Eindruck die Reden meiner Ankläger auf euch gemacht haben. Es ist wahr, daß sie beide mit so großer Überzeugungskraft gesprochen haben, daß auch ich ihren Worten glauben würde, ginge es hier nicht um meine Person. Tatsache bleibt, daß von dem, was diese beiden Bürger vorgetragen haben, kein Wort der Wahrheit entspricht. Und jetzt verzeiht, daß ich euch keine mit schönen Sätzen ausgeschmückte Rede halten werde. Ich werde einfach so reden, wie ich es gewohnt bin, nämlich in schlichten Worten. Stattdessen werde ich aber immer versuchen, das Richtige zu sagen, und nur darauf sollt ihr achten: nämlich ob das, was ich euch nun sage, richtig ist oder nicht!«

»Da fängt er ja schon wieder an, in gewundenen Worten zu reden!« ruft Euthymachos ungehalten aus. »Guter Zeus, was für ein unsympathischer Mensch!«

»Sei ruhig, Euthymachos!« bittet Kallios. »Und laß mich zuhören.«

»Ich möchte euch ein merkwürdiges Erlebnis erzählen, das Chairephon hatte, mit dem ich von klein auf eng befreundet bin. Er ging eines Tages nach Delphi und wagte, dem Orakel diese Frage zu stellen: ›Gibt es jemanden auf der Welt, der weiser ist als Sokrates?‹ Und wißt ihr, was die Pythia antwortete? ›Nein, es gibt niemanden auf der Welt, der weiser ist als Sokrates.‹ Stellt euch vor, wie überrascht ich war, als Chairephon mir diese Antwort berichtete. Was hatte der Gott damit wohl sagen wollen? Ich weiß, daß ich weder viel noch wenig weiß, und nachdem der Gott ja nicht lügt, frage ich mich: was hat er mit diesem Rätsel wohl gemeint? Mein Zeuge ist der Bruder des Chairephon hier, da er selbst nicht mehr unter den Lebenden ist.«

»Ich möchte doch wissen, was all dies mit der Anklage des Gottesfrevels zu tun hat!« platzt Euthymachos heraus. »Wenn ich etwas an Sokrates hasse, dann seine Art, so viele Umschweife zu machen, allein dafür werde ich ihn schon zum Tode verurteilen!«

»Und um die Botschaft des Gottes zu verstehen«, fährt Sokrates vollkommen gelassen fort, »machte ich mich auf und besuchte einen, der im Rufe stand, ein Weiser zu sein. Seinen Namen nenne ich euch nicht, o Athener. Ich sage nur, daß er einer unserer Staatsmänner war. Nun, dieser gute Mann erschien mir zunächst als ein Weiser. In Wirklichkeit war er es aber dann ganz und gar nicht. Das versuchte ich ihm schließlich verständlich zu machen, und dafür begann er mich zu hassen. Danach suchte ich einige Dichter auf. Ich nahm ihre Gedichte in die Hand oder zumindest jene, die mir als ihre besten erschienen, und fragte die Dichter dann, was sie damit sagen wollten. O Bürger ... ich schäme mich, euch die Wahrheit zu sagen ... Das Dümmste, was man über irgendein dichterisches Werk sagen konnte, kam gerade von seinen Dichtern! Nach dem Staatsmann und den Dichtern wandte ich mich den Künstlern zu, und ratet mal, was ich entdeckte? Daß diese nämlich im Bewußtsein, ihr eigenes Handwerk zu verstehen, glaubten, auch in anderen bedeutenderen und schwierigeren Dingen weise zu sein. Da nun verstand ich, was das Orakel hatte sagen wollen: ›Sokrates ist der weiseste aller Menschen, weil er der einzige ist, der weiß, daß er nichts weiß.‹ In der Zwischenzeit hatte ich aber nun den Haß der Dichter, der Politiker und der Künstler geweckt; und nicht zufällig sehe ich mich heute von Meletos, der ein Dichter ist, von Anytos, der ein Staatsmann und Künstler ist und von Lykon, der ein Redner ist, vor Gericht angeklagt.«

»Was du hier gesagt hast, o Sokrates, sind nur Unterstellungen«, erwidert Meletos. »Verteidige dich lieber gegen den Vorwurf, die Jugend zu verderben.«

»Aber wie, o Meletos, soll ich denn die Jugend verderben?«

»Indem du ihr erzählst, die Sonne sei ein Stein und der Mond aus Erde gemacht«, antwortet Meletos.

»Ich glaube, du verwechselst mich mit einem anderen: diese Dinge kann die Jugend lesen, wann immer sie will. An jeder Ecke der Agora gibt es für eine Drachme die Bücher des Anaxagoras aus Klazomenai zu kaufen.«

»Du glaubst nicht an die Götter!« schreit Meletos, springt auf und droht ihm mit dem Zeigefinger. »Du glaubst nur an die Dämonen!«

»Und wer sind denn diese Dämonen?« fragt Sokrates, ohne die Fassung zu verlieren. »Ungeratene Söhne der Götter? Du behauptest also hier, daß ich nicht an die Götter glaube, sondern nur an die Söhne der Götter. Das ist doch, als sagtest du, daß ich an die Fohlen glaube, aber nicht an die Pferde.«

Gelächter im Publikum überdeckt Sokrates' Stimme für eine Weile. Der Philosoph wartet, bis die Zuhörer wieder aufmerksam sind, dann wendet er sich dem zweiten Ankläger zu.

»Und du, Anytos, der du meinen Tod verlangst, warum hast du nicht alle die Jugendlichen, die ich deiner Meinung nach verdorben haben soll, vor die Richter gebracht? Ich selber hätte dir entgegenkommen und sie dir nennen können. Viele sind heute schon alt und könnten gegen mich zeugen und bestätigen, daß ich sie verdorben habe. Hier sind sie und sehen uns zu: dieser ist Kriton mit seinem Sohn Kritobulos, und dann ist da Lysanias der Sphettier mit seinem Sohn Aischines, weiter Antiphon der Kephesier, Nikostratos, Paralios, Adeimantos mit seinem Bruder Platon, auch Aiantadoros sehe ich mit seinem Bruder Apollodoros. Vielleicht, o Anytos, könnte ich dich besänftigen, wenn ich verspräche, ins Exil zu gehen und mich hier nicht mehr sehen zu lassen. Aber glaube mir: ich würde nur gehorchen, um dir einen

Gefallen zu tun, denn in Wirklichkeit bin ich überzeugt, daß es für die Athener ein großer Schaden wäre. Ich werde nämlich im Gegenteil nie aufhören, euch anzustacheln, euch zu überzeugen, jedem einzelnen von euch Vorwürfe zu machen, unablässig hinter euch her zu sein, wie eine Bremse, die eine edle Rassestute, die schlafen will, in die Flanken sticht, denn das ist es, was Gott Apollon von mir verlangt. O Bürger, die Stute, von der ich rede, ist Athen, und wenn ihr mich zum Tode verurteilt, werdet ihr nicht so leicht eine andere Bremse finden, die euer Bewußtsein wachhält. Genug: meine Gründe habe ich euch nun alle dargelegt. Damit könnte ich jetzt meine Freunde, Verwandten, kleinsten Kinder hereinlassen, um wie viele andere an euer Mitleid zu appellieren. Auch ich habe Familie: ich habe drei Söhne, und dennoch führe ich sie euch nicht vor, denn hier steht mein und euer Ruf auf dem Spiel. Der Richter darf nicht begnadigen, weil er gerührt wird, sondern er muß streng die Gesetze befolgen.«

Der letzte Tropfen der Wasseruhr fällt herab. Sokrates hat seine Rede beendet und tritt zurück, um sich auf einen Holzschemel zu setzen, der hinter ihm bereitsteht. Die engsten Freunde versuchen mit zaghaftem Beifall, die Zustimmung des Publikums herbeizuführen, doch der Versuch scheitert am allgemeinen Desinteresse. Nun beginnt die Abstimmung.

»Ich habe nicht den geringsten Zweifel: er ist schuldig!« urteilt Euthymachos, der sich von seinem Sitz erhoben hat. »Und selbst, wenn er es nicht wäre, würde ich ihn verurteilen. Seine Reden, sein ewiges Infragestellen der Überzeugungen anderer, ist der Polis nicht dienlich. Sokrates verbreitet Unsicherheit, er ist ein Defätist. Je schneller er stirbt, desto besser ist es für alle!«

»An deiner Stelle wäre ich nicht so sicher«, erwidert Kallios aufbrausend, »eine Stadt, die auf sich hält, sollte immer einen haben, der über sie wacht, und Sokrates ist der einzige, der das kann. Er ist unparteiisch, kein Politiker und vor allem arm. Auch wenn er schuldig sein sollte, zu seinem Vorteil hat er sicher nicht gehandelt.«

»Aber Kallios, glaubst du wirklich, daß Armut ein Beispiel ist, das man der Jugend geben soll? Sollen unsere Söhne denn wie er aufwachsen? Immer nur auf der Agora herumwandeln und sich gegenseitig fragen: ›Was ist gut? Was ist böse? Was ist gerecht? Was ist ungerecht?‹«

Ohne seine Antwort abzuwarten, springt Euthymachos auf und geht mit dem *psephos*, dem schwarzen Steinchen für das Todesurteil, zu den Urnen. Während er sich zwischen den Sitzreihen hindurchschiebt, versucht er, auch die übrigen Richter zu beeinflussen.

»Genug mit Sokrates! Schaffen wir ihn uns endlich vom Halse! Er behauptet, eine Bremse zu sein, die Athen aufstachelt. Gut, da nehme ich ihn beim Wort: welches Pferd würde denn nicht versuchen, sich von seinen Bremsen zu befreien, welches Pferd würde ihn denn nicht zerquetschen, wenn es nur Hände hätte!«

Kallios ist noch unentschieden. Er befragt die um ihn Sitzenden, um herauszubekommen, welches die Meinung der Mehrheit ist. Anscheinend waren die Richter in zwei mehr oder weniger gleich große Gruppen gespalten: in diejenigen, die Sokrates haßten, und die, die ihn für den besten Menschen der Welt hielten. Während sie so der Reihe nach vor die Urnen treten, verteidigt jeder von ihnen seine These. Wer bereits abgestimmt hat, macht es sich so gut es geht auf den Sitzen bequem, um einen kleinen Imbiß zu sich zu nehmen. Er macht seinen Proviantkorb auf und nimmt Sardinen, Oliven und Fladenbrot aus *maza*[34] heraus. Antiphon geht, nachdem er den Ältesten der Elf[35] um Erlaubnis gefragt hat, auf Sokrates zu und bietet ihm von einem Teller Feigen und Nüsse an. Die Prozesse in Athen dauerten den ganzen Tag, und es war den Richtern verboten, sich vom Gericht zu entfernen. Bei Sonnenuntergang mußte in jedem Fall das Urteil gesprochen werden. Untersuchungshäftlinge, die auf ihren Prozeß warteten, gab es damals noch nicht.

Nun werden endlich die Stimmen gezählt.

»Bürger von Athen!« hebt der Gerichtsschreiber feierlich an. »Die Heliasten haben wie folgt abgestimmt: weiße Stimmen 220, schwarze Stimmen 280. Sokrates, der Sohn des Sophroniskos, ist zum Tode verurteilt!«

Ein bestürztes »Oh!« erhebt sich aus der Volksmenge hinter der Absperrung. Kriton schlägt die Hände vors Gesicht. Nach einer kurzen Pause spricht der Gerichtsschreiber weiter.

»Und nun bitten wir den Verurteilten, wie es das Gesetz von Athen befiehlt, uns selbst eine anderslautende Strafe vorzuschlagen.«

Sokrates erhebt sich wieder, blickt um sich und breitet zum Zeichen seines Bedauerns die Arme aus.

»Eine anderslautende Strafe? Aber was habe ich denn getan, um eine Strafe zu verdienen? Mein Leben lang habe ich meine persönlichen Interessen, Familie und Haus vernachlässigt. Militärische Befehlsgewalt oder öffentliche Ehren habe ich nie angestrebt, an Verschwörungen oder anderen Verführungen war ich nie beteiligt. Welche Strafen erwarten einen, der so gehandelt hat? Ich mag mich irren, aber ich glaube, ich habe höchstens eine Auszeichnung verdient, nämlich die, auf Kosten des Staates ins *Prytaneion*[36] aufgenommen zu werden.«

Ein Sturm der Entrüstung erhebt sich bei seinen letzten Worten. Das absurde Verlangen des Philosophen klingt in den Ohren vieler Richter wie Hohn und eine regelrechte Herausforderung. Sokrates selber merkt, daß er wohl übertrieben hat. Während er weiterspricht, versucht er die Zuhörer zu besänftigen:

»Gut, gut, meine lieben Mitbürger, ich sehe, daß ich

mißverstanden worden bin. Mein Gerechtigkeitssinn ist von einigen als Hochmut ausgelegt worden. Aber sagt mir offen: was hätte ich denn als Strafe vorschlagen sollen? Gefängnis? Exil? Eine Geldstrafe? Welch eine Geldstrafe hätte ich denn zahlen können, nachdem ich nie für Geld gelehrt habe? Bestenfalls wäre ich in der Lage, eine einzige Silbermine zu bieten.«

Der Protest wird immer wütender. Eine Silbermine ist wirklich nichts im Verhältnis zu einer Todesstrafe. Es sieht fast so aus, als wolle Sokrates alles dazu tun, um das Urteil zu besiegeln.

»Nun gut«, sagt Sokrates seufzend und deutet auf Kriton und die übrigen Schüler, »hier sind meine Freunde, die darauf bestehen, daß ich mir eine Strafe von dreißig Minen auferlege. Sie selber wollen dafür, wie es scheint, die Garanten sein.«

Damit beginnt die zweite Abstimmung: Todesurteil oder dreißig Minen. Leider hat die erste »Strafe«, die der Philosoph vorschlug (nämlich auf Kosten des Staates ins Prytaneion aufgenommen zu werden) die Richter so sehr verärgert, daß viele, die zuerst auf seiner Seite standen, jetzt ins andere Lager überwechseln. Diesmal gibt es sehr viel mehr schwarze Steinchen in der Urne: 360 gegen 140.

»Bürger von Athen«, schließt Sokrates seine Rede, »ich fürchte, ihr habt eine große Verantwortung für die Polis auf euch genommen. Ich bin schon alt: ihr brauchtet nur zu warten, bis der Tod auf ganz natürliche Weise von selbst gekommen wäre. Wenn ihr so handelt, habt ihr noch nicht einmal die Gewißheit, mich bestraft zu haben. Wißt ihr denn, was das Sterben ist? Gewiß doch eines von beiden: entweder man versinkt ins Nichts oder aber man wandert anderswohin. Im ersten Falle wäre der Tod, wie ihr mir wohl glauben mögt, ein großer Vorteil: niemals mehr Schmerzen, niemals mehr Leiden; im zweiten Fall dagegen hätte ich das Glück, so vielen hervorragenden Menschen zu begegnen. Wieviel würde jeder einzelne von euch dafür geben, Orpheus, Musaios, Homer oder Hesiod zu treffen und mit ihnen zu sprechen! Oder auch Palamedes oder Aias den Telamonier, die beide starben, weil sie ungerecht behandelt worden waren.[37] Aber nun ist die Stunde gekommen, da wir gehen müssen: ich in den Tod und ihr ins Leben. Wer von uns das bessere Schicksal hat, bleibt uns verborgen, das wissen nur die Götter.«

Warum ist Sokrates zum Tode verurteilt worden? Dies ist eine Frage, die man sich nach 2400 Jahren noch stellen kann. Die Menschen brauchen Gewißheiten, um leben zu können, und weil es diese nicht gibt, tritt immer irgendeiner auf und erfindet solche Gewißheiten zum allgemeinen Wohl. Ideologen, Propheten, Astrologen verkünden manchmal in gutem Glauben, manchmal aber auch nur aus Berechnung Wahrheiten, um die Ängste der Gesellschaft zu besänftigen. Wenn aber einer kommt und behauptet, daß niemand wirklich etwas wissen könne, wird dieser Mann ganz schnell zum öffentlichen Feind Nummer eins der Politiker und Priester. Ein solcher Mann muß sterben!

Platon hat dem Prozeß und Tod des Sokrates nicht weniger als vier Dialoge gewidmet:

- *Euthyphron*, in dem der Philosoph noch als freier Mann vor Gericht geht, um die Anklage zu hören, die Meletos gegen ihn erhoben hat;
- Die *Apologie* mit der Beschreibung des Prozesses;
- *Kriton* mit dem Besuch seines engsten Freundes im Gefängnis;
- *Phaidon* mit den letzten Lebensaugenblicken und der Rede über die Unsterblichkeit der Seele.

Diese Werke werden auch heute ständig neu aufgelegt, und ich empfehle sie all jenen, die Wesen und Ideen des großen Philosophen näher kennenlernen wollen, zur Lektüre.[38]

Das Todesurteil gegen Sokrates wurde nicht sofort nach

dem Prozeß vollzogen. Gerade in jenen Tagen war nämlich eine Gesandtschaft nach Delos unterwegs, und traditionsgemäß durften keine Todesurteile vollzogen werden, während das Heilige Schiff auf Reisen war.[39] Noch zwanzig Tage später treffen wir ihn mit seinem Landsmann und Altersgenossen Kriton im Gefängnis an.

Es ist noch vor Morgengrauen. Sokrates schläft, und Kriton setzt sich leise neben ihn. Nach einiger Zeit schreckt der Philosoph hoch, sieht seinen Freund und fragt ihn:

»Was machst du hier, o Kriton, zu dieser Stunde? Ist es nicht zu früh für Besuche?«

»Ja, es ist früh, der Morgen dämmert gerade erst.«

»Und wie bist du hier hereingekommen?«

»Ich habe dem Schließer ein Trinkgeld gegeben.«

»Und bist du schon lange hier?«

»Schon lange.«

»Und warum hast du mich nicht sofort geweckt?«

»Weil du so ruhig schliefst. Wäre es da nicht eine Sünde gewesen, dich zu wecken?«, erwidert Kriton. »Ich frage mich, wie du bei diesem Unglück so ruhig und gelassen bleiben kannst!«

»Das Gegenteil wäre doch merkwürdig, o Kriton«, erwidert Sokrates lächelnd. »Überlege einmal, wie lächerlich es wäre, wenn ich in meinem Alter darüber klagte, daß ich sterben muß.«

Kriton verhält sich in dem nach ihm benannten Dialog ein wenig so wie Doktor Watson gegenüber Sherlock Holmes: der Meister spricht, und er unterbricht ihn nur mit Worten wie: »Du hast recht, o Sokrates«, oder »Genau so ist es, o Sokrates«. Der Philosoph beweist allerdings erheblich mehr Taktgefühl als der englische Kollege. Er beleidigt seinen Freund nie mit einem gnadenlosen »Elementar, Kriton!« Genau besehen ist der Dialog eigentlich nichts anderes als ein Monolog des Sokrates.

»Warum bist du so früh gekommen, mein guter Kriton?«

»Ich bin hier, o Sokrates, um dir eine traurige Botschaft zu bringen«, antwortet Kriton mit gramerfüllter Stimme. »Einige Freunde haben mir berichtet, daß das Schiff von Delos schon Kap Sunion umrundet hat. Heute oder spätestens morgen wird es in Athen landen.«

»Was soll daran merkwürdig sein? Früher oder später mußte es doch ankommen«, erwidert Sokrates. »Das bedeutet, den Göttern hat es so gefallen.«

»Sprich nicht so, und laß dich überreden, dein Leben zu retten. Ich habe mich mit den Gefängniswärtern schon abgesprochen, sie verlangen nicht einmal so viel Geld von mir, um dir die Flucht zu ermöglichen. Außerdem haben sich auch Simmias von Theben, Kebes und viele andere angeboten, dir mit Geld zur Flucht zu verhelfen. Niemand soll mir einst vorwerfen können: ›Kriton hat Sokrates nicht zur Flucht verholfen, weil er sein Geld nicht ausgeben wollte.‹«

»Ich bin bereit zur Flucht. Vorher aber sollten wir gemeinsam überlegen, ob es wirklich richtig ist, daß ich gegen den Willen der Athener versuche, aus dem Gefängnis zu fliehen. Wenn es richtig ist, werden wir es tun, wenn es aber nicht richtig ist, werden wir es nicht tun.«

»Wohl gesprochen, o Sokrates.«

»Glaubst du nicht, o Kriton, daß man im Leben niemals, aus welchem Grund auch immer, eine Ungerechtigkeit begehen darf?«

»Aus keinem Grund.«

»Auch nicht, wenn vorher eine Ungerechtigkeit begangen worden ist?«

»Auch dann nicht.«

»Und wenn wir nun annehmen, daß genau in dem Augenblick, in dem ich mich davonmachen will, die Gesetze kämen und uns fragen würden: ›Sag mal, o Sokrates, was hast du denn vor? Du willst doch wohl nicht uns, die wir die Gesetze sind und damit die ganze Stadt, zerstören?‹ Was könnten wir dann auf solche Worte antworten? Werden wir dann antworten, daß uns vor der Flucht eine ungerechte Strafe auferlegt worden ist?«

»Gewiß, so werden wir antworten.«

»Und wenn die Gesetze mir dann sagten: ›Wisse, o Sokrates, daß man alle Urteile annehmen muß, gerechte wie ungerechte, da die ganze Existenz des Menschen durch die Gesetze geregelt ist. Verdankst du dein Leben vielleicht nicht uns? Hat dein Vater deine Mutter vielleicht nicht kraft Gesetzes geheiratet und dich gezeugt? Und haben nicht wir dich stets gelehrt, das Vaterland zu ehren und vor dem Feind nicht zurückzuweichen?‹ Wenn sie solche Fragen stellen würden, was könnten wir dann antworten: daß sie die Wahrheit sagen oder die Unwahrheit?«

»Daß sie die Wahrheit sagen.«

»Und dennoch möchtest du, daß ich mich mit einem komischen Umhang, womöglich sogar mit Frauensachen, verkleide und aus Athen fliehe, um vielleicht nach Thessalien zu gehen, wo die Menschen gemeinhin in Unordnung und Ausschweifungen leben, nur um ein Leben, das sich ohnehin dem Ende zuneigt, um ein paar Jährchen zu verlängern! Wie könnte ich, nachdem ich damit gegen die Gesetze verstoßen habe, noch über Tugend und Gerechtigkeit reden!«

»Das könntest du, ehrlich gesagt, nicht.«

»Wie du siehst, guter Freund, kann ich wirklich nicht flüchten; wenn du aber glaubst, mich noch überzeugen zu können, so rede, und ich werde dir mit größter Aufmerksamkeit zuhören.«

»O mein Sokrates, ich habe nichts zu sagen!«

»Dann finde dich damit ab, o Kriton, daß dies der Weg ist, den die Götter für uns bestimmt haben.«

Am nächsten Tag soll das Urteil vollzogen werden. Die Freunde haben sich alle vor der Gefängnistür versammelt und warten ungeduldig darauf, daß der Oberste der Elf sie hineinläßt. Fast alle sind gekommen, der getreue Apollodoros, der allgegenwärtige Kriton mit seinem Sohn Kritobulos, der junge Phaidon, Antisthenes der Kyniker, Hermogenes der Arme[40], Epigenes, Menexenos, Ktesippos und Aischines, der Sohn des Wurstmachers. Einige sind auch von weit her gekommen wie die Thebaner Simmias und Kebes oder wie Terpsion und Euklid aus Megara. Unter den berühmtesten Schülern fehlen Aristippos, Kleombrotos und vor allem Platon, der anscheinend gerade an jenem Tag Fieber hatte.

Als die Schüler die Zelle betreten, finden sie den Meister in Gesellschaft von Xanthippe und seinem jüngsten Sohn vor. Als sie die Neuankömmlinge sieht, fängt die Frau verzweifelt zu schreien an.

»O Sokrates, nun reden diese deine Freunde zum letzten Mal mit dir und du mit ihnen!«

Worauf sich der Philosoph an Kriton wendet und sagt:

»O Kriton, laß doch jemand die Frau nach Hause führen.«

»Aber du stirbst als Unschuldiger!« protestiert Xanthippe, während sie aus der Zelle gezerrt wird.

»Was willst du denn«, antwortet Sokrates. »Sollte ich vielleicht als Schuldiger sterben?«

In der Zwischenzeit hat einer der Gefängniswärter die Kette von der Fessel des Gefangenen gelöst.

»Welch ein merkwürdiges Ding ist es doch mit Lust und Schmerz«, sagt Sokrates und reibt sich die gefühllos gewordene Fessel, »sie scheinen sich immer nur abzulösen und bei ein und derselben Person nie zu gleicher Zeit vorzukommen. Während vorher mein Bein unter dem Gewicht der Kette nur schmerzte, fühle ich jetzt bereits hinter dem Schmerz die Lust aufkeimen. Hätte Aesop einmal über diese Beziehung zwischen Schmerz und Lust nachgedacht, wäre daraus bestimmt eine sehr schöne Fabel entstanden.«

Danach wendet sich das Gespräch dem Thema Tod und

Jenseits zu. Sokrates spricht über etwas, das der Hölle und dem Paradies nicht unähnlich ist.

»Ich glaube, daß die Toten eine Zukunft haben«, sagt der Meister wörtlich, »und daß diese Zukunft für die Guten weit besser ist als für die Schlechten.«

So beginnt das Streitgespräch über die Unsterblichkeit der Seele. Der Thebaner Simmias vergleicht den Körper mit einem Musikinstrument und die Seele mit der Harmonie, die aus diesem Instrument entsteht, und glaubt, wenn die Leier zerbricht (also der Körper), stirbt mit ihr auch die Harmonie (also die Seele). Kebes ist nicht einverstanden und stellt die Hypothese der Wiedergeburt auf.

»Die Seele ist wie ein Mensch, der in seinem Leben viele Kleider verbraucht hat. Alle Kleider, mit anderen Worten, alle Reinkarnationen, leben weniger lang als ihr Träger, mit Ausnahme des letzten, das länger leben wird als er.«

Kebes meint also, daß einer, wenn er stirbt, auch das Pech haben kann, daß seine Zeit abgelaufen und sein Leben auf diese Weise beendet ist. Sokrates ist anderer Meinung, er glaubt an die Unsterblichkeit der Seele. Alle ereifern sich so bei dem Thema, daß Kriton gezwungen ist, den Meister zu ermahnen.

»Der Kerkermeister empfiehlt dir, o Sokrates, so wenig wie möglich zu sprechen. Er behauptet, wenn du dich zu sehr erhitzt, wird das Gift nicht mehr viel Wirkung auf deinen Körper haben, und er wird gezwungen sein, dir den Trank zweimal oder sogar dreimal zu verabreichen.«

»Dann sag ihm nur, er soll zwei oder drei Portionen vorbereiten, aber jetzt laß uns bitte reden.«

Darauf wendet er sich seinen Schülern zu und fängt wieder an, über die Seele zu sprechen.

»Nur die Bösen können sich wünschen, daß es nach dem Tode nichts mehr gibt, es ist ganz logisch, daß sie so denken, denn es ist in ihrem Interesse. Aber ich bin sicher, daß sie voller Angst in der Unterwelt herumirren werden, und nur wer sein Leben in Ehrlichkeit und Mäßigung geführt hat, wird die wahre Erde sehen dürfen.«

»Was meinst du, o Sokrates, mit dieser ›wahren Erde‹?« fragt Simmias verwundert.

»Ich bin überzeugt«, erwidert Sokrates, »daß die Erde kugelförmig ist. Sie braucht keine Stütze, um an ihrer Stelle zu bleiben, denn da sie sich im Mittelpunkt des Alls befindet, wüßte sie gar nicht, wohin sie fallen sollte. Außerdem bin ich auch überzeugt, daß sie sehr viel größer ist, als es uns erscheint. Da wir nur jenen Teil kennen, der vom Phasis bis zu den Säulen des Herkules reicht[41], sind wir wie Ameisen oder Frösche, die um einen kleinen Teich leben. Die Menschen sind überzeugt, auf dem Gipfel der Erde zu leben, dabei befinden sie sich in einer Höhlung. Es ist genauso, als wollte einer, der in einer tiefen Meeresschlucht lebt, die Wasseroberfläche des Meeres mit dem Himmelszelt verwechseln. Die wahre Erde soll das Aussehen eines zwölfteiligen Lederballes haben[42], sie soll schillernd und in allen bunten Farben leuchtend sein. In einigen Teilen hat sie die Farbe des Goldes, in anderen ist sie weißer als Schnee, in wieder anderen silbern oder purpurrot. Sogar ihre Höhlungen glitzern, da sie voller Wasser sind, von außen gesehen in allen Regenbogenfarben. Dasselbe gilt auch für die Bäume, die Früchte, die Blumen, Steine, und die Gebirge der wahren Erde, sie sind so geglättet und durchscheinend, daß neben ihnen sogar diese kleinen Edelsteine verblassen, die hier unten so großen Wert haben. An jenem Ort leben glückliche Menschen an den Ufern der Luft, wie wir hier unten an den Ufern des Meeres leben.«

»Wer sagt diese Dinge?« fragt Simmias vernünftig.

Sokrates überhört die Unterbrechung und fährt fort:

»Dagegen gibt es in der Tiefe der Erde diesen großen Abgrund, einen Spalt, den Homer und viele andere *Tartaros* genannt haben. Dort fließen alle Ströme zusammen, und von dort strömen sie auch wieder aus. Vor allem vier von ihnen müssen wir uns merken. Den Fluß Okeanos, der rund um die Erde herumfließt. Den Acheron, der in umgekehrter Richtung fließt und in einem Sumpf endet, der der Acherusische See heißt. Den Pyriphlegeton, der aus Feuer besteht und überall, wo er einen Spalt entdeckt, in Form von Lava aus der Erde hervorbricht, und schließlich den Kokytos, den vierten Fluß, der spiralförmig verläuft und immer tiefer ins Innere der Erde eindringt, bis auch er im Tartaros mündet. Dorthinein, in den Acherusischen See, werden die Seelen jener getaucht, die große Schuld auf sich geladen haben. Einige von ihnen, die aus vorübergehender Wut gehandelt haben, dürfen nach einer mehr oder weniger langen Zeit wieder an die Oberfläche; andere dagegen, deren Verbrechen allzu schwer waren, bleiben auf alle Ewigkeit Verdammte. Dies ist also das Schicksal, das den Seelen der Lebenden beschieden ist: die Schlechten sind für den Tartaros bestimmt, die Reinen für die wahre Erde. Daher ist es dienlich, im Leben Tugenden zu üben und durch die Philosophie zur Weisheit zu gelangen; denn schön ist der Preis und groß die Hoffnung!«

»Glaubst du wirklich an die Dinge, die du gesagt hast, o Sokrates?« bohrt Simmias weiter.

»Daran zu glauben, ist vielleicht nicht der richtige Ausdruck für einen vernünftigen Mann, aber es verschafft ein gutes Gefühl...«

Gerade in diesem Augenblick erscheint ein Sklave an der Tür. Er trägt ein Gefäß aus Marmor in der Hand mit dem Schierling, der zerstampft werden muß.

»Nun ruft mich das Schicksal«, sagt Sokrates und steht auf.

»Hast du noch irgendwelche Anweisungen für uns?« murmelt Kriton und versucht, seine Verzweiflung zu beherrschen. »Auf welche Art willst du begraben werden?«

»Wie es euch gefällt, sofern es euch gelingt, mich zu schnappen, und ich euch nicht entwische«, erwidert Sokrates lachend. »Mein guter Kriton, wie soll ich dich davon überzeugen, daß Sokrates nur ich bin, der ich gerade mit dir rede, und nicht jener andere, den du bald als Leiche auf diesem Lager hier sehen wirst?«

Die Zeit drängt. Xanthippe, Myrto und die drei Kinder werden hereingelassen, um sich für immer von ihm zu verabschieden. Sokrates umarmt sie alle zärtlich und fordert sie dann auf, wieder hinauszugehen. Apollodoros kann die Tränen nicht mehr zurückhalten. Der Diener der Elf kommt wieder herein.

»O Sokrates«, sagt der Kerkermeister, »über dich kann ich mich bestimmt nicht beklagen wie über andere, die, bevor sie starben, Athen beschimpft und mich verflucht haben. Ich habe dich kennengelernt, während du hier gefangen warst, und ich kann wohl sagen, daß du der beste und freundlichste Mensch bist, der mir hier an diesem Orte je begegnet ist.«

Nachdem er diese Worte gesprochen, bricht der Diener der Elf in Tränen aus und verläßt die Zelle. Sokrates ist ein wenig verlegen, und um die allgemeine Ergriffenheit nicht noch zu steigern, wendet er sich an Kriton und bittet ihn, den Sklaven mit dem Schierling hereinzurufen.

»Warum denn so eilig, mein lieber Freund. Die Sonne ist noch nicht untergegangen«, protestiert Kriton. »Ich kenne Verurteilte, die den letzten Sonnenstrahl abgewartet haben, bevor sie das Gift tranken, und andere haben den letzten Schritt erst getan, nachdem sie sich sattgegessen und sich noch mit einer Schönen vergnügt hatten.«

»Ganz natürlich, daß man sich so verhält, wenn man es für erstrebenswert hält, den Augenblick des Todes hinauszuzögern«, erwidert Sokrates, »aber es ist ebenso natürlich, daß ich genau das Gegenteil tue, denn wenn ich mich nun ans Leben klammerte, würde ich lächerlich und stellte in einem Augenblick alles in Frage, was ich ein Leben lang gepredigt habe.«

Nun kommt der Mann mit dem Schierlingsbecher herein.

»Guter Mann«, sagt Sokrates zu ihm, »du verstehst dich doch darauf, sag mir, wie man es am besten macht?«

»Man muß einfach nur trinken und im Zimmer auf und ab gehen«, antwortet der Sklave. »Und sobald du dann merkst, daß deine Beine zu wanken anfangen, leg dich einfach aufs Lager, und du wirst sehen, das Gift wirkt ganz von allein.«

»Glaubst du, daß man mit einem solchen Trank auf irgendeinen Gott anstoßen kann?« fragt Sokrates.

»Um solche Fragen kümmern wir uns nicht, wir bereiten nur die Menge zu, die gerade nötig ist.«

Mit diesen Worten hält der Sklave Sokrates das Gift entgegen, der es ohne das leiseste Zögern in einem Zug austrinkt. Eine unerwartete, endgültige Geste, die alle Anwesenden bestürzt, auch diejenigen, die bis jetzt ihre Tränen zurückgehalten haben. Kriton ist verzweifelt. Er steht auf und verläßt die Zelle. Apollodoros, über dessen Wangen schon vorher die Tränen geflossen waren, fängt jetzt an, verzweifelt zu schluchzen. Phaidon vergräbt das Gesicht in die Hände.

Der arme Sokrates weiß nicht, was er tun soll: er geht von einem zum andern, versucht, jeden ein wenig zu trösten. Er läuft Kriton nach und holt ihn in die Zelle zurück, streicht Apollodoros übers Haar, umarmt Phaidon und trocknet Aischines die Tränen.

»Aber was ist denn los mit euch?« protestiert Sokrates, während er diese Tröstungsversuche macht. »Ich habe Xanthippe weggeschickt, um solche unerfreulichen Szenen zu vermeiden. Nie hätte ich gedacht, daß ihr euch noch schlimmer verhaltet. Seid stark und heiter, o Freunde, wie es sich für Philosophen und gerechte Menschen ziemt.«

Bei diesen Worten schämen sich die Schüler ein wenig, daß sie sich so haben gehen lassen, und Sokrates kann nun, wie ihm von dem Sklaven empfohlen, in der Zelle auf und ab gehen. Als er nach ein paar Minuten seine Beine immer schwerer werden fühlt, streckt er sich auf dem Lager aus und wartet gelassen auf das Ende. Der Sklave preßt mit der Hand fest eines seiner Beine und fragt ihn, ob er den Druck noch spüre. Sokrates verneint: das Gift tut seine Wirkung. Bald hat er auch im Leib kein Gefühl mehr.

»Denk daran, o Kriton, daß wir Asklepios einen Hahn schulden«, flüstert Sokrates, »gib ihn ihm auf meine Kosten zurück, vergiß es nicht.«

»Gewiß«, versichert Kriton. »Willst du sonst nichts? Hast du mir noch etwas zu sagen?«

Aber Sokrates antwortet nicht mehr.

Ein paar Tage später bereuen die Athener, Sokrates verurteilt zu haben. Zum Zeichen der Trauer schließen sie Gymnasien, Theater und Sportplätze. Anytos und Lykon schicken sie ins Exil, und Meletos wird zum Tode verurteilt.

Sokrates' Leben und Denken waren eins. Er hat eigentlich unablässig in jedem Menschen, mit dem er in Berührung kam, die Wahrheit gesucht. Er hat den Menschen nachgespürt wie ein Jagdhund, hielt sie an den Straßenecken auf, überfiel sie mit Fragen und zwang sie, in ihr Innerstes, in ihre tiefste Seele zu blicken. Bei allem Respekt vor der moralischen Größe des Philosophen – viele Athener haben ihn gewiß gemieden wie die Pest. Ich kann mir schon vorstellen, wie alle »*Oilloco, oilloco, fuitavenne!*«[43] schrien und davonliefen, sobald sie seine untersetzte Gestalt an der Heiligen Pforte auftauchen sahen. Platon berichtet im *Laches*, »daß es dem, der in eine Unterredung sich mit ihm einläßt, zwangsläufig geschieht, daß er hineingerät in das Redestehen über sich und daß Sokrates ihn nicht losläßt, bevor er alles gut und schön geprüft hat.«[44] Und Diogenes Laertios ergänzt, daß »er bei seinen Unterredungen von den gereizten Beteiligten unsanft angepackt und zerzaust und meist verächtlich behandelt und verlacht wurde.«[45]

In seiner Jugend hat er sich wahrscheinlich, wie alle, die sich für Philosophie interessierten, zunächst einmal mit der Natur und den Sternen beschäftigt, bis er dann eines Tages merkte, daß die Physik ihn nicht fesseln konnte und er seine ganze Aufmerksamkeit auf das Problem des Wissens und der Ethik lenkte. Wenn ihm jemand eine schöne Bildungsreise oder auch einen Ausflug aufs Land vorschlug, antwortete er nur lächelnd: »Felder und Bäume wollen mich nichts lehren, wohl aber die Menschen in der Stadt.«[46]

Für eine kurze Zusammenfassung des sokratischen Denkens schlagen wir vor allem drei seiner Themen vor: die *Maieutik*, das *Universale* und den *Schutzgeist*.

Die *Maieutik* oder die *Hebammenkunst*. Wenn Sokrates sagt, »ich weiß, daß ich nichts weiß«, meint er damit nicht, daß es die Wahrheit nicht gibt (wie es die Sophisten getan hatten), sondern er stachelt dazu an, sie zu suchen. Wir können uns vorstellen, daß er wohl sagte: »Die Wahrheit gibt es, mein Lieber, auch wenn ich sie nicht kenne; und da ich nun nicht glauben kann, daß einer, der sie kennengelernt hat, sie nicht auch berücksichtigt, ist es das Wichtigste, zur ›Erkenntnis‹ zu gelangen. Nur dann nämlich können wir mit Sicherheit wissen, wo das Gute ist.«

Versuchen wir, den menschlichen Geist so zu beschreiben, wie Sokrates ihn sich wohl vorgestellt hat: in der Mitte ein großer Haufen Unkraut, unter dem gut versteckt die Wahrheit oder vielmehr die richtige Einschätzung der Verhältnisse, der »Sinn der Dinge« verborgen liegt. Was soll man tun, fragt sich Sokrates, um zur Erkenntnis zu gelangen? Zunächst einmal muß man das Unkraut wegschaffen und dann die Wahrheit ans Licht bringen. Für die erste Phase, die wir »Unkrautjäten« nennen könnten oder *pars destruens* für die Freunde des Lateinischen, bedient sich Sokrates der *Ironie*. Dieses Wort kommt aus dem Griechischen und bedeutet »verhüllend befragen«. Diese Kunst beherrscht der Meister unvergleichlich gut. Er stellt sich immer vollkommen unwissend und ahnungslos und gibt vor, von seinem Gesprächspartner lernen zu wollen. Seine Fragen werden immer bohrender, und am Ende konfrontiert er ihn mit seinen eigenen

Widersprüchen. Das Unkraut nämlich, von dem wir oben sprachen, sind all die Vorurteile, falschen Ideale und abergläubischen Vorstellungen, die unseren Geist umnebeln. Sobald also diese Schlacken beseitigt sind, kann man zur wahren Erkenntnis gelangen, und dafür ist nun die Geburtshilfe nötig, nämlich die »Kunst, den Geist hervorzubringen«. Sokrates beschreibt sie im *Theaitetos* in Erinnerung an seine Mutter: »Von meiner Hebammenkunst nun gilt im übrigen alles, was von der ihrigen; sie unterscheidet sich aber dadurch, daß sie Männern die Geburtshilfe leistet und nicht Frauen, und daß sie für ihre gebärenden Seelen Sorge trägt und nicht für Leiber.«

Sokrates stellt sich selber nicht dar als einer, der »seine Wahrheit« besitzt, bestenfalls hilft er den anderen, sie bei sich selbst zu suchen, denn, sagt er, »ich gebäre nichts von Weisheit. Aber Geburtshilfe leisten nötigt mich der Gott (Apollon), erzeugen aber hat er mir verwehrt.«[47]

Für diese Geburtshilfe also braucht Sokrates den Dialog oder vielmehr, er improvisiert sein Gespräch entsprechend den Anregungen, die ihm sein Gesprächspartner gibt. Kein geschriebenes Werk könnte ebenso wirksam sein, sagt er, »Was hätte ich schreiben sollen, da ich nichts weiß?« Auch war Sokrates zutiefst mißtrauisch jedem geschriebenen Werk gegenüber, wie aus dem Mythos zu schließen ist, den Platon ihm im *Phaidros* in den Mund legt. »Der Gott in Ägypten habe Theuth geheißen. Dieser habe zuerst Zahl und Rechnung erfunden, dann die Meßkunst und die Sternkunde, ferner das Brett- und Würfelspiel, und so auch die Buchstaben. Als König von ganz Ägypten habe damals Thamus geherrscht. Zu dem sei Theuth gegangen, habe ihm seine Künste gewiesen. Als er aber an die Buchstaben gekommen, habe Theuth gesagt: Diese Kunst, o König, wird die Ägypter weiser machen und gedächtnisreicher. Jener aber habe erwidert: O kunstreicher Theuth, diese Erfindung wird den Seelen der Lernenden vielmehr Vergessenheit einflößen aus

Vernachlässigung der Erinnerung, weil sie im Vertrauen auf die Schrift sich nur von außen vermittels fremder Zeichen, nicht aber innerlich sich selbst und unmittelbar erinnern werden.«

Als Phaidros merkt, daß Sokrates den Mythos einfach erdichtet hat, protestiert er heftig, und der Philosoph antwortet ihm: »Euch Jüngeren macht es vielleicht einen Unterschied, wer der Redende ist und woher. Denn nicht darauf allein siehst du, ob sich so oder anders die Sache verhält.« Und er fügt hinzu: »Dieses Schlimme hat doch die Schrift und ist darin ganz eigentlich der Malerei ähnlich; denn auch diese stellt ihre Ausgeburten hin als lebend, wenn man sie aber etwas fragt, so schweigen sie gar ehrwürdig still. Ist sie einmal geschrieben, bedarf jede Rede immer ihres Vaters Hilfe; denn selbst ist sie weder sich zu schützen noch zu helfen imstande.«[48]

Ich habe immer den Verdacht gehabt, daß Sokrates, wie im übrigen auch Jesus Christus, weder lesen noch schreiben konnte. Die Tatsache, daß Diogenes Laertios berichtet, er habe ein Gedicht über eine Äsopsche Fabel geschrieben, will nicht viel besagen: er kann sie auch einem Schreiber diktiert haben. Wer hier einwendet, ein intelligenter Mensch wie Sokrates könne unmöglich Analphabet gewesen sein, möge bedenken, daß es auch heute Millionen hochintelligenter Menschen gibt, die noch nicht gelernt haben, einen Computer zu bedienen, obwohl man die Arbeit am Bildschirm in einer Woche lernen kann. Tatsache ist, daß zu jener Zeit nur sehr wenige lesen und schreiben konnten. Plutarch[49] erzählt von einem Athener, der Analphabet war und, als er den Namen des Aristides auf die *ostraka* schreiben wollte, sich ausgerechnet an diesen um Hilfe wandte. Auf die Frage des Aristides, ob er denn den Mann kenne, den er ins Exil schicken wolle, antwortete der Bürger, er kenne ihn nicht, aber er könne es nicht mehr hören, daß alle sagten, der sei ein gerechter Mann. Woraufhin Aristides dann seinen eigenen Namen auf die Scherbe schrieb und nichts mehr sagte.

*Das Universale.* In den platonischen Dialogen verlangt Sokrates von seinen Gesprächspartnern meist die Definition eines bestimmten moralischen Wertes, und diese nennen dann regelmäßig irgendein besonderes Beispiel. Aber Sokrates gibt sich damit nicht zufrieden und besteht auf einer »universaleren« Definition.[50]

SOKRATES: »Kannst du mir sagen, o Menon, was die Tugend ist?«

MENON: »Was soll daran schwierig sein? Die Tugend des Mannes besteht darin, daß er die staatlichen Angelegenheiten gut verwaltet, den Freunden hilft und den Feinden schadet. Die Tugend der Frau dagegen besteht darin, das Haus in Ordnung zu halten und ihrem Manne treu zu sein. Dann gibt es da noch die Tugend des Kindes, die des Greises, die ...«

SOKRATES: »Sieh mal an, welch ein Glück ich heute früh habe! Ich suchte nur eine einzige Tugend und habe einen ganzen Schwarm gefunden ... Apropos Schwarm, o Menon, gibt es deiner Meinung nach viele Arten von Bienen?«

MENON: »Viele, gewiß, und jede Art unterscheidet sich von der anderen durch Größe, Schönheit und Farbe.«

SOKRATES: »Und bei all dieser Verschiedenheit gibt es aber etwas, das dich veranlaßt zu sagen: ›Oh, hier eine Biene‹?«

MENON: »Ja, die Tatsache, daß sie eine Biene ist und sich darin von den anderen Bienen nicht sehr unterscheidet.«[51]

SOKRATES: »Also bist du fähig, eine Biene, egal welcher Art, als eine solche zu erkennen. Und wenn ich dich nun fragte, was Güte ist?«

MENON: »Dann würde ich dir antworten, Güte ist, wenn man seinem Nächsten hilft und einem Freund Geld gibt, wenn er keines hat.«

SOKRATES: »Ach, aber wenn du einem hilfst, der nicht dein Freund ist, bist du nicht gut?«

MENON: »Doch, doch, auch wenn ich einem helfe, der nicht mein Freund ist, vollbringe ich eine gute Tat.«

SOKRATES: »Und wenn du wüßtest, daß der Freund, dem du Geld gibst, dieses Geld für eine böse Tat verwendet, hättest du auch dann noch eine gute Tat vollbracht?«

MENON: »Nein, in dem Fall sicher nicht.«

SOKRATES: »Also fassen wir zusammen: Einem Freund Geld zu geben, kann eine gute Tat sein oder auch keine gute Tat, während es eine gute Tat sein könnte, einem Geld zu geben, der kein Freund ist.«

Da kann sich Menon nur noch geschlagen geben, während Sokrates voranprescht und unentwegt neue Beispiele anführt, um ihm zu beweisen, daß alle möglichen und vorstellbaren guten Taten etwas gemeinsam haben und daß nur dieses Gemeinsame, diese »Essenz« Güte ist. Auf diese Weise entwickelt er das Konzept des *Universalen*, das den Grundstock zu Platons Ideenlehre bildet. Allerdings dürfen wir daran zweifeln, daß Sokrates all diese Dinge wirklich gesagt hat, möglicherweise wurden sie ihm von Platon in den Mund gelegt, um auf seine bekannteste Theorie hinzuführen.

*Der Schutzgeist.* »Als wir zu dem Seher Euthyphron kamen, da ging Sokrates gerade zum Hause des Andokides, während er den Euthyphron mit scherzhaften Fragen neckte. Plötzlich blieb er stehen und versank lange Zeit schweigend in sich, dann drehte er um, schlug den Weg durch die Schreinergasse ein und rief auch die schon vorangegangenen Freunde zurück mit den Worten, der Schutzgeist habe zu ihm gesprochen. Die meisten machten nun mit ihm kehrt, unter ihnen auch ich; einige junge Leute aber gingen den geraden Weg weiter, wohl um den Schutzgeist des Sokrates zu strafen und zogen auch den Flötenspieler Charillos mit. Als sie nun durch die Steinmetzgasse an den Gerichten entlanggingen, da begegnete ihnen eine große Herde Schweine, mit Schmutz bedeckt und dicht aneinandergedrängt, und da es kein Ausweichen gab, rannten sie an die jungen Leute an und rissen einige um, die anderen beschmutzten sie. So kam auch Charillos an den Beinen und am Mantel mit Schmutz bedeckt nach Hause, so daß wir uns immer mit Lachen an den Schutzgeist des Sokrates erinnerten und uns doch auch wunderten, daß die Gottheit den Mann niemals verläßt und vergißt.«

Diese Geschichte ist in einer Schrift Plutarchs enthalten, eben jener, die den Titel »Über den Schutzgeist des Sokrates«[52] trägt. Die erzählende Person ist der Seher Theokritos.

»Welches war eurer Meinung nach die wahre Natur des sokratischen Schutzgeistes?« fragt Theokritos am Ende der Erzählung.

»Ich habe von einem Mann aus Megara gehört, daß der Schutzgeist des Sokrates ein Niesen war, teils ein eigenes, teils von anderen; nieste ein anderer zu seiner Rechten, sei es hinter, sei es vor ihm, so schritt er zur Ausführung des Vorgehabten, wenn aber zur Linken, dann nahm er davon Abstand; und was das eigene Niesen angeht, so bestärkte es den Entschluß, wenn er noch beim Überlegen war, und hielt ihn auf und hemmte ihn, wenn er schon bei der Ausführung war. Dabei erscheint mir aber dies merkwürdig, daß er, wenn er sich schon nach dem Niesen richtete, seinen Freunden nicht dies, sondern den Schutzgeist als das Hemmende oder Treibende bezeichnete.«

Abgesehen von den Gerüchten, die Plutarch verbreitete, hat Sokrates während seines Prozesses selber erklärt, daß er einen Schutzgeist besitze, der ihn in schwierigen Augenblikken berate.

»Mir ist dieses von meiner Kindheit an geschehen, eine Stimme nämlich, welche jedesmal, wenn sie sich hören läßt, mir von etwas abredet, was ich tun will, zugeredet aber hat sie mir nie. Das ist es, was sich mir widersetzt, die Staatsgeschäfte zu betreiben.«[53]

Deutungen dieses Schutzgeistes gibt es zahllose, die einen nennen ihn innere Stimme, die anderen Schutzengel, wieder andere kritisches Bewußtsein, sechsten Sinn, Intuition usw. Ich glaube einfach, daß Sokrates ein wenig damit pokerte, um nicht jede seiner Entscheidungen lang begründen zu müssen.

[1] Vgl. Diogenes Laertios, *Leben und Meinungen berühmter Philosophen*, übers. von Otto Apelt, Hamburg 1967², II, 48

[2] Platon, *Theaitetos*, 149a–150c

[3] Diogenes Laertios, *a.a.O.*, II, 20

[4] *ebd.*, II, 19

[5] Plutarch, *Gespräch über die Liebe*, 750d

[6] Xenophon, *Hieron*, I, 33

[7] Der hier genannte Aristipp ist nicht jener Schüler des Sokrates, der die Schule von Kyrene gegründet hat, sondern ein ›Pseudo-Aristipp‹ aus dem dritten Jahrhundert v. Chr.

[8] Platon, *Das Gastmahl*, 217 b-d.

[9] Diogenes Laertios, *a.a.O.*, II, 33

[10] *a.a.O.*, II, 36

[11] Xenophon, *Das Gastmahl*, 2, 10, sowie Diogenes Laertios, *a.a.O.*, II, 26

[12] Diogenes Laertios, *a.a.O.*, II, 36

[13] *a.a.O.*, II, 26

[14] Plutarch, *Leben des Aristides*, 27

[15] Diogenes Laertios, *a.a.O.*, II, 26

[16] Brunetto Latini, *Fiori e vita di filosafi e d'altri savi e d' imperadori*, Florenz 1979, VII. Kap.

[17] Dante Alighieri, *Die göttliche Komödie*, Hölle, XV, 32 (und 30)

[18] Platon, *Das Gastmahl*, 219e–220d

[19] Diogenes Laertios, *a.a.O.*, II, 25

[20] Platon, *Das Gastmahl*, 221b

[21] Platon, *Die Verteidigung des Sokrates*, 32c

[22] *ebd.*, 32b

[23] ›Asebie‹: Vergehen gegen die Staatsreligion

[24] Vgl. Jacob Burckhardt, *Griechische Kulturgeschichte*, VIII. Abschn., II, *Der Bruch mit dem Mythos »Asebieprozesse«*, Leipzig 1929, II, 375

[25] Nachttopf; siehe Aristophanes, *Die Wespen*, V, 935

[26] Festlichkeiten zu Ehren des Dionysos

[27] Robert Flacelière, *Griechenland. Leben und Kultur in klassischer Zeit*, Stuttgart 1977, IX. Kap.

[28] Phaleron: Ältester Hafen von Athen vor dem Archontat des Themistokles; von Themistokles wurde der Hafen nach Piraeus verlegt (493 v. Chr.).

[29] Ostrakismos *(Scherbengericht)*, vgl. Jacob Burckhardt, *a.a.O.*, II. Abschn., II, 7 *Die Demokratie in ihrer Ausgestaltung in Athen*, Leipzig 1929, I. Bd., 217ff.

[30] Plutarch, *Leben des Aristides*, 7

[31] Der Ankläger wurde mit 1000 Drachmen bestraft falls er nicht mindestens ein Fünftel der Stimmen zugunsten der Anklage erhielt.

[32] Über die Logographen schreibt Jacob Burckhardt, *a.a.O.*, VIII. Abschn., III, *Die Redekunst*, Leipzig 1929, II. Bd., 386

33 Aristophanes, *Die Wolken*
34 Maza ist Gerstenmehl.
35 Der Elferrat: Kollegium der Magistraten, die Oberaufsicht über die Gefängnisse führten.
36 Das Prytaneion war ein Rathaus, in dem nicht nur der Ausschuß des Rates der 500 tagte (die Prytanen), sondern wo diese auch verpflegt wurden. Auch auswärtige Gesandte, Ehrenbürger und Olympiasieger wurden dort beköstigt, was eine hohe Auszeichnung darstellte.
37 Palamedes wurde durch Schuld des listigen Odysseus, der das Gold des Priamos in seinem Zelt versteckt hatte, des Diebstahls bezichtigt und gesteinigt. Aias, Sohn des Telamon, brachte sich um, weil ihm ungerechterweise die Waffen des Achilles nicht zugesprochen wurden.
38 Platon ist im Deutschen auch in Taschenbuchausgaben erschienen.
39 Als Theseus mit den sieben Paaren von Jungfrauen und Kindern, die dem Minotauros zum Fraße vorgeworfen werden sollten, nach Kreta fuhr, legten die Athener ein Gelübde ab: wenn die Opfer gerettet würden, wollten sie jedes Jahr zu Ehren des Gottes Apollo eine Gesandtschaft nach Delos schicken. Solange das Schiff unterwegs war, durfte in Athen von Staats wegen niemand getötet werden.
40 Hermogenes war bekannt als »der Arme«, und zwar deshalb, weil er nicht nur arm, sondern auch der Bruder des Kallias, des reichsten Mannes von Athen war.
41 Vom Phasis bis zu den Säulen des Herkules: vom äußersten Osten des Schwarzen Meeres bis zur Meerenge von Gibraltar.
42 Dodekaeder, bestehend aus zwölf Fünfecken, in Wirklichkeit fast eine Kugel. So wie Sokrates ihn beschrieb, glich dieser Ball wohl einem heutigen Fußball.
43 *Oilloco, oilloco, fuitavenne!* ist kein griechischer, sondern ein neapolitanischer Ausdruck und bedeutet: »Da kommt er, da kommt er, haut ab!« In Wirklichkeit werden die Athener gerufen haben: »Idòu autón, idòu autón, féughete!«
44 Platon, *Laches*, 188a
45 Diogenes Laertios, *a.a. O.*, II, 21
46 Platon, *Phaidros*, 230 b–e
47 Platon, *Theaitetos*, 149a–150c
48 Platon, *Phaidros*, 274–275
49 Plutarch, *Leben des Aristides*, 7
50 Platon, *Menon*, 71–72
51 Bis hierher *Menon*. Das zweite Beispiel über die Güte wurde vom Autor ergänzt, um das Konzept des Universalen deutlicher zu machen.
52 Plutarch, *Der Schutzgeist des Sokrates*, 580 d–f
53 Platon, *Die Verteidigung des Sokrates*, 31d

II

# *Die Sokratiker*

Die sieben bedeutendsten Schüler des Sokrates waren: Antisthenes, Aristippos, Euklid, Phaidon, Platon, Aischines und Xenophon. Die ersten vier machten sich selbständig und eröffneten eine Philosophieschule. Antisthenes gründete die kynische Schule, Aristippos die kyrenäische, Euklid die megarische und Phaidon die Schule von Elis. In den überlieferten Schriften werden sie die »kleineren Sokratiker« genannt, wahrscheinlich, um Platon (den Begründer der Akademie) nicht zu beleidigen, dem zu Recht der Titel des »großen Sokratikers« zusteht.

Um die Begegnung jedes einzelnen dieser Schüler mit Sokrates ranken sich Legenden. Xenophon traf, wie schon berichtet, in einer Gasse Athens auf ihn. Antisthenes aber lebte in Piraeus, der Ärmste, und mußte täglich sechzehn Kilometer hin und zurück zu Fuß gehen, um ihm zuhören zu können.[1] Für Eukleides war es noch schwieriger. Da er aus Megara stammte, hatte er, einem alten Gesetz zufolge, bei dessen Übertretung sogar Todesstrafe drohte, nicht das Recht, das Gebiet von Athen zu betreten. Er ließ sich davon aber nicht abhalten, sondern überquerte die Grenze jede Nacht als Frau verkleidet.[2] Mit Platon lief die Sache so: Sokrates träumte eines Tages während seines Mittagsschlafs, auf seinen Knien einen jungen Schwan zu wiegen, der, nachdem er seine Flügel ausgebreitet hatte, durchs Fenster davonflog. Unmittelbar darauf erschien Platon an der Tür und sagte zu ihm: »Dieser Schwan bin ich.«[3] Aischines antwortete auf Sokrates' Einladung, sich seinen Schülern anzuschließen: »Ich bin arm: ich kann dir nur mich selber geben.« Und er erwiderte: »Und das scheint dir wenig?«[4] Phaidon aus Elis, der als Junge von den Athenern in die Sklaverei geführt worden war, mußte sich in einem Freudenhaus prostituieren. Von seiner Klugheit beeindruckt, lösten Sokrates und Kriton ihn aus und schenkten ihm die Freiheit.[5]

Trotz der moralischen Lehren des großen Philosophen haßten sich die sieben Schüler gegenseitig von Herzen, und jeder von ihnen stellte sich seinen Zuhörern als der einzige wahre Deuter des sokratischen Denkens dar.

## *Die Kyniker*

Im Verlaufe der Sittengeschichte hat es immer wieder Zeiten gegeben, in denen es Mode war, sich möglichst nachlässig zu kleiden, und dieser Gammlerlook war regelmäßig Ausdruck einer bestimmten Lebenseinstellung. Um nur ein paar Beispiele zu nennen, erinnere ich hier an die griechischen Kyniker, an die Bohémiens aller Epochen, die französischen Existentialisten, die Beat Generation, die Hippies und schließlich an unsere heutigen Punker. Keiner dieser kulturellen Moden unterworfen ist der Clochard, der gebildete Streuner, klassisches Beispiel für Menschen, die lieber im Freien, am besten unter einer Seinebrücke, schlafen, als irgendwelche Kompromisse mit der Arbeitswelt einzugehen. Ohne alle in einen Topf werfen (und etwa die Kyniker mit den Punkern gleichstellen) zu wollen, läßt sich aber doch sagen, daß am Anfang aller dieser Bewegungen ein starkes Freiheitsbedürfnis steht. Und damit sind wir auch schon beim Kern des kynischen Denkens.

Freiheit, verstanden als höchstes seelisches Gut, ist für Kyniker nur durch Selbstgenügsamkeit erreichbar. Ein echter Kyniker macht sich nie zum Sklaven seiner eigenen physischen und gefühlsmäßigen Bedürfnisse, er hat nie Angst vor Hunger, Kälte und Einsamkeit, er hat nie Bedürfnisse nach Sex, Geld, Macht oder Ruhm. Wenn ein solcher Mensch als verrückt gilt, dann doch nur, weil er eine Lebensform gewählt hat, die sich von der der Mehrheit grundsätzlich unterscheidet. Nachdem er einmal entdeckt hat, daß die höchsten Werte des Lebens diejenigen der Psyche sind, hat der Kyniker für die traditionellen Werte nur noch zerstörerische Kritik übrig. Er ist ein Extremist des sokratischen Denkens: er reduziert das *Sein* auf das Zurechtkommen mit sich selbst und lehnt das *Scheinen* ab als unerträgliches Zuviel.

Antisthenes, Diogenes, Krates, Metrokles und Hipparchia waren die berühmtesten Vertreter dieser Schule.

Antisthenes, Sohn des Antisthenes, »der seinen Mantel einfach trug« (*Haplokýon*), wurde 446 vor Christus in Athen geboren. Sein Vater war wohl Athener, die Mutter aber eine Sklavin, und daher genoß er nicht die vollen Bürgerrechte. Dies scheint ihn aber wenig gestört, ja ihm geradezu Vergnügen bereitet zu haben. Er interessierte sich für die Philosophie und schloß sich zunächst den Sophisten an (Gorgias), dann Sokrates und schließlich einer Gruppe von Freunden, die genauso dachten wie er, und mit denen er die »kynische« Schule begründete. Der Name dieser Schule soll von dem Ort stammen, an dem sie sich gewöhnlich zu ihren Gesprächen versammelten: *Kynosarges*, ein Gymnasium für fremde Studenten, das gleich außerhalb der Mauern von Athen am Fluß Ilissos gelegen war. Andere berichten, Antisthenes sei deshalb kynisch genannt worden, weil er zeitlebens wie ein streunender Hund lebte (*kyon*).[6] Diokles von Magnesia zufolge war er der erste, der »seinen Mantel verdoppelte«, das heißt, ihn so groß machte, daß er darin schlafen konnte, so daß er praktisch als der erste Schlafsacktourist gelten kann.[7]

Auf folgende Weise stellt ihn Xenophon im *Gastmahl* vor: »Meiner Meinung nach«, sagte Antisthenes, »ist Reichtum nicht ein materielles Gut, das man wie einen Gegenstand im Haus aufbewahren kann, sondern ein Seelenzustand. Wie sollte man sich sonst erklären, daß einige, obwohl sie viele Dinge besitzen, weiterhin Gefahr und Mühe auf sich nehmen, nur um weiteres Geld anzuhäufen. Ebensowenig könnte man das Verhalten gewisser Tyrannen verstehen, die so nach Macht und nach Schätzen gieren, daß sie immer schlimmere Verbrechen begehen. Sie gleichen Menschen, die nie satt werden, obwohl sie unaufhörlich essen. Ich dagegen habe, obwohl ich arm erscheine, so viele Besitztümer, daß ich sie gar nicht alle aufsuchen kann: ich schlafe, esse und trinke, wo es mir am besten gefällt, und ich habe das Gefühl, daß die ganze Welt mir gehört. Um die Speisen begehrenswerter zu machen, nutze ich meinen eigenen Appetit. Ich esse eine Weile nichts, und schon nach einem einzigen Fastentag erscheint mir jede Speise, die ich zum Munde führe, von höchstem Wert. Wenn mein Körper Liebe braucht, nehme ich mir eine häßliche Frau, so daß sie mich, eben weil niemand sie begehrt, mit größter Freude empfangen kann. Das Entscheidende, meine Freunde, ist, überhaupt nichts zu brauchen.«[8]

Nach seinen eigenen Worten zu schließen, war er in punkto Frauen aber doch nicht ganz so unempfindlich. Einmal nämlich platzte er mit diesem Satz heraus: »Ah, wenn ich Aphrodite zu fassen bekäme! Ich würde ihr den Garaus machen!«[9] Weitere berühmte Aussprüche von ihm sind diese: »Lieber verrückt werden, als der Lust zu erliegen!«[10] Und »Kein Mensch, der das Geld liebt, kann gut sein!«[11]

An Sokrates bewunderte er den »Gleichmut«, auch wenn der Meister sich oft und gern über ihn lustig machte. Als er ihn zum Beispiel eines Tages schmutzig und mit zerrissenem Mantel daherkommen sah, sagte er zu ihm: »Deine Eitelkeit, o Antisthenes, blinkt mir aus deinem Mantel entgegen!«[12]

Mit fortschreitendem Alter litt er immer mehr unter körperlichen Schmerzen, mehr jedenfalls, als man bei seinesgleichen erwartet. Als er mit einundachtzig eine schwere Krankheit erlitt, jammerte er ununterbrochen. Eines Tages besuchte ihn Diogenes, sein Lieblingsschüler. Dabei führten sie ungefähr folgendes Gespräch:[13]

»Brauchst du einen Freund?« fragte Diogenes beim Betreten des Hauses.

»O Diogenes, sei mir willkommen!« rief Antisthenes mit Leidensmiene. »Wer kann mich je von meinen Qualen erlösen?«

»Dieser da«, erwiderte Diogenes ruhig und hob seinen Dolch.

»He, he«, wehrte sich Antisthenes und fuhr hoch. »Ich habe gesagt ›von den Qualen‹ und nicht ›vom Leben‹!«

Diogenes von Sinope wurde 404 vor Christus geboren.[14] Sein Vater Hikesias hatte eine Wechselstube mitten im Ort, und nachdem er so viel mit Geld umging, beschloß er eines Tages, sich ein Sümmchen auch zum eigenen Gebrauch herzustellen. Der Philosoph Eubulides[15] behauptet, Diogenes selber habe das Geld gefälscht, sicher ist, daß Vater und Sohn verurteilt wurden, ersterer zu lebenslänglichem Kerker und letzterer zum Exil. Beim Prozeß verteidigte sich Diogenes, indem er die Schuld auf Apollo abwälzte. Das Orakel von Delphi soll nämlich zu ihm gesagt haben: »Kehre heim und ändere die staatliche Ordnung.« Und weil ihm nichts Besseres eingefallen sei, habe er zunächst einmal damit begonnen, neues Geld vorzuschlagen. Die Strafe, die ihm auferlegt wurde, scheint ihn nicht sehr tief getroffen zu haben, wenn es stimmt, daß er das Urteil mit folgenden Worten kommentierte: »Wenn die Sinoper mich zum Exil verurteilt haben, verurteile ich sie dazu, im Vaterland zu bleiben!«

In Athen traf er dann Antisthenes und schloß sich schon in der ersten halben Stunde der kynischen Schule an. Anfangs war der alte Philosoph sehr stolz auf die Überzeugungskraft seiner Worte, als er dann aber merkte, daß sein neuer Schüler entschlossen war, ihm ans Ende der Welt zu folgen, versuchte er, ihn mit dem Stock zu verjagen. Diogenes jedoch ließ sich nicht einschüchtern, sondern streckte seinen Kopf noch weiter vor und sagte: »Schlage nur zu, o Antisthenes, denn du wirst kein Holz finden, das hart genug wäre, mich fortzutreiben, solange ich dich noch reden höre!«

Über Diogenes von Sinope gibt es eine Fülle von Anekdoten. Man weiß über ihn, daß er in einem Faß lebte und auch am hellichten Tag mit einer brennenden Laterne herumging und lauthals verkündete: »Ich suche den Menschen.« Jeder kennt auch die Geschichte seiner Begegnung mit Alexander dem Großen. Der König ritt durch die Straßen von Korinth und sah ihn auf den Stufen des Kraneion[16] sitzen und die Sonne genießen.

»Ich bin Alexander der Große, und wer bist du?«

»Ich bin Diogenes der Hund.«

»Bitte mich, um was du willst.«

»Geh mir aus der Sonne.«

Mit seinen Bedürfnissen hatte er sich auf das Allernotwendigste beschränkt: einen Mantel zur Bekleidung und um sommers wie winters darin zu schlafen, eine Schüssel zum Essen und einen Becher zum Trinken. Als er jedoch eines Tages sah, wie ein Junge die Linsen aufs Brot tat, warf er seine Schüssel weg, und als er sah, wie derselbe Junge aus der hohlen Hand trank, warf er auch den Becher weg. In Sachen Sex übte er Selbstbefriedigung, weil ihm das am wenigsten aufwendig erschien. Wenn ihn jemand tadelte, daß er es in der Öffentlichkeit machte, antwortete er: »Ah, wenn ich doch auch den Hunger mit einer kleinen Reibung des Magens besänftigen könnte.«

Weil er sich gegen die Temperaturunterschiede abhärten wollte, legte er sich im Sommer auf den glühend heißen Sand und im Winter in den Schnee. Es mag seltsam erscheinen – aber machen wir es heute anders? Wie alle Kyniker hegte er gegen jede Art von Lust nur heftiges Mißtrauen. Als er eines Abends einem Freund begegnete, der auf dem Weg zu einem Gastmahl war, rief er ihm nach: »Du wirst als ein Schlechterer zurückkehren.« Seine Achtung vor den Mitmenschen war nicht sehr hoch. Einmal wurde er dabei beobachtet, wie er einer Statue Fragen stellte. Als man von ihm wissen wollte, was er da machte, antwortete er: »Ich übe mich darin, vergebens zu bitten.«

Seine Beziehungen zu Platon waren nie besonders gut. Er hielt das platonische Gespräch »für reine Zeitverschwendung«, und Platon zahlte es ihm mit gleicher Münze zurück, indem er ihn einen »verrückt gewordenen Sokrates« nannte.[17] Bei einem philosophischen Streitgespräch zwischen ihnen wurde die Ideenlehre in Frage gestellt.

»Ich sehe in diesem Zimmer einen Tisch und einen Becher«, sagte Diogenes mit einem Blick in die Runde, »aber ich meine deshalb nicht, auch die ›Tischheit‹ oder die ›Becherheit‹ zu sehen.«

»Und es ist auch richtig, daß dem so ist«, erwiderte Platon, »denn dein Geist ist nur fähig, den Tisch und den Becher wahrzunehmen, nicht aber die Ideen.«

Diogenes fand den Gedanken unerträglich, daß Platon, ein Philosoph, in einem bequemen Haus voller schöner Dinge leben könnte. Als es eines Tages stark regnete, betrat er wütend Platons Schlafzimmer und trampelte mit seinen schlammverschmierten Füßen auf den gestickten Decken und Teppichen herum, dann ging er wieder hinaus auf die Straße, beschmutzte sich die Füße noch einmal von allen Seiten und ging aufs neue hinein, um auf den Decken und Teppichen herumzuhüpfen.[18]

»Ich trete den Hochmut Platons mit Füßen!« schrie Diogenes.

»Du tust es mit ebenso großem Hochmut«, erwiderte Platon.

Diogenes hatte aber auch Sinn für Humor. Als er eines

Tages dem Übungsschießen eines besonders schlechten Bogenschützen zusah, setzte er sich schließlich genau ans Ziel. »Dies«, sagte er, »ist der einzige Ort, an dem ich mich sicher fühle.« Und ein anderes Mal, als er sich in einer wunderschönen Villa voller Teppiche und Ziergeräte befand, spuckte er dem Hausherrn ins Gesicht. Dann reinigte er ihn schnell wieder mit seinem Mantel, entschuldigte sich und sagte, er habe im ganzen Haus keinen häßlichen Punkt gefunden, auf den er hätte spucken können.

Im Verlaufe seines langen Lebens machte er so ziemlich alles durch. Er war schon ein alter Mann, als er eines Tages auf See war und vor Ägina von dem Piraten Skirpalos gefangengenommen, nach Kreta gebracht und auf dem Sklavenmarkt verkauft wurde. Als der Sklavenhändler ihn fragte, welche Fähigkeiten er denn besitze, antwortete er: »Menschen zu befehligen.« Und als er sah, daß ein gewisser Xeniasdes, der über und über mit Edelsteinen geschmückt war, ihn interessiert beobachtete, fügte er hinzu: »Verkaufe mich an diesen Ärmsten, denn so wie der herausgeputzt ist, scheint er mir dringend einen Herrn zu brauchen.« Xeniasdes kaufte ihn, und Diogenes blieb bis an sein Lebensende in dessen Haus und unterrichtete seine Söhne. Mit neunzig beging er Selbstmord, indem er die Luft anhielt.

Es wird berichtet, daß er testamentarisch verfügt hatte, seinen Leichnam nicht zu beerdigen, sondern in einem Graben den Tieren zum Fraß vorzuwerfen. Aber seine Freunde stritten miteinander um die Ehre, ihn begraben zu dürfen, und am Ende beschlossen sie, ihm auf Kosten des Staates einen Grabstein in Form einer Marmorsäule und eines Hundes zu errichten.

Krates[19], Hipparchia und Metrokles waren Ehemann, Ehefrau und Schwager, eine ganze Kynikerfamilie. Sie lebten erheblich später als Antisthenes, so daß es kaum glaubhaft ist, daß Krates, der Älteste der Gruppe, wirklich ein Schüler des

Diogenes war. Die *Akmé* des Krates, also seine Blütezeit, war um 323 v. Chr., als Diogenes der Hund schon die achtzig überschritten hatte.

Obwohl er ein Sohn des Askondas war, eines der reichsten Bürger Thebens, lebte Krates fast sein ganzes Leben lang in Armut. Anscheinend hat er nach seiner Begegnung mit Diogenes Hab und Gut verschenkt und mit dem Schrei »Krates befreit Krates« zweihundert Talente an die Thebaner verteilt.

Nachdem er in Athen angelangt war, erhielt er den Beinamen »Öffner der Türen«[20], weil er die unangenehme Eigenschaft hatte, ohne anzuklopfen in die Häuser einzudringen und den Leuten Lebensweisheiten darzubieten. Äußerlich war er wohl nicht gerade eine Schönheit, vielleicht sogar ein wenig bucklig. Wenn er auf dem Sportplatz Leibesübungen machte, verspotteten ihn alle. Einmal geriet er in heftigen Streit mit einem olympischen Wettkämpfer, einem gewissen Nikodromos, der ihm ein Auge blau schlug. Am nächsten Tag ging er in Athen mit einem Läppchen auf der Stirn herum, darauf stand: »Dies ist das Werk des Nikodromos«, und ein Pfeil wies auf das mißhandelte Auge. Nachts stellte er sich auf die Straßenkreuzungen und beschimpfte die Dirnen, die da auf ihre Kunden warteten: es scheint, daß er die Antworten dieser »Damen« als Anregungen für seine Streitgespräche mit den anderen Philosophen in der Agora benutzte.[21]

Wie alle Kyniker lebte er sehr lange. Offensichtlich war die Genügsamkeit im Essen und das Leben im Freien nicht nur für die Seele ersprießlich, sondern diente auch der Gesundheit.

Metrokles wurde in Maroneia in Thrakien geboren.[22] Als Kind war er sehr scheu, daher beschlossen seine Eltern, ihn einem Meister anzuvertrauen, der seinen Charakter stärken sollte. Die Wahl fiel auf den Kyniker Krates, der inzwischen in den Ruf gelangt war, ein harter Mann zu sein. Als erstes riet ihm Krates, seinen Körper zu stählen, und nahm ihn mit auf den Sportplatz zu Übungen. Bis dann Metrokles einmal beim Gewichtheben ein Wind entfuhr. Dies empfand er als so demütigend, daß er beschloß, Hungers zu sterben. Der arme Krates versuchte alles, ihn davon abzubringen, und als er schon alle Hoffnung verloren hatte, ihn noch umstimmen zu können, fragte er ihn:

»Willst du lieber den Tod als das Leben?«

»Ja.«

»Soll ich daraus also schließen, daß du ganz genau weißt, was der Tod und was das Leben ist?«

»Nein, aber ich will dennoch sterben.«

»Und bist du gar nicht neugierig auf das, was du noch werden könntest, wenn du dich für das Leben entschiedest? Was verlierst du, wenn du auf das Leben verzichtest?«

»Was ich verliere?« fragte der Junge.

»Folge mir, dann wirst du es erfahren.«

Am frühen Morgen des folgenden Tages aß Krates zwei Kilo Bohnen, danach führte er Metrokles zu den Archonten.

»Hier, dies sind die Archonten der Stadt: eines Tages könntest du einer von ihnen sein.«

Während er dies sagte, verbeugte er sich vor den Archonten und ließ dabei einen Wind los, der noch viel furchtbarer war, als jener des Schülers auf dem Sportplatz. Dann führte er ihn zu den Strategen, den Prytanen und den Ephoren, und jedesmal entfuhr ihm ein furchtbarer Wind. Mit anderen Worten, er trieb es so stark, daß sich der Junge schließlich an die Sache gewöhnte und den Gedanken an Selbstmord aufgab. Metrokles wurde dann ein großer Philosoph, der erst in sehr hohem Alter starb – und zwar, indem er sich selber mit den Händen erwürgte.

Hipparchia[23], eine Schwester des Metrokles und einzige Philosophin unserer Geschichte, muß ein sehr schönes Mädchen gewesen sein, denn anders läßt sich das große Erstaunen des Diogenes Laertios nicht erklären, mit dem er von ihrer Ehe mit Krates erzählt. Es scheint, daß die schönsten und reichsten jungen Männer von Maroneia um sie warben, doch sie hätte sich eher umgebracht, als auf den Meister zu verzichten. Ihre Eltern, die ärmsten, wandten sich schließlich sogar an den Philosophen selber, um ihn zu bitten, irgend etwas zu unternehmen, damit sie von ihrem Gedanken abließ. Krates, der offenbar kein so übler Mann war und sich über sein Aussehen keine falschen Vorstellungen machte, stellte sich vollkommen nackt vor sie hin und sagte: »Hier Hipparchia, dies ist dein Gemahl mit all seiner Habe«, und als eine echte Kynikerin, die sie war, heiratete sie ihn trotzdem. Sie liebten sich in der Öffentlichkeit und bekamen einen Sohn, den sie Pasikles nannten.[24]

Der Kynismus war weniger eine philosophische Schule als eine Lebenseinstellung. Hatten die Kyniker einmal ihre Bedürfnisse in der Gewalt, interessierten sie sich nicht mehr für Politik, Physik oder philosophische Spekulationen, sondern nur noch für die Ethik. Sie bezeichneten sich selber als »Bürger der Welt ohne Haus, ohne Stadt und ohne Vaterland«. Kyniker hat es überall und in jeder Epoche gegeben. Erinnern wir hier nur an einen, der als Beispiel für alle gelten kann: Demonax, 90 v. Chr. auf Zypern geboren. Er war ein Mensch, der keinem etwas zuleide tat, immer guter Laune, friedliebend und freundlich zu allen. Das Volk gab ihm zu essen, ohne daß er darum bitten mußte. Wenn er auf einer Versammlung erschien, erhoben sich die Archonten von ihren Sitzen, und alle verharrten in ehrfurchtsvollem Schweigen. Als er sehr alt geworden war, setzte er seinem Leben ein Ende, indem er einfach aufhörte zu essen. Die Athener begruben ihn dann auf Staatskosten und schmückten sein Grab mit Blumen. Offenbar kannten sie ihre eigenen Laster gut und fühlten sich ihm gegenüber wie Schuldige.

## *Die Kyrenaiker*

Von den Kynikern zu den Kyrenaikern ist es ein gewaltiger Sprung. Obwohl sie dieselbe philosophische Herkunft haben, sind Antisthenes und Aristippos die zwei gegensätzlichsten Denker, die man sich vorstellen kann. Ließe sich ersterer mit einem Hund vergleichen, so besaß letzterer ganz und gar die Eigenschaften einer Katze.[25] Um sich davon eine Vorstellung zu machen, braucht man nur ein wenig über diese doppelbödige Anekdote nachzudenken, die uns wieder Diogenes Laertios überliefert.[26]

Eines Tages war Diogenes von Sinope gerade dabei, an einem Brunnen Rüben zu waschen, als er den Kyrenaiker herankommen sah. »Wenn du fähig wärest, Gemüse zu essen«, sagt Diogenes zu ihm, »wärest du nicht gezwungen, den Tyrannen zu hofieren.« – »Und wenn du mit den Tyrannen umgehen könntest«, erwidert Aristippos, »bräuchtest du nicht Gemüse essen.« Andere erzählen dieselbe Geschichte mit umgekehrtem Vorzeichen. Diesmal spricht zuerst Aristippos: »Wenn du lernen würdest, mit den Reichen zu reden, bräuchtest du nicht Gemüse zu essen.« Und Diogenes erwidert: »Und wenn du lerntest, Gemüse zu essen, müßtest du dich nicht mehr vor den Mächtigen verbeugen.«[27] Wie immer man es nun mit den Rüben halten will, beide Lebenseinstellungen haben etwas für sich und verdienen unsere Beachtung.

Aristippos war, obwohl (um 435 v. Chr.) in Afrika geboren, dennoch Grieche. Seine Geburtsstadt Kyrene war ein paar Jahrhunderte vorher von griechischen Siedlern gegründet worden, die von der Insel Thera stammten. Pindar berichtet, vielleicht um damit zu rechtfertigen, daß der spätere Hedonist von klein auf an Luxus gewohnt war, seine Familie sei die reichste und vornehmste ganz Libyens gewesen. Als Neunzehnjähriger (vielleicht auch ein Jahr früher oder später) reiste er zu den Olympischen Spielen nach Griechenland und lernte dort einen gewissen Hiskomachos kennen, der ihm erzählte, daß in Athen ein Mann namens Sokrates lebte, der die Jungen mit seinen Reden begeisterte. Als Aristippos das hörte, geriet er anscheinend so in Verzückung, daß »sein Körper verfiel und er blaß und schwach wurde, bis er sich dürstend und glühend nach Athen aufmachte, um an jener Quelle zu trinken und Erkenntnis über den Menschen zu erlangen.«[28]

Bei einigen Geschichtsschreibern ist nachzulesen, daß Aristippos vor seiner Begegnung mit Sokrates schon bei den Sophisten und insbesondere bei Protagoras gehört habe, ja, daß er sogar selber ein sophistischer Experte gewesen sei. Andere dagegen meinen, er sei nur deshalb in diesen Ruf geraten, weil er bezahlten Unterricht erteilt habe. Ich glaube, Aristippos war einfach das, was man in Neapel *'nu signore* nennt: er lebte gern gut und ließ sich seinen Verdiensten entsprechend bezahlen. Dem Vater eines Schülers, der ihm sein jährliches Honorar von 500 Drachmen nicht zahlen wollte und sagte: »500 Drachmen! Aber mit 500 Drachmen kann ich mir einen Sklaven kaufen!«, erklärte er: »Dann kaufe dir ruhig diesen Sklaven, damit hast du dann deren zwei: deinen Sohn und den gekauften.«[29] Er erhob je nach Fähigkeiten der Schüler unterschiedliche Tarife. Den Intelligentesten gewährte er einen Preisnachlaß, während er von den Dümmsten einen Aufschlag verlangte.[30] Eines Tages versuchte er mit allen Mitteln, Sokrates dazu zu bewegen, eine Bezahlung von zwanzig Minen anzunehmen, aber der greise Philosoph erwiderte ihm »diplomatisch«, sein Schutzgeist erlaubte ihm dies nicht.[31]

Seinen Mitmenschen gegenüber verhielt sich Aristippos zweifellos wie ein Snob. Bei einem Sturm auf dem Meer hatte er einmal so große Angst, daß ein Mitreisender ihn verspottete: »Merkwürdig, daß ein Philosoph so um sein Leben fürchtet, wo doch ich, obwohl ich kein Weiser bin, überhaupt keine Angst habe.« Darauf entgegnete er boshafter denn je: »Und du willst dein Leben mit dem meinen vergleichen? Ich fürchte um das Leben des Aristippos und du nur um das eines Niemand!«[32]

Um Aristippos zu verstehen, muß man seine Einstellung zum Geld kennen. Er war keinesfalls geldgierig, sondern er verschaffte sich nur das Nötige, um seine (zahlreichen) Wünsche zu befriedigen. Gewöhnlich sagte er: »Es ist besser, das Geld geht für Aristippos verloren, als Aristippos für das Geld.«[33] Wenn es nötig gewesen wäre, hätte er ohne weiteres auch in Armut leben können. Als er eines Tages die öffentliche Badeanstalt verließ, hatte er sich zum Spaß den schmutzigen und zerrissenen Mantel des Diogenes angezogen. Überflüssig zu sagen, daß Diogenes lieber nackt hinausging, als die purpurne *chlamys* des Kyrenaikers anzulegen. Aristippos besaß wohl doch mehr innere Freiheit als seine Kollegen. Dies wird uns auch von Horaz bestätigt, der sagt: »Aristippos ist mir lieber, der beide Mäntel gleich ungezwungen trägt.«[34]

Ähnliches erfahren wir aus einer Anekdote über ihn und Platon. Die beiden Philosophen befanden sich am Hofe des Dionysios (ob des Jüngeren oder Älteren ist nicht genau bekannt), und der Tyrann forderte sie auf, sich als Frauen zu verkleiden. Platon weigerte sich und sagte, niemals würde er sich Frauenkleider anziehen. Aristippos dagegen ließ sich nicht lange bitten und sagte ganz nonchalant: »Warum nicht? auch auf den Bacchusfesten kann eine, die rein ist, nicht verdorben werden.«[35] Und so können wir uns die zentrale Frage stellen: »Was ist die innere Freiheit?« Aristippos erklärte, innerlich so ausgeglichen zu sein, daß er die Meere des Reichtums, der Macht oder des Eros gefahrlos überqueren könne. Als sie ihm vorwarfen, die Hetäre Laïs zu besuchen, verteidigte er sich mit den Worten: »Ich bin ja Herr über die Laïs und lasse mich von ihr nicht beherrschen.«[36] Oder er sagte auch: »Es ist keine Schande, ihr Haus zu betreten, es ist eine Schande, es nicht mehr verlassen zu können.«[37] Übrigens ließ sich Laïs von Aristippos nicht bezahlen, denn er war für sie gute Werbung[38], vom armen Demosthenes dagegen verlangte sie die ungeheuerliche Summe von 10 000 Drachmen.[39]

Platon konnte ihn nicht leiden, Xenophon haßte ihn. Aischines stritt unablässig mit ihm. Diogenes betrachtete ihn als einen Feind der Tugend, und in den späteren Jahrhunderten, als sich das Christentum ausbreitete, wurde er von den Kirchenvätern und den bigottesten Historikern in Grund und Boden verdammt. Was hatten sie bloß alle gegen Aristippos? Die einen behaupten, er sei getadelt worden, weil er sich seinen Philosophieunterricht bezahlen ließ, andere meinen, weil er ein ausschweifendes Leben führte; meiner Meinung nach wollte ihm einfach keiner verzeihen, daß er sich offenbar wohl fühlte.

Der erste ideologische Gegensatz zwischen den Schülern des Sokrates entsteht zwischen dem Hedonismus Aristippos', der vor allem ein bewußtes Wahrnehmen der sensiblen Wirklichkeit ist, und dem Idealismus Platons. Es ist wohl einleuchtend, daß zwei so verschiedene Philosophen sich nicht mochten. Auf Platon, für den nur der Staat und die Gemeinschaft zählten, konnte ein Individualist wie Aristippos natürlich nur unsympathisch wirken. Nicht umsonst betont er in seinem *Phaidon*-Dialog[40] bei der Aufzählung all jener, die bei Sokrates' Tod anwesend waren, nachdrücklich, daß er fehlte. Hier der platonische Text:

»Waren auch noch Fremde zugegen?« fragt Echekrates.

»Ja, Simmias, der Thebaner, Kebes und Phaidondas, und aus Megara Euklid und Terpsion«, erwidert Phaidon.

»Wie aber, Aristippos und Kleombrotos, waren die da?« fragt Echekrates weiter.

»Nein, es hieß, sie wären in Ägina.«

Ägina nämlich, eine dem Piraeus vorgelagerte kleine Insel, war bekannt als ein Ort der Ausschweifungen und der Lebenslust. Unter anderem lebte auch Laïs, die »Favoritin« Aristippos' auf Ägina.[41] Platon brauchte diese Einzelheiten natürlich nicht besonders zu betonen, eine Anspielung reichte, er wußte ja, daß die Athener zwischen den Zeilen lesen würden. Im Klartext meinte Platon etwa dies: Sokrates mußte sterben, und diese beiden da ließen es sich auf Ägina gut gehen. Wenn stimmt, was Cicero schreibt[42], hat sich der arme Kleombrotos von einem Felsvorsprung ins Meer gestürzt, nachdem er diese boshaften Zeilen gelesen hatte.

Nach Sokrates' Tod reiste Aristippos sehr viel umher. Wir haben Zeugnisse aus Syrakus, Korinth, Ägina, Megara, Scillunte und natürlich aus seiner Heimatstadt Kyrene. Anscheinend wurde er in hohem Alter von dem Satrapen Artaphernes in Kleinasien festgenommen.[43] Mit etwa siebzig Jahren starb er in Italien, in Lipari. Er schrieb viele Dialoge und einige Reiseberichte, darunter drei Bände über Libyen. Von diesem Werk sind nur noch einige Fragmente erhalten.

Aristippos' Denken war vor allem darauf ausgerichtet, »den Augenblick, der entflieht« auszuleben, was dem typisch neapolitanischen Konzept entspricht, das in diesem Vers zum Ausdruck kommt: *»Si 'o munno è 'na rota, pigliammo 'o minuto che sta pe' passà.«*[44] Die meisten Menschen ertragen ihr Dasein nur, indem sie, je nach Lebensalter, in ihren Erinnerungen versinken oder aber auf die Zukunft hoffen. Wenigen (nach Meinung Aristippos') überragenden Personen aber gelingt es zu leben, indem sie sich ganz der Gegenwart hingeben. Häufig hören wir alte Leute seufzend mit versonnener Miene sagen: »Wie glücklich war ich mit zwanzig« (obwohl wir ganz genau wissen, daß sie es nicht waren), und ebensooft erleben wir junge Menschen auf dem Höhepunkt ihrer körperlichen und geistigen Verfassung, die auf ihre ungewisse Zukunft setzen. Aber daß einer zu einer grundlegenden Feststellung dieser Art fähig wäre, hört man selten: »In diesem Augenblick geschieht mir kein Unheil, alle Personen, die ich liebe, sind bei guter Gesundheit, ich bin glücklich!« Durst zu haben, ein Glas Wasser zu trinken und dabei zu denken: »Wie gut schmeckt doch dieses Wasser« wäre ein typisch kyrenäisches Verhalten.

»Das Vergnügen ist eine Brise, der Schmerz ein Sturm, das alltägliche Leben ein Zwischenzustand, der mit Windstille vergleichbar ist.« Diese Seglerprosa Aristippos' läßt uns erkennen, wie notwendig es ist, unser Schiff in jene Zonen zu lenken, wo das Vergnügen winkt.

Um eine noch etwas genauere Vorstellung vom kyrenäischen Denken zu geben, wollen wir hier einmal Heraklit, Aristippos und Pirandello in einen Topf werfen und daraus eine Theorie ableiten: Die Zeit besteht aus Augenblicken, die alle verschieden sind, und auch der Mensch ist im Laufe seines Lebens nicht immer derselbe. Leben heißt also, den richtigen Augenblick mit der richtigen seelischen Einstellung zu erfassen und dabei gleichzeitig überall ein Fremder zu bleiben.

Diese »Philosophie des Gegenwärtigen« hat bei den Intellektuellen nie recht Anklang gefunden. Als Ausdruck der Sorglosigkeit abgestempelt, wurde sie zum Inbegriff unmoralischen und unpolitischen Verhaltens, also unbrauchbar für die Zwecke einer Veränderung der Gesellschaft. Es gibt aber auch Stimmen, die Aristippos, gerade weil er auf diese Weise über den Lebensproblemen stand, den sokratischsten der Sokratiker nennen. Für die Kyniker war »Freiheit« gleichbedeutend mit Genügsamkeit, um nicht der Sklaverei der Vergnügungen zu erliegen. Für die Kyrenaiker bedeutete es »noch größere Freiheit«, wenn man fähig war, die Vergnügungen mitzumachen, ohne sich darin zu verlieren.

Aristippos lebte etwa ein Jahrhundert früher als sein Kollege Epikur, und die beiden unterscheiden sich vor allem darin, daß ersterer sehr viel »epikureischer« war als letzterer. Während Epikur nämlich Unterschiede zwischen den einzelnen Vergnügungen macht und deren Folgen bedenkt, gingen Kyrenaiker dem Vergnügen allein um des Vergnügens willen nach, ohne sich viele Gedanken darüber zu machen.[45]

Die bekanntesten Anhänger des Aristippos waren: seine Tochter Arete, die dazu erzogen worden war, das Vergnügen zu genießen, gleichzeitig aber das Überflüssige zu verachten,

Theodoros, genannt der Gottlose, und Hegesias. Wie so häufig überholten die Schüler ihren Meister von links (oder in diesem Falle, eher von rechts).

Theodoros empfahl, dem Vergnügen nachzugehen, wo immer es sich anbot, ohne sich von falschen Moralvorstellungen leiten zu lassen. Als ein Theoretiker des Egoismus ließ er noch nicht einmal die Freundschaft gelten. »Es ist ein Gefühl der gegenseitigen Hilfe, das nur den Dummen dient. Die Klugen sind sich selbst genug und brauchen es daher nicht.«[46]

Hegesias war der Radikalste von allen: »Da es nicht möglich ist, immerwährendes Vergnügen zu erreichen, und da das Leben mit seinen Emotionen uns vor allem Schmerz bereitet, ist es besser zu sterben.« Er hielt die Leute auf der Straße an und versuchte, sie zum Selbstmord zu überreden. »Hör zu, Bruder: Du weißt mit Sicherheit, daß du sterben mußt, was du aber nicht weißt, ist, welche Art von Tod dich erwartet. Vielleicht hat das Schicksal für dich einen gewalttätigen und schmerzhaften Tod vorgesehen oder aber eine lange und grausame Krankheit. Hör auf den Rat eines Weisen: bringe dich um! In einem Augenblick bist du alle Sorgen los!« Anscheinend hat er auf diese Weise jeden Monat ein paar Athenern hinübergeholfen. Man nannte ihn *peisithánatos*, den »Überzeuger zum Tode«.[47]

## *Die Megariker*

Euklid von Megara (nicht zu verwechseln mit dem Mathematiker gleichen Namens) war der älteste Schüler des Sokrates. Seine genauen Lebensdaten sind uns nicht bekannt, wahrscheinlich aber hat er in der Zeit zwischen 435 und 365 v. Chr. gelebt.[48] Als junger Mann begann er mit dem Philosophiestudium und widmete sich zunächst Parmenides. Offenbar hatte der eleatische Philosoph, als er 450 nach Athen kam, einen starken Eindruck bei den griechischen Philosophen hinterlassen. Nachdem er aber dann Sokrates kennenlernte, versuchte er sein Leben lang, die Lehre des Meisters mit den Theorien des Parmenides zu verbinden. Seine Anhänger wurden Megariker genannt oder auch Dialektiker, weil sie die Gewohnheit hatten, ihre Reden in Form eines Frage- und Antwortspiels zu halten.

Von Parmenides hatte er gelernt, daß alle Dinge dieser Welt einen inneren wirklichen Wert haben, der das Sein genannt wird, sowie andererseits einen Anschein, das Nichtseiende genannt. Wenn wir uns bemühen, ein bestimmtes Ziel zu erreichen, müssen wir darauf achten, daß das Objekt unserer Wünsche eben dieses Sein ist und nicht der Schein. Um ein ganz gewöhnliches Beispiel zu nennen: wenn ich Staatsoberhaupt werden will, weil ich das Bedürfnis habe, das Leben meiner Mitbürger zu verbessern, so bin ich dem *Sein* dieses Berufes eines Staatsoberhauptes schon ziemlich nahe. Wenn mich an dem neuen Amt dagegen nur das Prestige, Ruhm und Macht anziehen, heißt das, daß ich mich vom Schein der Rolle habe verführen lassen und nicht die geringste Chance habe, das Gute zu erreichen.

Philosophiegelehrte sind im allgemeinen nicht geneigt, grundlegende Beispiele für das *Sein* zu geben, so wie ich es gerade getan habe, vielleicht fürchten sie, die Bedeutung damit zu banalisieren (etwa so, wie wenn Mohammedaner Allah bildlich darstellten); ich dagegen versuche, dem Leser ein paar Verständnishilfen zu geben.

Nachdem Sokrates gesagt hatte, das Wichtige im Leben sei, zur Erkenntnis und damit zum Guten zu gelangen, war es für Euklid leicht, das Denken des Meisters in Einklang mit dem Denken des Parmenides zu bringen und daraus zu schließen, daß das Gute das *Sein* oder das ewige und unteilbare Eine sei, während alles übrige nicht zählt, weil es *nicht ist*.

Die Sokratiker interessierten sich vor allem für die Ethik und vernachlässigten im Unterschied zu ihren Vorgängern das Studium der Natur. Das entscheidend Neue bei Sokrates ist, daß der Mensch und seine moralischen Probleme in den Mittelpunkt der Betrachtungen rückten, wodurch die Philosophie eine praktische Dimension bekam, die sie uns sympathischer macht. Versuchen also auch wir, einen nützlichen Rat für unser Leben daraus herzuleiten.

Sokrates meinte, daß einer, der weiß, was das Gute ist, nicht so dumm sein kann, es nicht zu wünschen, denn er würde gegen sein eigenes Interesse handeln. Ziel des Lebens ist also die Erkenntnis des Guten.

Die Kyniker glaubten, das Gute liege in der individuellen Freiheit, und um von der Außenwelt nicht zu sehr bedingt zu werden, schränkten sie ihre primären Bedürfnisse aufs äußerste ein.

Die Kyrenaiker glaubten, das Gute liege in der Lust und das Böse im Schmerz. Das Vergnügen zu erhaschen, sagte Aristippos, ist das Ziel des Lebens, wobei man allerdings darauf achten muß, sich davon nicht versklaven zu lassen.

Die Megariker hatten eine abstraktere Vorstellung vom Guten: das Gute ist für sie das *Sein*, das Böse das *Werden*. Eine im Grunde religiöse Einstellung, denn Euklid glaubte, daß »das höchste Gute ein einziges sei, auch wenn es im allgemeinen mit vielen Namen genannt wurde: Vernunft, Gott, Geist, Weisheit usw«.[49]

[1] Diogenes Laertios, *Leben und Meinungen berühmter Philosophen,* op. cit., VI, 2
[2] Aulus Gellius, *Attische Nächte,* op. cit., VII, 10, 1–4
[3] Diogenes Laertios, *a.a.O.*, III, 5
[4] *ebd.*, II, 34
[5] *ebd.*, II, 105
[6] *ebd.*, VI, 19
[7] *ebd.*, IV, 13
[8] Dies Stück ist frei entnommen aus dem *Gastmahl* des Xenophon, IV, 34ff.
[9] Clemens von Alexandria, *Teppiche* (stromata), II, 406,6

[10] Diogenes Laertios, *a. a. O.*, VI, 3
[11] Stobaeus, *Anthologie*, III, 10,41 (eine Sammlung antiker Texte)
[12] Diogenes Laertius, *a. a. O.*, VI, 8
[13] *ebd.*, VI, 18
[14] Alle Geschichten über Diogenes von Sinope – mit Ausnahme derer, die anderen zugeschrieben werden – sind entnommen aus Diogenes Laertios, *a. a. O.*, VI, II. Kapitel
[15] Eubulides von Milet, Schüler des Euklid, aus der Schule von Megara
[16] Ein Hain und Ringplatz vor Korinth, Lieblingsaufenthalt des Diogenes (vgl. Diogenes Laertios, *a. a. O.*, Anm. S. 368, 22, Anm. d. Hrsg.).
[17] Aelian, *Bunte Geschichten* (Varia Historia), XIV, 33; Aelian wurde bis heute noch nicht vollständig ins Deutsche übertragen.
[18] Brunetto Latini, *a. a. O.*, Kap. VIII, 13
[19] In der Geschichte der griechischen Kultur gab es mindestens elf Dichter, Philosophen und Schriftsteller mit dem Namen Krates.
[20] Suidas, siehe Jacob Burckhardt, *Griechische Kulturgeschichte*, op. cit., II. Bd., 342, (7. Abschn., IV. Kap., 8), und Diogenes Laertios, *a. a. O.*, VI, 86
[21] Die Anekdoten über Krates stammen von Diogenes Laertios, *a. a. O.*, VI, V. Kapitel
[22] *ebd.*, VI, VI. Kapitel
[23] *ebd.*, VI, 96
[24] Erathostenes von Kyrene, siehe Diogenes Laertios, VI, 88
[25] Schon Joël hat in seiner *Geschichte der antiken Philosophie*, I, 1921, S. 942 die Kyniker und Kyrenaiker mit Hunden und Katzen verglichen.
[26] Diogenes Laertios, *a. a. O.*, II, 68
[27] Valerius Maximus, *Denkwürdige Taten und Aussprüche*, IV, 3–4
[28] Plutarch, *Über die Neugier*, 2, 516 c
[29] Plutarch, *Über die Erziehung*, 7, 4 f.
[30] Vgl. Giannantoni, G., *I Cirenaici*, Florenz 1958, S. 217
[31] Diogenes Laertios, *a. a. O.*, II, 65
[32] *ebd.*, II 4; Aulus Gellius, op. cit., XIX, 1,1
[33] Diogenes Laertios, *a. a. O.*, II, 77
[34] Horaz, *Briefe*, I, XVII, 25
[35] Diogenes Laertios, *a. a. O.*, II, 78
[36] Athenaios von Naukratis, *Das Gelehrtengastmahl*, XI. Buch, 544 (Leipzig 1985, erstmals ins Deutsche übertragen); Cicero, *Briefe an Vertraute*, IX, 262; Theodoretus *Graecorum affectionum curatio*, XII, 50; Clemens von Alexandrien, *Teppiche*, II, XX, 118; auch Horaz, I. Brief, I, I, 19: *Et mihi res, non me rebus subjungere conor* (›Tracht' ich mir selber die Welt, nicht der Welt mich unterzuordnen‹)
[37] Diogenes Laertios, *a. a. O.*, II, 69
[38] G. B. L. Colosio, *Aristippo di Cirene filosofo socratico*, Turin 1925
[39] Aulus Gellius, *a. a. O.*, I, 8
[40] Platon, *Phaidon*, 59 c
[41] ›Aristipp führte meistens auf Ägina ein luxuriöses Leben‹, Athenaios, *a. a. O.*, XII. Buch, 544 d (S. 334)
[42] Cicero, *Tuskulanische Gespräche*, I, 34, 84

[43] Diogenes Laertios, *a. a. O.*, II, 7
[44] »Wenn die Welt sich im Kreise dreht, nutzen wir die Minute, die gerade vergeht« ist ein Vers aus dem Lied *Simme 'e Napule paisà* von Fiorelli Valente.
[45] Diogenes Laertios, *a. a. O.*, II, 87
[46] *ebd.*, II, 98
[47] *ebd.*, II, 86
[48] *ebd.*, II, 106
[49] *ebd.*, II, 106

III

# *Sciscià*

In den fünfziger Jahren habe auch ich einen Kyniker kennengelernt. Er hieß Sciscià Morante und lebte meist an der amalfitanischen Küste: Ein Gammler von feiner Lebensart, gutaussehend, galant den Damen gegenüber, zurückhaltend, ohne festen Wohnsitz, ein wenig snobistisch, stolz wie ein spanischer Edelmann und ohne eine Lira in der Tasche, ja, sagen wir es ruhig, er hatte nicht einmal Taschen, denn die hatte er sich – um zu vermeiden, je etwas hineinzustecken – von Pepito, dem besten Hosenschneider Positanos, zunähen lassen.

Sciscià zeigte sich nur in der schönen Jahreszeit von April bis Oktober. Wenn es dann anfing, kühl zu werden, verschwand er von der Bildfläche, wahrscheinlich fiel er in Winterschlaf. Irgend jemand behauptete dann immer, er sei in Cortina oder Sestrière bei einer Dame zu Gast, die er während des Sommers kennengelernt hatte. Aber solche Nachrichten waren fast immer falsch, denn alle überboten sich gegenseitig, die ›neuesten Abenteuer Scisciàs‹ zu erfinden.

Seine Familie gehörte jener alten neapolitanischen Bourgeoisie an, die ›Arbeit‹ als eine Sache ansah, mit der sich ausschließlich das niedere Volk zu befassen hatte (eine zugegebenermaßen überholte Ansicht, die wir von den Griechen übernommen haben). Da er also aus Familientradition nicht arbeiten konnte, schlug sich Sciscià mit Capuccini, Hefestückchen und Einladungen zum Abendessen durch; trotzdem hat kein Mensch je erlebt, daß er einen Freund um Geld gebeten hätte. Nur ein einziges Mal ließ er sich von Franca Valeri tausend Lire geben, um ein Päckchen

*Nazionali* zu kaufen, aber er kam sofort mit strahlendem Lächeln zu ihr zurück, brachte die Zigaretten und eine Rose.

»Sciscìò, wie geht's?« fragte ich ihn, wenn ich ihm begegnete.

»Bestens«, erwiderte er, »hab sogar n' Kühlschrank.«

Am liebsten hielt er sich in Capri und Positano auf. Selten entschied er sich für Ischia, obwohl er dort größte Gastfreundschaft genossen hätte, denn er hatte dort mehrere steinreiche Verwandte (darunter den Besitzer eines Hotels). Darin war Sciscìò eigenwillig: manchmal nahm er die beschwerlichsten Reisen auf sich, nur um irgendwo ein Dach über dem Kopf zu haben, und dann wieder bewies er maßlosen Stolz, so etwa, wenn er seine Verwandten in Ischia besuchte und sich unterwegs den Bauch mit Kaktusfeigen vollschlug, um sich von ihnen nicht zum Essen einladen lassen zu müssen.

Eines Tages wollte ich ihm einen gelben Pullover schenken, der ein wenig auffallend war.

»Danke«, sagte er, »aber Gelb steht mir nicht, das macht mich dick. Außerdem ist hier abends Blau Mode.«

Auch wenn er ihn angenommen hätte, wäre der Pullover nicht lange in seinem Besitz geblieben. Da ihm jeder Sinn für Eigentum fehlte, hätte er ihn unterwegs irgendwo auf einem Mäuerchen abgelegt oder ihn in einer Bar für ein Gläschen Whisky in Zahlung gegeben.

Für die Mahlzeiten hatte er mit den örtlichen Restaurants eine Absprache getroffen.

»Durch einen merkwürdigen Zufall gibt es von euch in Positano genau 61. Wenn ich jeden Tag zu einem andern gehe, kommt jeder von euch einmal alle zwei Monate dran. Und was das Frühstück betrifft, braucht ihr keine Angst zu haben, da gibt es immer Freunde, die sich gegenseitig überbieten und mich einladen.«

Im Restaurant bestellte er dann nur das Nötigste: Einen Teller Spaghetti mit Muscheln und ein Glas Wein. Er wußte, was sich als Gast gehörte und nutzte es nicht aus.

Schließlich richtete er sich bei Sandro Petti in dessen wunderschönem Lokal ›Rancio Fellone‹ in Porto d'Ischia fast auf Dauer ein. Es ging so lange gut, bis ihm Sandro ein kleines Gehalt dafür anbot, daß er ja doch, wenn auch unfreiwillig, Public relations für ihn machte. Er verschwand auf Nimmerwiedersehen.

Er wollte seine Memoiren schreiben und zwar unter dem Titel *Die emsige Zikade*, aber weiter als bis zu diesem Titel kam er damit nicht.

Sciscìòs Charakter veränderte sich vollkommen, nachdem er in Vittorio Capriolis Film *Leoni al sole* mitgespielt hatte. Er selber beschuldigte den armen Vittorio, ihn geschädigt zu haben.

»Ich mag dich gern, aber ich hasse dich: du hast mich bezahlt und du hast mich fertiggemacht!«

*Leoni al sole* war für uns Neapolitaner das Gegenstück zu Fellinis *Vitelloni*. Darin werden unsere sorglosen und oberflächlichen Sommer dargestellt, das Abenteuer mit der Schwedin, die uneingestandene Sehnsucht nach der großen Liebe, das Frühstück, das der durchreisenden Mailänderin abgeluchst wird. Alles geschah im Positano der sechziger Jahre, und die ›Löwen‹ dieser Geschichte, die lässig auf den Klippen herumlagen, hießen damals Giuggiù, Frichì, Sciscìò, Sasà, Cocò und Cunfettiello. Sciscìò war offenbar der einzige, der seinen Namen nicht zu ändern brauchte. Idee und Drehbuch zu diesem Film stammten (außer von Caprioli) von Dudù La Capria, dem Autor von *Ferito a morte*, einem der wahrsten und schönsten Bücher, das je über das Neapel der Wohlanständigen geschrieben worden ist.

Wie gesagt, das Geld, das er mit diesem Film verdient hatte (fünfhunderttausend Lire), beunruhigte ihn zutiefst. Er versuchte unverzüglich, es wieder loszuwerden, indem er alle, auch solche, die er nicht kannte, zum Abendessen einlud, und als er wieder arm geworden war, hatte er auch jenen lockeren und freundlichen Ton verloren, den man sonst an ihm gewohnt war, und antwortete auch auf die harmlosesten Fragen mit Schroffheit.

»Sciscìò, wie geht's?«

»Wie soll's denn gehen? Gut!«

Dabei ging es ihm überhaupt nicht gut. Das ständige Trinken, meist auch noch auf leeren Magen, zerstörte ihn. Er starb mit fünfundfünfzig Jahren, es war gerade Heiligabend, an Leberzirrhose. Es stand niemand an seinem schmalen Krankenhausbett, und der diensttuende Arzt, der vielleicht zu jung oder zu streng war, hatte ihm jenes Gläschen Whisky verwehrt, das sein Leben vielleicht noch um ein paar Tage verlängert hätte.

IV

# *Platon*

## *Das Leben*

Aristokles, genannt Platon[1], Sohn des Ariston und der Periktione, kam um 428 vor Christus im Zeichen des Stieres in Athen zur Welt. Die Legende erzählt, daß seine Eltern ihn, da er am gleichen Tag wie Apollon geboren[2] war, noch in Windeln auf den Berg Hymettos trugen, um dem Gott zu danken, und während sie dort waren und alle aufmerksam dem religiösen Ritus folgten, setzte sich ein Bienenschwarm auf den Mund des Kindes und füllte ihn mit Honig.[3] Diese Anekdote ist mit größter Wahrscheinlichkeit, ja ganz sicher sogar erfunden, aber sie zeigt, wie groß die Bewunderung der antiken Welt für sein Genie war.

Platon war ein Aristokrat. Väterlicherseits stammte er von Kodros ab, dem letzten König Athens und damit von Gott Poseidon persönlich. Mütterlicherseits war der Urgroßvater seines Urgroßvaters Dropides, der Bruder Solons, der ein großer Staatsmann und Gesetzgeber von Athen war. Und schließlich konnte er, ebenfalls von Mutterseite, auf die Unterstützung seiner Onkel Charmides und Kritias bauen, die zwei der Dreißig Tyrannen waren. Bei einer so eindrucksvollen Verwandtschaft (seine Familie stellte so etwas wie den Kennedy-Clan des 5. Jahrhunderts vor Christus dar) war unvermeidlich, daß auch er Lust bekam, sich in die Politik zu begeben.

In seinem siebten Brief an die Syrakusaner[4] bestätigt Platon selber sein Interesse für die Politik: »Als ich noch jung war, ging es mir ebenso wie vielen. Ich war gesonnen, sobald ich zur Selbständigkeit gelangt sein würde, sogleich zur Teilnahme an den öffentlichen Angelegenheiten mich anzuschikken.«[5]

Aber die Enttäuschungen, die er in den ersten Jahren mit der Demokratie erlebte, waren doch so groß, daß er jedes Vertrauen in die Staatsmänner verlor. Wie sollte man ihm dies auch verdenken? Perikles und mit ihm der magische Augenblick der athenischen ›Aufklärung‹ waren längst dahin. Seine Nachfolger, die Demagogen Kleon und Hyperbolos waren zwei Tunichtgute, und Alkibiades war, bei allem Respekt vor seiner Intelligenz, moralisch nicht gerade vertrauenseinflößend. Dies war die Erfahrung, die Platon mit der Demokratie machte. Dann folgte der Peloponnesische Krieg, die Niederlage von Ägospotamoi, eine gewisse Mythisierung der spartanischen Tüchtigkeit und die darauffolgende Restauration durch die Dreißig Tyrannen; während dieser kurzen Periode, die nicht länger als ein Jahr dauerte, forderten ihn seine Onkel Kritias und Charmides zum Mitmachen auf, doch als Platon erkannte, daß auch die Aristokraten nichts anderes taten, als sich für die Ungerechtigkeiten zu rächen, die sie unter der vorhergehenden Regierung erlitten hatten, gab er die Politik auf und widmete sich mit Leib und Seele der Philosophie. Und als dann die Demokratie wieder an die Macht kam, erlebte er, wie ausgerechnet Sokrates zum Tode verurteilt wurde, der einzige Mensch, den er bewunderungswürdig fand. Nach all diesen Erfahrungen dürfen wir uns nicht wundern, daß er sein Leben lang ein überzeugter und aufrechter Antidemokrat blieb.

Als Platon Sokrates begegnete, liebte er ihn auf den ersten Blick. Es heißt, daß er sich als Zwanzigjähriger nur noch mit Dichtung befaßte und eines Tages ins Theater gehen wollte, um an einem Dichterwettbewerb teilzunehmen, als er Sokrates sah, der zu einer Gruppe von Jugendlichen sprach. Er begriff sofort, daß dieser Greis sein neuer geistiger Führer sein würde: er warf seine Gedichte ins Feuer und folgte ihm.[6]

Nach dem Tod des Meisters floh er aus Angst vor Verfolgungen zusammen mit anderen Schülern zu seinem Kollegen Euklid nach Megara, wo er drei Jahre blieb, bis er dann eines Tages seine Wißbegierde nicht mehr bezähmen konnte und eine Art Grundkurs in Philosophie begann. Er besuchte die Mathematiker von Kyrene, die Propheten in Ägypten und die Pythagoreer in Italien. Um die Reise abzurunden, hätte er auch noch die Magier in Kleinasien besuchen sollen, aber die Gegend war (wie im übrigen auch heute) von Kriegen heimgesucht, und so verzichtete er lieber darauf.

Nach Sizilien begab sich Platon offenbar mehr aus touristischen Gründen. Er wollte den Krater des Ätna und die genaue Stelle sehen, an der sich Empedokles umgebracht hatte. Aber dann lernte er jenen Mann kennen, der als zweiter eine bestimmende Rolle in seinem Leben spielen sollte: den jungen Dion.

Dion war der Schwager von Dionysios, dem ersten Mann der Stadt Syrakus.[7] Während der Tyrann ein autoritärer und grausamer Mann war, galt der junge Dion als Idealist: er hatte von Platon und seinen politischen Ideen gehört und wollte ihn nach Syrakus holen, damit er seinen Schwager zu einer aufgeklärten Tyrannei bewege.

Leider entwickelten sich die Dinge nicht so, wie Dion gehofft hatte. Platon fühlte sich sehr schnell abgestoßen von den Zuständen am Hof, und Dionysios wiederum verfolgte diesen Athener, der wie ein Orakel redete, mit Mißtrauen. Um nur einmal eine Vorstellung vom Klima zu geben, das im 4. Jahrhundert vor Christus an einem sizilianischen Hof herrschte, sei erwähnt, daß einmal ein Gastmahl ausgerichtet wurde, das neunzig Tage dauerte.[8] Noch viele Jahre später gestand Platon in einem Bericht über seine sizilianische Erfahrung, daß ihm keinesfalls zusagte, »was man dort bei reichlichen italienischen und sizilianischen Leckereien ein glückliches Leben nennt, indem man zweimal des Tages sich vollpfropft und keine einzige Nacht allein schläft.«[9]

Das Schlimmste geschah, als Platon und Dionysios anfingen, über Philosophie zu diskutieren. Das Thema war die Tugend. Platon begann das Streitgespräch, indem er sagte, daß ein tugendhafter Mann glücklicher sei als ein Tyrann, und Dionysios, der schon den Verdacht hegte, daß ihm nicht die gebührende Ehrerbietung entgegengebracht würde, fragte ihn rundheraus:

»Was suchst du denn hier in Sizilien?«

»Einen tugendhaften Mann.«

»Und du glaubst nicht, ihn gefunden zu haben?«

»Nein, gewiß nicht.«

»Deine Worte schmecken nach Altersschwäche!« rief Dionysios erboster denn je.

»Und deine nach Tyrannenlaune«, erwiderte der Philosoph.

Eine halbe Stunde später wurde Platon gefesselt und auf das Schiff des Spartaners Pollis geschleppt, der den Befehl erhielt, ihn nach Ägina zu bringen und auf dem Sklavenmarkt zu verkaufen.[10] »So viel Wert hat ein Philosoph«, erklärte Dionysios beruhigt, »und er weiß es nicht einmal.«[11]

Zu Platons Glück hielt sich in Ägina gerade einer seiner libyschen Anhänger auf, ein gewisser Annikeris von Kyrene, dem es nicht nur gelang, ihn für zwanzig Minen auszulösen, sondern der ihm auch das entsprechende Geld schenkte, um ein Stück Land zu kaufen, auf dem er eine Schule errichten konnte.

Die Gründung der Akademie war eines der bedeutendsten kulturellen Ereignisse der Antike. Es handelte sich um eine Schule, die etwa zwei Kilometer von Athen entfernt an der Straße der Gräber der bedeutenden Männer ganz versteckt in einem großen Park lag. Auf folgende Weise wird sie in *Phaidros* beschrieben: »Am herrlichsten aber ist das Gras am sanften Abhang in solcher Fülle, daß man hingestreckt das

Haupt gemächlich kann ruhen lassen.«[12] Daneben lag ein Wäldchen, das dem Heroen Akademos gewidmet war. Kein Mensch weiß eigentlich genau, was dieser Akademos so Bedeutendes geleistet hat, daß ihm so große Ehre zuteil wurde. Er kann von Glück sagen! Hätte er sich je träumen lassen, daß sein Name über Jahrhunderte hinweg zur Bezeichnung der heiligen Stätten der Kultur dienen würde? In dieser Akademie nun versammelte sich eine große Gruppe von Schülern (Xenokrates, Speusippos, Aristoteles, Herakleides Pontikos, Kallippos, Erastos, Timolaos und andere) und Schülerinnen (Lastheneia und Axiothea, letztere in Männerkleidern) um Platon.[13] Sie führten ein beschauliches Leben mit Spaziergängen und Gesprächen in einer angenehmen Umgebung mit schattigen Wegen und Bächen, und nichts hätte sich daran geändert, wenn nicht Dion von Syrakus aus weiterhin Druck auf Platon ausgeübt hätte, nach Sizilien zurückzukommen.

Dionysios der Ältere, Friede seiner Asche, war gestorben, und als sein Nachfolger herrschte nun der älteste Sohn, Dionysios der Jüngere. Plutarch erzählt, daß der Vater den Sohn aus Angst vor Konkurrenz von Jugend an hinter Schloß und Riegel hielt und daß der Arme sich in all dieser Zeit mit Basteln beschäftigte und Schemel, kleine Leuchter und Holztische herstellte.[14] Nachdem der neue so fügsame Monarch nun den Thron bestiegen hatte, hielt Dion den Augenblick für gekommen, den platonischen Staat auf die praktische Probe zu stellen.

Nach dem katastrophalen Ausgang seiner ersten Reise hatte Platon natürlich nicht die geringste Lust, noch einmal nach Sizilien zu segeln. Er fürchtete nicht nur die lange Reise, sondern hatte auch, wie er selber sagte, »kein Vertrauen in die jungen Leute«. Schließlich aber entschloß er sich dann doch, vor allem auch, um nicht in seinen eigenen Augen als einer von jenen Männern dazustehen, die immer nur reden und nie etwas tun.[15]

Diesmal wurde er mit vielen Ehren empfangen. Bald aber veränderte sich die Lage durch einige mißgünstige Höflinge, die ihn und Dion des Hochverrats beschuldigten. Der junge Tyrann, der nicht wußte, was er tun sollte, verjagte zunächst einmal seinen Onkel und hinderte Platon daran, ihm zu folgen.

»Ich will nicht«, erklärte der junge Mann, »daß ihr dann in Athen schlecht über mich redet.«

»Ich hoffe, daß es in der Akademie nicht an Gesprächsthemen mangelt und wir gezwungen sein werden, über solche Dinge zu reden«, erwiderte der Philosoph höhnisch.

Genau gesehen war Platon, obwohl er noch als Gast behandelt wurde, in jeder Hinsicht ein Gefangener. Das gespannte Verhältnis zwischen Onkel und Neffe war vor allem deshalb entstanden, weil Dionysios auf die Zuneigung eifersüchtig war, die Platon für Dion empfand. Von einer Änderung der Verfassung konnte natürlich keine Rede mehr sein. Die ganze Liebe des Dionysios zur Philosophie erschöpfte sich in schönen Worten, im Alltag verhielt er sich kaum anders als sein Vater. Immerhin gelang es Platon dann doch noch einmal, von Syrakus zu entfliehen, und als er an die Akademie zurückkam, erwartete ihn dort, zusammen mit den anderen Schülern, bereits sein lieber Dion.

Aber die Geschichte seiner Sizilienreisen ist damit noch nicht beendet. Er unternahm noch eine dritte Reise, von der zu berichten sich lohnt. Von einem gewissen Zeitpunkt an bedrängte Dionysios Platon immer mehr mit Briefen und Bitten, nach Syrakus zurückzukehren. Er wandte sich um Hilfe an die Pythagoreer von Tarent und sagte allen immer wieder, daß er ohne seinen Meister nicht mehr leben könne. Er schickte ihm einen sehr schnellen Dreiruderer, und schließlich erklärte er, daß er Dion überhaupt nichts von seinen Gütern zurückgeben würde, wenn er nicht käme.

Platon war nun schon alt (er hatte das siebenundsiebzigste Lebensjahr vollendet), und Athen-Syrakus auf dem Seewege war zu jener Zeit bestimmt keine Lustreise. Aber die Freundschaft zu Dion war stärker, und so fand er sich damit ab, »noch einmal die tödliche Charybdis« durchqueren zu müssen.[16] Natürlich hielt Dionysios sein Wort nicht, und Platon mußte zum drittenmal seine Haut retten. Dies gelang ihm mit Hilfe seines Freundes Archytas, einem Pythagoreer aus Tarent, der ihn nachts mit einem Dreiruderer abholte. Um die Geschichte zu Ende zu erzählen: ein paar Jahre später unternahm Dion mit achthundert Mann einen bewaffneten Angriff auf Syrakus und entthronte Dionysios. Danach wurde er allerdings von einem gewissen Kallippos, der einer der Schüler Platons war, die ihn von Anfang an begleitet hatten, verraten und umgebracht. Die Geschichte lehrt, daß 8,33 Prozent der Schüler immer ein bißchen zu wünschen übrig lassen.

Platon starb mit einundachtzig Jahren bei einem Hochzeitsbankett[17] und wurde im Hain des Helden Akademos begraben.[18] In seinem ganzen Leben hat ihn kein einziger Mensch je lachen sehen.[19]

## *Der ideale Staat*

Welchen Eindruck müßte wohl ein unvorbereiteter Leser, der Platons *Staat* in die Hand nimmt und sich in die ersten fünf Bücher vertieft, von diesem Autor bekommen? Doch zweifellos den, daß er ein furchtbarer Schurke war, den man nur noch in eine Reihe mit Hitler, Stalin und Pol Pot stellen kann. Wie aber läßt sich dann der Erfolg erklären, den er überall und zu allen Zeiten gehabt hat? Nur ruhig Blut. Nehmen wir uns diesen Dialog doch erst einmal vor.

*Der Staat* beginnt mit einem Treffen von Freunden im Hause des Kephalos. Da sind Polemarchos, Euthydemos, Glaukon, Thrasymachos, Lysias, Adeimantos und noch weitere Herren versammelt. Thema des Tages: »Was ist Gerechtigkeit?«

Kephalos spricht als erster. Für ihn heißt Gerechtigkeit »jedem zu zahlen, was man schuldig ist.« Für Polemarchos bedeutet es »den Freunden Gutes und den Feinden Böses zu tun«, und für Thrasymachos ist das ›Gerechte‹ das dem Stärkeren ›Zuträgliche‹. Und bis hierher herrscht zum Glück nur eine gewisse Verwirrung. Nun mischt sich aber Sokrates ein, und das ganze Gespräch wird noch widersprüchlicher. Einige Grundkonzepte nämlich wie Gerechtigkeit und Demokratie hatten für die Griechen eine vollkommen andere Bedeutung als für uns heute, daher können gewisse Behauptungen Platons auf uns so reaktionär wirken. So verstehen wir als die Erben der Französischen Revolution zum Beispiel unter Gerechtigkeit vor allem *egalité*, also gleiche Rechte für alle Bürger, während sie für Platon und seine Gefährten Ordnung bedeuteten, und diese konnte nur erreicht werden, wenn »jeder das Seine tut und sich nicht überall zu schaffen macht«.[20]

Versuchen wir nun einige Auszüge aus dem *Staat* zusammenzufassen wie in einem ›Reader's Digest‹:

»Um besser zu verstehen, was Gerechtigkeit ist«, sagt Sokrates, »versuchen wir zu beobachten, wie ein Staat entsteht.«

»Versuchen wir das«, stimmen ihm alle zu.

»Meiner Meinung nach«, fährt der Philosoph fort, »entsteht ein Staat deshalb, weil keiner von uns sich selber genügt. Der Mensch hat viele Bedürfnisse, so viele, daß er gezwungen ist, mit den anderen zusammenzuleben, damit sich alle gegenseitig helfen. Diesem Zusammenleben werden wir den Namen Staat geben.«

»Gewiß«, stimmen die Anwesenden zu, die von nun an vollkommen in Nebenrollen abgedrängt sind.

»Das erste Bedürfnis also ist die Nahrung, das zweite die Wohnung, das dritte die Kleidung und so fort. Unser Staat braucht demnach einen Bauern, einen Maurer, einen Weber und vielleicht auch einen Schuhmacher. Jeder wird sich in seiner Arbeit spezialisieren und für sich und die anderen Waren herstellen, denn um den höchsten Grad an Wirksamkeit zu erreichen, muß jeder einzelne seinem eigenen Handwerk nachgehen und nicht jenem der anderen. In jeder Kategorie wird aber dann auch Werkzeug gebraucht, damit man arbeiten kann: Pflüge, Kellen, Scheren, und dann braucht man Zimmerleute, Schmiede und viele andere Handwerker. Wie ihr seht, wird unser Staat, je länger wir reden, immer mehr bevölkert.«

»In Wahrheit, o Sokrates, ist er schon sehr bevölkert.«

»Aber was im Lande hergestellt wird, reicht vielleicht nicht aus«, fährt Sokrates fort, »und in dem Fall müssen wir Handel mit den Nachbarstaaten treiben, und dazu brauchen wir dann geschickte und erfahrene Kaufleute. Schließlich brauchen wir Seeleute, Steuermänner, Kapitäne für die Transporte auf dem Seeweg. Und da uns dann auch ausländische Kaufleute besuchen werden, brauchen wir Leute, die zwischen ihnen und unseren Bauern vermitteln können.«

Auf diese Weise also läßt Platon seinen Sokrates langsam aber sicher eine emsige Gemeinschaft erfinden. Wie immer holt er offenbar auch hier weit aus, aber wenn es eines in Griechenland gab, so war das Zeit.

Nun kommt Glaukon zu Wort.

»Leider, o Sokrates, hast du, als du die Bedürfnisse des Menschen aufzähltest, nur von Speise, Kleidung und Wohnung gesprochen und dich darauf beschränkt, nur das dringend Notwendige zu wünschen. Wenn ich einen Staat von Schweinen hätte entwerfen sollen, hättest du diese vielleicht auch nicht anders ernährt!«

»Und was rätst du mir?«

»Auch die Gewohnheiten zu bedenken, die anständige Leute haben: schöne Betten, um sich darin auszustrecken, Gebäck aus Feigen...«

»Ich verstehe, Glaukon, du möchtest am liebsten einen Luxusstaat voller Wohlgerüche, Weihrauch und Hetären.

Und sag mal: am liebsten hättest du darin auch Imitatoren, Musiker, Rhapsoden, Dichter, Diener, Schauspieler, Theaterunternehmer, Tänzer und Hersteller von Schmuckstücken und Geräten, vor allem, um unsere Frauen zufriedenzustellen?«

»Und warum nicht?«

»Weil wir in dem Fall ein größeres Gebiet bräuchten, um alle diese Bewohner zu ernähren«, erwiderte Sokrates, »und dann gezwungen wären, dieses unseren Nachbarn wegzunehmen. Und wenn diese ebenso gierig wären wie wir, würden auch sie gewiß uns einen Teil unseres Gebietes wegnehmen wollen.«

»Und wie würde das dann enden?«

»Damit, daß zwischen uns und unseren Nachbarn ein Krieg ausbräche und daß wir gut ausgebildete Soldaten bräuchten, um uns zu verteidigen und die anderen anzugreifen.«

»Könnten dazu nicht die Bewohner selber ausreichen?«

»Nein, nicht wenn das Prinzip gilt, das wir von Anfang an aufgestellt haben: daß ein jeder sein Handwerk betreibt und nicht das der anderen.«

Auf diese Weise hat Platon also, nachdem er den Bauern, den Handwerker und den Händler definierte, auch den Berufssoldaten erfunden.

»Diese Soldaten, die wir Wächter des Staates nennen werden, müssen sanft mit ihren Gefährten umgehen und hart mit den Feinden.«

»Aber wie soll es denn möglich sein, o Sokrates, Männer zu finden, die einen zugleich sanften und mutigen Charakter haben?«

»Indem wir sie mit Musik und Gymnastik erziehen.«

»Zur Musik zählst du auch die dichterischen Werke?«

»Alles, was von den Musen kommt, ist Musik«, erwidert Sokrates, »mit Ausnahme der Lügenmärchen.«

»Welche Lügenmärchen meinst du denn?«

»Diejenigen Homers, Hesiods und anderer Dichter.«

»Was findest du an ihnen denn so tadelnswert, o Sokrates?«

»Die Tatsache, daß sie die Götter und Helden mit allen unseren Schwächen zeigen, daß sie uns von eidbrüchigen Gottheiten sprechen, die sich von Wut hinreißen lassen, von Helden, die weinen, und Göttern, die lachen.«

»Von Göttern, die lachen?«

»Ja, die lachen«, erwidert Sokrates, »denn es ist unziemlich, allzusehr dem Lachen zugeneigt zu sein, und man kann nicht gutheißen, wenn Homer Verse dieser Art schreibt: ›Unauslöschliches Lachen erregt es den Seligen, keuchend / Rund um den Saal den Hephaistos als Schenken watscheln zu sehen.‹ Ich denke, daß solche Dinge, auch wenn sie wahr sind, Kindern oder unreifen Personen nie erzählt werden dürften, sondern es wäre angemessen, sie zu verschweigen oder sie höchstens einer kleinen Zahl von Leuten mitzuteilen, nachdem man den Göttern ein Opfer von seltenem Wert und großen Ausmaßen gebracht hat.« (374 a–377 a)

Diese Aufforderung zur Zensur beschließt das zweite Buch des *Staates*. Im dritten wird festgelegt, welche Musik und welche Gymnastik für die Erziehung der Wächter nötig sind. Jedenfalls keine ionischen oder lydischen Melodien vom Typ *core n'grato*, die Schlappschwänze hervorbrächten und keine Krieger. Angemessen sind dorische oder phrygische Militärmärsche, die Mut und Vaterlandsliebe wecken. Vorsicht jedoch, auch eine nur auf die Kriegskunst ausgerichtete Erziehung könnte zu gefährlichen Ergebnissen führen: es könnten nämlich dabei nicht denkende Männer, sondern wilde Tiere herauskommen, die nicht fähig wären, die anderen Männer mit der Kraft des Wortes zu überzeugen.

Danach wird die Sache auf den Punkt gebracht: einige der Wächter werden besser zum Befehlen geeignet sein und andere besser dazu, befehligt zu werden. Nachdem die ersteren auserwählt sind, haben wir drei Klassen von Individuen: diejenigen, die befehligen (die Philosophen), diejenigen, die kämpfen (die Soldaten), und diejenigen, die arbeiten (die Bauern und alle übrigen). Platons Republik ist also ein Staat mit Bürgern der Klasse A, Klasse B und Klasse C. Mit größter Wahrscheinlichkeit bleibt jeder sein Leben lang in der Klasse, in der er geboren wurde, es sei denn, er steigt auf Grund außergewöhnlicher Verdienste auf oder er wird wegen eines Vergehens zurückgestuft.

»Wenn es zu einem guten Zweck ist«, führt Sokrates dann aus, »darf auch gelogen werden. Wir werden also unseren Bürgern sagen: ihr seid alle Brüder, aber die Gottheit hat, als sie euch formte, jenen, die dazu bestimmt sind, zu befehligen, Gold beigemischt, Silber den Gehilfen und Erz den Arbeitern.«

»Und wenn ein Bürger einer höheren Klasse eines Tages merkt, daß er einen Sohn hat, der aus Erz gemacht ist, was muß er dann tun?«

»Ihn gnadenlos zu den Arbeitern abschieben, ebenso wie umgekehrt, wenn unter jenen ein Sohn mit klaren Spuren von Gold und Silber geboren würde, es die Aufgabe der Wächter wäre, ihn seinen Eltern zu entziehen, um ihn in den Rang zu erheben, der ihm gebührt.«

»Und würde er dann reich?«

»Keinesfalls«, erwidert Sokrates, »keiner der Wächter, ob Philosoph oder Soldat, darf je persönliche Güter besitzen. Allein das Volk darf weiterhin Land besitzen. Was das Essen betrifft, werden die Wächter alles erhalten, was für ihr Wohlergehen erforderlich ist. Sie werden in Gemeinschaft leben und ihre Mahlzeiten gemeinsam einnehmen, so als lebten sie in der Kaserne.«

»Und du glaubst nicht, daß ein solches Leben sie unglücklich machen würde?« fragt Adeimantos. »Obwohl sie den Staat in der Hand haben, werden sie nie irgendeinen Vorteil daraus ziehen, sie können nicht großzügig zu den Hetären sein oder schöne und geräumige Häuser haben.«

»Es ist so, mein lieber Adeimantos, daß unser Ziel nicht

sein kann, eine Klasse oder ein Individuum glücklich zu machen, sondern den ganzen Staat. Vergiß nicht, daß großer Reichtum und äußerste Armut den Menschen unglücklich machen, da ersterer zu Luxus, Faulheit und revolutionären Bewegungen führt und letztere Engherzigkeit, schlampige Arbeit und revolutionäre Bewegungen zur Folge hat.«

»Aber in allen Staaten, die ich kenne, gibt es Reichtum und Armut!«

»Ja«, erwidert Sokrates, »weil sie keine Einheitsstaaten sind, sondern aus zwei Klassen gebildet, aus den Reichen und den Armen, die sich feindlich gegenüberstehen wie im Spiel der *Poleis*.«[21]

Von der sozialen Gerechtigkeit kommt Sokrates auf die Gerechtigkeit beim einzelnen zu sprechen, der drei Seelen hat, so wie der Staat in drei Klassen von Bürgern eingeteilt ist.

»Jedes Individuum«, sagt Sokrates, »hat drei verschiedene Seelen: die erste dient dem vernünftigen Denken, die zweite (leidenschaftliche) macht ihn furchtlos, und die dritte läßt ihn Liebe, Nahrung und das Wasser begehren. Um euch nun zu zeigen, wie sich diese drei Seelen verhalten, werde ich euch eine Anekdote erzählen: Leontios, Aglaions Sohn, kam eines Tages vom Piraeus herauf, als er auf dem Richtplatz einige gerade vom Henker abgenommene Leichname sah. Der junge Mann verging einerseits vor Lust, hinzuschauen, auf der anderen Seite aber hatte er Angst, es zu tun, bis er sie dann schließlich, von seiner Begierde besiegt, ansah und sagte: ›Da, ihr Unseligen, labt euch an dem schönen Anblick!‹ In diesem Fall hatte sich die unerschrockene Seele mit der begehrlichen gegen die vernünftige vereint. Wenn aber nun Gerechtigkeit sein soll, muß der Mut (die Klasse der Soldaten) immer im Dienste der Vernunft (der Klasse der Philosophen) stehen und niemals in dem der Begierden (des Volkes).« (439d–440a)

Hierauf will Sokrates schon aufbrechen, aber Adeimantos hält ihn an der Tunika zurück.

»Du willst uns, glaube ich, einen Teil des Gespräches

vorenthalten, denn du hast versucht, uns damit abzuspeisen, daß du sagtest, die Wächter würden alles gemeinsam haben, auch die Frauen; aber wie soll eine solche Gemeinschaft eigentlich genau verwirklicht werden?«

»Es ist nicht einfach, darüber zu sprechen«, antwortet Sokrates verlegen. »Die Lösung, die ich vorschlage, liebste Freunde, ist ungewöhnlich, und meine Worte könnten euch nach Utopie klingen.«

»Zögere nicht, o Sokrates, deine Zuhörer sind doch weder ungläubig noch feindlich gesinnt.«

»Also dann hört zu: gehen wir einmal davon aus, daß Männer und Frauen gleich sind...«

»Was heißt gleich?«

»Nun, daß die Frauen die Aufgaben der Wächter ebensogut erfüllen können wie die Männer, mit dem einzigen Unterschied, daß sie schwächer sind...«

»Aber das ist doch unmöglich...«

»... also müssen wir sie genauso erziehen wie die Wächter, nämlich mit Musik und Gymnastik.«

»Das wäre doch wirklich lächerlich!«

»Was findest du daran so lächerlich?« fragt Sokrates aufbrausend. »Daß die Frauen nackt mit den Männern Leibesübungen machen? Aber wie sollen sie denn dem Staat dienen, wenn du sie nicht unterrichtest, wie es sich gehört?«

»Gut, aber deine Idee ist wirklich wie eine Sturmflut, die die Schranken aller unserer Gewohnheiten einreißt.«

»Wenn dich die erste Flut schon schreckt, dann höre jetzt weiter.«

»Ich höre, o Sokrates.«

»Diese Frauen werden, wie ich schon sagte, den Männern gegeben: alle für alle und nicht eine nur für einen allein. Auch die Kinder werden gemeinsam erzogen, so daß kein Elternteil seine eigenen Kinder erkennen kann.«

»Und nach welcher Regel werden sich Männer und Frauen paaren?«

»Die Besten mit den Besten und die Schlechtesten mit den Schlechtesten, und damit sich die letzteren nicht beklagen, werden wir geschickt vortäuschen, daß über alles das Los entscheidet, so daß schuld an einer nicht erwünschten Paarung nur das Schicksal ist. Wie ich schon sagte, können Lügen erlaubt sein, wenn sie einem edlen Zweck dienen.«

»Und die Kinder?«

»Die der Besten werden von den Müttern mit den prallsten Brüsten in einem Kinderhort aufgezogen und zwar nach einem System, daß keine ihre eigenen Kinder erkennen kann. Diejenigen der Schlechtesten dagegen werden an einen geheimen und verborgenen Ort gebracht.«[22]

»Und welche Vorteile hat das?«

»Wenn sie ihre eigenen Nachkommen nicht erkennen können, werden die Wächter die Familien nicht über den Staat stellen, und kein Junger wird es je wagen, einen Alten zu schlagen, weil er immer befürchten muß, es könnte sein eigener Vater sein. Und wenn Krieg ist, werden die körperlich begabtesten jungen Männer auf das Schlachtfeld geführt, damit sie dort kämpfen. Sie werden schnelle Pferde reiten, um sich im Falle einer Niederlage in Sicherheit zu bringen. Sie werden es lernen, die mutigen Soldaten zu bewundern und die Feiglinge zu verachten. Wer sich im Kampf auszeichnet, wird von seinen Gefährten bekränzt und darf während des ganzen Feldzugs lieben, wen er will, Frau oder Mann, und keiner darf sich ihm verweigern.« (449c–468c)

Damit haben wir etwa die Hälfte des Dialogs bewältigt. Halten wir einen Augenblick ein, bevor wir Platon bezichtigen, eine Lobrede auf den Faschismus geschrieben zu haben, und versetzen wir uns in seine Lage.

Die vielen kleinen Ansiedlungen im bergreichen Griechenland waren zu jener Zeit isoliert und fast immer miteinander verfeindet. Von Fremden überfallen zu werden, bedeutete regelmäßig Tod für die Männer und Sklaverei für Frauen und Kinder. Überleben konnte man in Griechenland nur hinter hohen Stadtmauern, mit einer günstig gelegenen Akropolis und einem tüchtigen Heer.

Als kaum Zwanzigjähriger erlebte Platon die Niederlage Athens gegenüber Sparta. General Lysandros ließ, nachdem er das athenische Heer geschlagen hatte, die Lange Mauer abreißen. Er tötete die Demokraten und setzte an ihrer Stelle die Oligarchen ein, die unverzüglich eine Schreckensherrschaft errichteten. Ganz natürlich, daß der Philosoph in dieser schwierigen Lage ein starkes Bedürfnis nach Ordnung oder, wie er es nannte, nach »Gerechtigkeit« hatte. Und das politische Modell, an dem er sich ausrichtete, konnte ja nur das des Siegers sein. Der mythische Lykurgos, Erfinder des spartanischen Kommunismus, erschien ihm wohl als eine vertrauenserweckende Leitfigur, für die wir in unserem Jahrhundert nur den Vergleich mit Mao Tse-tung haben.

Platon konnte sich also für seinen Entwurf nur einen kleinen, von Feinden umringten und auf die Polis ausgerichteten Staat vorstellen. Der ideale Bürger war für ihn einer, der die Gemeinschaft liebte und nicht das Private. Für seinen Staat stellt er sich daher auch immer nur ein Gebilde von der Größe Athens vor. So umfangreich seine Abhandlung ist, auf keiner Seite wird je ein großflächiges Reich erwogen. Allerdings lebte er noch vor der Zeit Alexanders des Großen, der dann bewies, daß sich auch ein wilder Haufen von Stämmen zu einem einzigen Volk vereinigen ließ.

Eine Frage, die er sich dann allerdings stellt, ist die nach der geographischen Lage eines idealen Staates. Die Nähe des Meeres scheint Platon nicht vertrauenserweckend. In seinen *Gesetzen* sagt er wörtlich: »Das eine Gegend bespülende Meer ist zwar für das tägliche Bedürfnis eine angenehme, in der Tat aber gewiß herbe und bittere Nachbarschaft. Indem es nämlich hier den Handel und vermittels des Kleinverkehrs den Gelderwerb gedeihen läßt und in den Seelen eine veränderliche und unzuverlässige Gesinnung erzeugt, macht es die Bürger unzuverlässig und lieblos gegeneinander.«[23]

Mit anderen Worten: der Bauer ist ein braver Mann, der nur das hervorbringt, was er braucht oder was ihm vielleicht zum Tauschhandel dient, der Händler aber rafft Geld. Die landwirtschaftlichen Erzeugnisse sind leicht verderblich und daher zur Anhäufung nicht geeignet, das Geld dagegen ist sehr wohl zum Horten geeignet und bringt Unzufriedenheit und Unglück mit sich. Und da zu jener Zeit der Handel ausschließlich auf dem Seeweg stattfand, denn in Attika gab es noch keine bequemen Straßen, war eine Stadt am Meer immer auch ein Handelszentrum und als solches ein unerfreulicher Ort.[24] In seinem idealen Plan geht Platon sogar so weit, einen bestimmten Sicherheitsabstand zum Meer festzulegen: er beträgt vierzehn Kilometer und siebenhundert Meter.[25] Warum gerade soviel, frage man mich nun aber nicht.

Sein Dialog *Der Staat* hat Platon in der Geschichte des abendländischen Denkens viel Kritik eingebracht. Vor allem der österreichische Philosoph Karl Popper, der ihn mit Hegel und Marx vergleicht, kommt zu dem Schluß, daß er ein Feind der Freiheit oder, wie er sagt, der »offenen Gesellschaft« sei. Popper beschuldigt den Athener vor allem, der geistige Vater jeder Form von Totalitarismus gewesen zu sein, und zitiert dazu ausführlich jene Stellen, in denen sich Platon gegen die Demokratie ausspricht.[26] Poppers Fehler ist der, daß er Platon mit dem Bewußtsein von heute beurteilt und ihn nicht aus seiner Zeit heraus sieht, aus dem 4. Jahrhundert vor Christus. Platon war nämlich weder für die Diktatur noch für die Demokratie, sondern er fand abwechselnd die eine und die andere Form besser, je nachdem, wer gerade regierte. Er zählt die politischen Regierungsformen der Reihe nach und ihrer Bedeutung entsprechend auf, und an der Spitze der sechs genannten steht bei ihm als Wichtigste die Regierung eines einzigen Mannes (die Monarchie, den Philosophen als König, also praktisch meint er sich selbst, auch wenn er es nicht ausspricht), dann die der Wenigen (die Aristokratie) und schließlich die der Menge (die Demokratie): dies im Falle, daß die Regierenden gut sind. Sind sie hingegen Schufte, kehrt er seine Wertskala um und nennt als Bestes die Regierung der Menge (die Demagogie), an zweiter Stelle die der Wenigen (die Oligarchie) und als letztes die Tyrannei.[27]

Aus den gleichen Gründen, aus denen Platon von den einen kritisiert wird, wird er von anderen geliebt. Oft ist dies allerdings eine recht eigennützige Liebe, wenn nämlich versucht wird, eigene reaktionäre Auffassungen dadurch zu verbrämen, daß man sich auf Platon beruft. Wenn man behaupten kann, »das hat sogar Platon gesagt«, tut das immer seine Wirkung. So habe ich zum Beispiel in den stürmischen Tagen von 68 im Büro eines Firmenleiters folgenden Satz Platons eingerahmt gesehen: »Wenn einer demokratischen, nach Freiheit durstigen Stadt schlechte Mundschenken vorstehen und sie sich über Gebühr an ihrem starken Wein berauscht, so wird sie ihre Obrigkeiten, wenn diese nicht ganz zahm sind und alle Freiheit gewähren, zur Strafe ziehen, indem sie ihnen schuld gibt, bösartig und oligarchisch zu sein. Und die den Obrigkeiten gehorchen, mißhandelt sie als knechtisch Gesinnte und gar nichts Werte. Als wenn ein Vater sich gewöhnt, dem Knaben ähnlich zu werden und sich also vor den erwachsenen Söhnen zu fürchten. Der Lehrer zittert in einem solchen Zustande vor seinen Zuhörern und schmeichelt ihnen; die Zuhörer aber machen sich nichts aus den Lehrern. Und überhaupt stellen sich die Jüngeren den Älteren gleich und treten mit ihnen in die Schranken in Worten und Taten; die Alten aber setzen sich unter die Jugend und suchen es ihr gleichzutun an Fülle des Witzes und lustiger Einfälle, damit es nämlich nicht das Ansehen gewinne, sie seien mürrisch oder herrschsüchtig. Die Summe nun von diesem allen ist, daß sie sich um die Gesetze gar nicht kümmern. Diese jugendliche Wurzel ist es nun eben, aus welcher die Tyrannei hervorwächst.«[28]

Nachdem ich dies gelesen hatte, sagte der Unternehmer zu mir: »Haben Sie gesehen? Schon Platon hat dasselbe gedacht wie wir! Das könnte doch heute geschrieben worden sein!«

*Post scriptum*: Der Sokrates in Platons *Staat* hat mit Sokrates, wie wir ihn kennen, nicht viel gemein. Meiner Meinung nach ist der *Staat* ein sehr wenig sokratisches Werk. Dazu gibt es die Geschichte, daß Platon eines Tages in Anwesenheit von Sokrates einen seiner Dialoge vorgelesen und der Meister dann die Worte ausgerufen habe: »Hört nur, welche Torheiten dieser junge Mann mir in den Mund legt!«[29]

### *Das Höhlengleichnis*

»Das Nichtsein ist nicht«, darauf könnten wir uns wohl alle einigen, doch das Schlimme ist, daß man es sehen kann.

Platon versuchte das Sein des Parmenides mit dem Werden Heraklits in Einklang zu bringen, und um uns den Unterschied zwischen Wirklichkeit und Schein zu erklären oder vielmehr zwischen »dem Einen, Reinen und Unveränderlichen« und dem »Vielfältigen, Unreinen und Veränderlichen«, erzählt er uns das Höhlengleichnis.

Stellen wir uns eine große Höhle vor und in ihrem Innern einige Männer, die von klein auf dort so gefesselt sind, daß sie zeitlebens nur auf die rückwärtige Wand sehen und ihren Blick nie dem Ausgang zuwenden können. Im Rücken dieser Unglückseligen, gleich außerhalb der Höhle, verläuft eine ansteigende Straße, die von einer kleinen Mauer gesäumt wird, hinter der andere Männer vorübergehen, die auf ihren Schultern Statuen und Gegenstände jeder Art und Form tragen, »ein wenig wie die Gaukler, die den Zuschauern die Puppen zeigen.«[30] Die Träger unterhalten sich lebhaft miteinander, und ihre Stimmen werden durch das Echo in der Höhle verzerrt. Hinter dem Ganzen beleuchtet die Sonne oder, wem das lieber ist, ein großes Feuer die Szene.

Frage: Was werden die gefesselten Männer über die Schatten denken, die sie über die Höhlenwand ziehen sehen, und über das Stimmengewirr, das sie hören? Antwort: Sie werden besten Glaubens sein, daß die Schatten und die Geräusche die einzige bestehende Wirklichkeit sind.[31]

Nehmen wir jetzt einmal an, daß es einem von ihnen gelingt, sich zu befreien, sich umzudrehen und so die Statuen zu sehen. Im ersten Augenblick würde er sie, vom Licht geblendet, sehr undeutlich erkennen und die Schatten, die er vorher gesehen hat, für klarer halten. Sobald er aber dann hinausträte und sich an das Sonnenlicht gewöhnte, würde er bald merken, daß alles, was er bisher gesehen hatte, nur der Schatten der greifbaren Objekte gewesen war. Stellen wir uns einmal vor, was er seinen Gefährten erzählen würde, wenn er wieder in die Höhle zurückkehrte:

»Leute, ihr habt keine Ahnung, da draußen gibt es unglaubliche Dinge! Ein Licht, das ihr euch nicht vorstellen könnt. Dinge, die ich nicht beschreiben kann! Und dann wunderbare, vollkommene, außergewöhnliche Statuen, nicht nur solche ekelhaften Schatten, wie wir sie von morgens bis abends sehen!«

Aber sie würden ihm nicht glauben. Bestenfalls würden sie sich über ihn lustig machen, und wenn er dennoch darauf beharrte, daß er die Wahrheit sage, würde man ihn einfach, wie man ja schon bei Sokrates gesehen hat, zum Tode verurteilen.[32]

Erklärung des Höhlengleichnisses in einfachen Worten: Das Sein ist die Sonne, oder die *Erkenntnis*, das Nichtsein sind die Schatten, oder der *Schein*, dazwischen, zwischen Sonne und den Schatten, ist die *Meinung*, das was wir über die greifbaren Gegenstände denken. Die Erkenntnis unterscheidet sich von der Meinung darin, daß die erstere die Dinge sieht, wie sie wirklich sind, während die letztere sie in blasser und verschwommener Form vorstellt, das heißt, sie ist ein Zwischenstadium zwischen dem Sein und dem Nichtsein.

»Aber was soll das Ganze?« könnte der sogenannte Mann von der Straße fragen. Es dient der Erkenntnis, daß es im Leben einige falsche Ziele gibt wie Geld, Macht und Erfolg, die nur die Schatten einer sehr viel wahreren Wirklichkeit sind, die wir mit den Augen nicht erfassen können. Diese Wirklichkeit können wir vorerst nur intuitiv erfassen, da es eine Lichtquelle (Gott) gibt, die sie für uns projiziert. Wenn also der Philosoph uns erleuchten will, hören wir auf ihn: er ist einer der wenigen, denen es gelungen ist, sich von den Ketten zu befreien und der Wirklichkeit ins Auge zu sehen.

Aus der Höhle herauszukommen, bedeutet für Platon, zur Erkenntnis der unveränderlichen Ideen zu gelangen. Es ist eines, einen schönen Menschen zu schätzen, und ein zweites, zu wissen, was Schönheit wirklich ist. Auch für die Philosophen ist es nicht leicht, dieses Ziel zu erreichen, sie müssen dazu einen langen Weg zurücklegen.

### *Die Ideenwelt*

Das Höhlengleichnis führt in die Ideenlehre ein, die gleichzeitig eine logische und eine metaphysische Theorie ist. Wenn sich mir beim Anblick eines Huhns der Gedanke aufdrängt: »Dies ist ein Huhn«, so habe ich dabei folgende Überlegung angestellt: »Das Tier, das ich sehe, hat etwas gemeinsam mit allen Hühnern, also muß es ein Huhn sein.« Wenn ich dagegen behaupte, daß alle Hühner der Welt die Eigenschaft haben, einem idealen Huhn zu gleichen, das einer übersinnlichen Welt entstammt, dann habe ich ein metaphysisches Konzept ausgesprochen. In der Zwischenzeit scharrt das wirkliche Huhn weiter vor sich hin, ohne die geringste Ahnung davon zu haben, daß es ein häßliches

Abbild der Idee eines Huhns ist, das zu seinem Glück nicht befürchten muß, in einer Bratpfanne zu landen und aufgegessen zu werden.

Dieser Sprung von der logischen zur metaphysischen Theorie ist das Neue an Platon, das ihn von den Philosophen vor ihm unterscheidet. Während wir mit der Logik nur das Konzept des Universalen aufstellen können, haben wir es bei der Ideenlehre zum ersten Mal in der Philosophiegeschichte mit etwas zu tun, das außerhalb des Universalen liegt. Alle Vorsokratiker hatten sich mehr oder weniger mit der Suche nach *arché* beschäftigt, nach dem Anfang der Dinge, und alle waren von einem physikalischen Ursprung ausgegangen: von Wasser, Luft, Feuer usw. Selbst Anaxagoras, der Erfinder des *nous*, des höheren Geistes, hatte sich diesen Geist als eine materielle Substanz vorgestellt, die vielleicht von feiner Struktur und weniger greifbar war als die übrigen, aber dennoch physikalische Gestalt hatte.[33]

Platon dagegen beginnt mit dem, was die griechischen Seefahrer einst die »zweite Navigation« nannten, die Navigation mit Rudern nämlich, da die erste, die nur die Kräfte des Windes ausnutzte, gewissen Bedürfnissen nicht mehr entsprach.

Wenn ich mich bei der Idee vom Huhn vielleicht einigermaßen aus der Schlinge gezogen habe, wird die Sache schon schwieriger, wenn es um die Idee einer abstrakten *Entität* geht. Wenn ich sage »Marina ist schön«, nenne ich nur ein Beispiel für Schönheit. Vor allem, da Marina[34] dies nicht immer gewesen ist, denn ich erinnere mich, als Zwölfjährige war sie eher ein bißchen häßlich, und auch als alte Frau wird sie nicht mehr schön sein, während die Idee Schönheit, das Schöne an sich, eine unveränderliche Entität ist, die sich in diesem Augenblick »in« Marina verkörpert, ebenso wie sie auch »im« Panorama von Rio de Janeiro, in einem Gedicht von Montale oder einer Finte von Maradona enthalten ist. Marina kann man mit Händen berühren (ich sage das nur so), die Schönheit aber nicht.

Eine Idee ist für uns heute ein Gedanke, ein geistiger Vorgang, also etwas, das sich in unserem Gehirn abspielt. Für Platon aber war es eine äußere Entität unter vielen anderen, die man nur mit dem Geist »sehen«[35] kann.

Die Ideen in ihrer Einzigartigkeit, Unveränderlichkeit und Ewigkeit waren für Platon eine Sicherheit, auf die sich bauen ließ, und ein wenig Sicherheit brauchten seine Zeitgenossen wirklich dringend. Das ausgehende 5. Jahrhundert war für die Athener eine Periode großer politischer und moralischer Unsicherheit. Demagogen und Sophisten hatten sich des langen und breiten ausgelassen, und kein Mensch wußte mehr so recht, was das »Gute« und was das »Gerechte« war. Alles schien denkbar. Platon nun brachte mit seiner Ideenlehre ein wenig Ordnung in diese ethisch-politische Verwirrung und erarbeitete drei Ebenen der Erkenntnis:

1. Die *Wissenschaft*, nämlich das vollkommene Verstehen der unveränderlichen Konzepte, über die man sich keinen Spaß erlauben darf: dies sind die Ideen (das Sein);
2. Die *Meinung*, die unterschiedliche Urteile über die sinnlich wahrnehmbare Welt ermöglicht (das Werden);
3. Die *Unwissenheit*, in der jeder verharrt, der in den Tag hinein lebt, ohne sich nach dem Sinn der Dinge zu fragen (das Nichtsein).

Mit dieser Einteilung geht Platon einen philosophischen Kompromiß zwischen dem *Sein* des Parmenides und dem *Werden* Heraklits ein. Das Sein wird von den Ideen gebildet, es ist unveränderlich und ewig, weil auch die Ideen unveränderlich und ewig sind, der Unterschied zum *Einen* des Parmenides besteht darin, daß die Ideen *viele* sind. Das Werden hingegen (das auf halbem Wege zwischen dem Sein und dem Nichtsein ist) betrifft die ganze sinnlich wahrnehmbare Welt, die alltägliche Welt, die sich unablässig verändert und über die wir gegensätzlicher Meinung sein können, ohne dabei aber gegen die heiligen Prinzipien zu verstoßen.

Auch die Ideen sind hierarchisch unterteilt. Die allerwichtigste Idee ist das *Gute an sich*, dann kommen die Ideen der *moralischen Werte* (das Schöne, das Gerechte, die Vaterlandsliebe ...), die der *mathematischen Konzepte* (die Gerade, das Dreieck, die Vier, die Größe, die Gleichung ...) und schließlich die der in der *Natur vorkommenden Dinge* (der Hund, der Tisch, der Baum, die Frau, die Weintraube, die Kochtöpfe ...). In einem der platonischen Dialoge versucht Parmenides, Sokrates mit der Frage in die Enge zu treiben, ob es auch die Ideen der negativen Dinge gäbe, wie zum Beispiel die des Unrats, des Schlamms und der Läuse, und Sokrates wußte nicht so recht, was er antworten sollte, und verneinte deren Existenz. Darauf erwidert dann Parmenides diese klugen Worte: »Du bist eben noch jung, o Sokrates, und noch hat die Philosophie dich nicht so ergriffen, wie ich glaube, daß sie dich noch ergreifen wird, wenn du nichts von diesen Dingen mehr gering achten wirst.«[36]

Außer der unangenehmen Sache mit den abstoßenden Ideen gibt es auch noch das Problem des Verhältnisses zwischen vollkommenen Vorbildern (den Ideen) und mangelhaften Abbildern (den sinnlich wahrnehmbaren Gegenständen). Wenn ich versuche, aus der freien Hand einen Kreis zu zeichnen, wird dieser mit Sicherheit nicht gerade vollkommen, aber keiner wird etwas dagegen einzuwenden haben, schon deshalb nicht, weil ich nach Beendigung der Zeichnung so schlau sein werde zu sagen: »Nehmen wir einmal an, dies sei ein Kreis.« Aber während man einem schlechten Zeichner leicht verzeiht, kann man es der Natur nicht immer nachsehen, wenn sie mangelhafte Ausführungen von Männern, Frauen und Tieren in Umlauf setzt.

Daher führt Platon nun den *Demiurgen* ein. Dieser ist eine Art göttlicher Handwerker, sozusagen ein Zwischenglied zwischen den Ideen und der sinnlichen Welt, und er formt die Materie nach dem göttlichen Vorbild: manchmal gelingt ihm dies gut, manchmal aber auch nicht. Der Demiurg ist also der Schöpfer. Allerdings ein Schöpfer, der weit entfernt ist vom

Gott unserer Vorstellung, denn er war ja den Ideen untergeordnet. Während diese den Demiurgen überhaupt nicht brauchen, um zu sein, braucht er sie sehr wohl, um die Welt aufzubauen.[37] Das Gotteskonzept läßt sich bestenfalls mit der Idee des *Guten an sich* vereinbaren, das die Spitze der Ideenhierarchie bildet und damit auch der Grund für alle anderen ist.

## *Die platonische Liebe*

Die meisten Menschen glauben, platonische Liebe sei eine Liebesbeziehung zwischen zwei Personen, die eben nicht miteinander ins Bett gehen. In Wirklichkeit liegen die Dinge ein wenig anders. Platon war überzeugt, daß das höchste Ziel der Liebe das »Schöne« sei, und um uns zu erklären, was er damit meint, hat er eines der größten Meisterwerke der Literatur aller Zeiten verfaßt: das *Gastmahl.*

Das Gastmahl, nämlich ein Abendessen, fand im Hause Agathons statt, der einen Preis feiern wollte, den er bei einem Wettbewerb der Tragödiendichter gewonnen hatte, und nun eine Reihe von Freunden, darunter Pausanias, Phaidros, Alkibiades, Aristophanes und den Arzt Eryximachos zu sich nach Haus einlud. Auch Sokrates sollte mit von der Partie sein, aber gerade als er die Villa betreten wollte, in der das Fest stattfand, blieb er plötzlich wie angewurzelt auf der Straße stehen, weil ihn wer weiß welcher Gedanke überfallen hatte. Er kommt erst hinzu, als die anderen bereits beim Nachtisch angelangt sind.

Thema des Abends ist Eros. Eryximachos schlägt vor, daß jeder einzelne, von rechts beginnend, das Wort ergreifen und eine Lobrede auf den Gott halten soll. Der erste Redner ist Phaidros und, ehrlich gesagt, gibt er nichts besonders Interessantes zum Besten: der junge Mann beschränkt sich auf die Feststellung, daß Eros der mächtigste aller Götter sei und daß einer, der liebt, immer glücklicher sei, als einer, der geliebt wird, denn er sei als einziger ganz von dem Gott besessen. Die Meinung Pausanias' ist schon ein wenig origineller:

»Ich habe den Eindruck, o Phaidros, daß das Thema noch nicht richtig gestellt worden ist. Du sprichst von Eros, als gäbe es nur einen einzigen, dabei gibt es doch deren zwei: die ›himmlische‹ Liebe und die ›gemeine‹. Die Männer üben gewöhnlich die letztere, laufen hinter den Frauen her, begehren ihre Körper mehr als ihre Seelen, und in ihrer Absicht, ein so armseliges Ziel zu erreichen, ziehen sie am Ende dumme Personen vor. Der wahre Liebhaber dagegen, der himmlische, zieht die Männer vor, weil er ihre stärkere Natur und ihre lebhaftere Intelligenz bewundert. Leider ist bei uns die Regel nicht immer klar. In Elis, in Böotien und in Lakedaimon ist es ehrenhaft, Männer zu lieben, in Jonien und in allen barbarischen Ländern wird Männerliebe, eben weil dort Tyrannen herrschen, als eine schandbare Sache angesehen. In Athen dagegen weiß man nicht genau, wie die Lage ist. Während sie mit Worten alles erlauben, stellen die Väter den begehrtesten Knaben Erzieher an die Seite, verbieten den Jungen, sich mit den Liebhabern zu unterhalten, und versuchen, die Gleichaltrigen dazu zu bewegen, sie zu überwachen und ihnen nachzuspionieren. Dabei glaube ich, daß die Liebe an und für sich weder eine schöne noch eine schlechte Sache ist, und daß alles davon abhängt, wie man mit ihr umgeht: sie ist moralisch, wenn die Beweggründe edel, und schändlich, wenn diese niedrig sind.« (180c–185c)

Nach Pausanias käme der Komödienschreiber Aristophanes an die Reihe, doch er hat gerade Schluckauf und bittet Eryximachos, an seiner Stelle zu reden oder ihn zu kurieren.

»Ich habe beides vor«, erwidert der Arzt, »ich werde an deiner Stelle reden, und du mußt in der Zwischenzeit eine Weile die Luft anhalten, damit dein Schluckauf aufhört. Über Eros habe ich eine Meinung, die mit meinem Beruf zu tun hat, der Medizin. Pausanias hat gesagt, daß es zwei Formen der

Liebe gibt, ich glaube aber, daß es deren sehr viele gibt. Ich sehe Eros bei den Männern, bei den Frauen, bei den Tieren, bei den Pflanzen und in allen Lebewesen. Wo immer es gegensätzliche Eigenschaften wie voll / leer, warm / kalt, bitter / süß, trocken / feucht gibt, sehe ich Eros als einen Vermittler, der eingreift, um die Gegensätze zu mildern und Harmonie herzustellen. Die Medizin ist also auch ein Instrument der Liebe, und dafür muß man Asklepios dankbar sein, der sie begründet hat. Wenn die gemeine Liebe den Menschen dazu treibt, den Lüsten der Tafel zu frönen, so setzt ihm die himmlische Liebe in Form der Medizin die Grenze des richtigen Maßes.« (185d–188d)

Ein heftiges Niesen Aristophanes' unterbricht Eryximachos' Rede. Alle wenden sich dem Komödienschreiber zu, der die Gelegenheit nutzt, nun seine Meinung zu sagen.

»Es ist wirklich wunderbar, o Eryximachos, daß man die Harmonie in einem Körper und damit also die Liebe mit einem kleinen Niesen erreichen kann. Wie du siehst, ging mein Schluckauf durch das Niesen sofort weg.«

»Deine Schwäche, o Aristophanes, ist, daß du immer geistreich sein willst«, erwidert der Arzt. »Wenn du so weitermachst, werde ich sehr aufpassen müssen, während du redest, um immer zu wissen, wann du ernsthaft sprichst und wann du dich lustig machst.«

»Keine Sorge, o Eryximachos«, erwidert Aristophanes. »Was ich zu sagen habe, ist nicht geistreich, sondern einfach zum Lachen. Um die Kraft des Eros wirklich zu verstehen, mußt du wissen, welche Prüfungen der menschlichen Natur auferlegt sind. Am Anfang bestand die Menschheit aus drei Geschlechtern: den Männern, den Frauen und gewissen merkwürdigen Wesen, die Androgyne heißen und gleichzeitig männlich und weiblich waren. Alle diese Menschen waren jedoch mit allem doppelt ausgestattet: sie hatten vier Beine, vier Arme, vier Augen usw. Und jeder hatte auch zwei Geschlechtsorgane, die beide männlich waren bei den Männern, weiblich bei den Frauen, während die Mannweiblichen ein männliches und ein weibliches hatten. Sie gingen auf vier Beinen, konnten sich aber in alle Richtungen bewegen wie Spinnen. Ihr Charakter war furchtbar schlecht. Sie besaßen übermenschliche Kräfte und übermenschlichen Hochmut, so daß sie schließlich die Götter herausforderten, als wären sie ihresgleichen. Vor allem Zeus war entrüstet über die Anmaßung der Menschen. Einerseits wollte er sie nicht töten, um nicht ihrer Opfer verlustig zu gehen, andererseits wollte er etwas unternehmen, um sie zurechtzuweisen. Nachdem er eine Weile nachgedacht hatte, beschloß er eines Tages, sie entzweizuteilen, so daß jeder Teil nur noch zwei Beine und ein Geschlechtsorgan hatte. Und er drohte ihnen, wenn sie weiterhin so gottesfrevlerisch lebten, würde er sie noch einmal in der Mitte durchteilen, so daß sie nur noch auf einem einzigen Bein herumhüpfen könnten. Nach diesem chirurgischen Eingriff wurden die Menschen unglücklich, obwohl Apollon ihre Wunden hatte vernarben lassen. Jeder von ihnen sehnte sich nach seiner anderen Hälfte, die halben Männer suchten die anderen halben Männer, die halben Frauen begehrten die anderen halben Frauen, und die männliche Hälfte der Mannweiblichen suchte verzweifelt nach ihrer weiblichen Hälfte. Um das verlorene Glück wiederzufinden, brannte jeder darauf, sich mit seiner Zwillingsseele wieder zu vereinen. Und dieses heftige Verlangen ist es, was wir Liebe nennen.« (189a–193c)

Nach Aristophanes ergreift Agathon das Wort. Der Dichter hält eine jener endlosen Reden, die inhaltlich nicht viel aussagen. Entsprechend der Mode seiner Zeit achtet Agathon nur darauf, seine Rede mit Floskeln, Übertreibungen und wirkungsvollen Sätzen auszuschmücken, mit denen er sonst wahrscheinlich seine literarischen Wettbewerbe gewann. Dennoch wird der Redner am Schluß mit langem Beifall bedacht. Agathon erhebt sich, um zu danken. Der einzige, der das Haupt schüttelt, ist Sokrates.

»Ich wußte ja, daß mich Agathons glanzvolle Rede in Verlegenheit bringen würde!« ruft der Philosoph aus. »Als ich ihm zuhörte, fühlte ich mich an die Meisterschaft des Gorgias erinnert, und ich war schon drauf und dran, aus Scham von hier zu verschwinden. Ich hatte in meiner Einfalt geglaubt, daß jeder sich darauf beschränken sollte, das Wahre zu sagen, und nicht verpflichtet wäre, eine Apologie des Eros zu halten, ohne darauf zu achten, ob er auch das Richtige behaupte. Erwartet von mir keine solche Lobrede, ich wäre gar nicht fähig dazu. Ich kann nur versuchen, zu diesem Thema das zu sagen, was ich für die Wahrheit halte.«

»Daß Agathon eine erhabene Rede gehalten hat, ist wahr«, erwidert Eryximachos. »Aber daß er dich wirklich in Verlegenheit gebracht hätte, o Sokrates, kann ich nicht glauben. Sprich also und sage uns deine Wahrheit.«

»Es war eine Mantineerin namens Diotima, die mich über Eros unterwies«, fährt Sokrates fort. »Sie erklärte mir, Eros sei ein Dämon, nicht ein Gott, ein Wesen zwischen einem Gott und einem Sterblichen, weder schön noch häßlich, weder weise noch unwissend.«

»Mir scheint, du willst hier freveln!« ruft Agathon aus. »Wie kannst du behaupten, Eros sei kein Gott!«

»Dies sagte Diotima«, entschuldigt sich Sokrates und fährt dann fort: »Es heißt, die Götter hielten an Aphrodites Geburtstag einen großen Schmaus auf dem Olymp, und zu den Gästen zählte auch Poros, der Gott der Hilfsmittel oder der Kunst sich zu arrangieren. Auf diesem Fest geschah so einiges: es kam auch Penia, die Göttin der Armut, aber man ließ sie nicht herein, weil sie so schlecht gekleidet war, so blieb die Ärmste vor dem Speisesaal in der Hoffnung, doch noch etwas abzukriegen. Poros trank zuviel, und als er vollkommen betrunken war, ging er hinaus, fiel aber schon nach zwei Schritten zu Boden. Und als Penia ihn nun da so vor sich ausgestreckt daliegen sah, wollte sie die Gelegenheit nutzen. ›Ich bin die ärmste Göttin des Olymp, und dies ist

Poros, der schlaueste aller Götter: wer weiß, vielleicht kann ich mein Schicksal verbessern, wenn ich mich mit ihm zusammentue!‹ Und aus dieser Verbindung der Armut mit der List wurde Eros geboren.«

Anhaltendes Gemurmel folgt auf die letzten Worte des Philosophen. Die Aufmerksamkeit der Zuhörer steigert sich, sie wollen noch mehr über diesen ungewöhnlichen Eros wissen.

»Eros ist immer arm und bei weitem nicht fein und schön, wie die meisten glauben, vielmehr rauh, unansehnlich, unbeschuht, ohne Behausung, auf dem Boden immer umherliegend und unbedeckt, schläft vor den Türen und auf den Straßen im Freien und ist der Natur seiner Mutter gemäß immer der Dürftigkeit Genosse. Und nach seinem Vater wiederum stellt er dem Guten und Schönen nach, ist tapfer, keck und rüstig, ein gewaltiger Jäger, allezeit irgend Ränke schmiedend, nach Einsicht strebend, sinnreich, sein ganzes Leben lang philosophierend, ein arger Zauberer, Giftmischer und Sophist.«[38]

»Wie soll möglich sein, o Sokrates, daß Eros nicht schön ist?« fragt Phaidros verwundert.

»Du selbst hast es gesagt, o Phaidros. Eros ist, wer liebt, und nicht, wer geliebt wird. Nur wer geliebt wird, braucht die Schönheit, nicht wer sich verliebt, und da sich das Schöne mit dem Guten gleichstellen läßt, will derjenige, der das Schöne wünscht, auch das Gute und kann nur dann glücklich sein, wenn er es gefunden hat. Ziel des Eros ist die Zeugung des Schönen.« (198b–206a)

»Willst du damit sagen«, fragte Phaidros, »daß wer das Schöne wünscht, es auch hervorbringen kann?«

»Das Schöne und das Gute!« erwidert Sokrates, der sich nun immer mehr ereifert. »Alle Menschen sind in ihrem Leib und in ihrer Seele fruchtbar und erstreben Unsterblichkeit. Wie sollen sie diese erreichen? Es ist einfach gesagt: indem sie das Schöne und das Gute hervorbringen. Alle versuchen irgendwie Unsterblichkeit zu erlangen. Die einen durch Ruhm, die anderen erliegen der Illusion, sie dadurch zu erreichen, daß sie sich mit den schönsten Frauen paaren, andere, die eine fruchtbare Seele haben, hinterlassen eine Spur von sich in Erfindungen. Und dies ist der richtige Weg: mit den Schönheiten des Leibes zu beginnen und dann stufenweise immer weiter emporzusteigen, bis das Absolute erreicht ist.« (206c–211c)

Schlichter ausgedrückt ist die Liebe für Platon so eine Art Aufzug, mit dem man im ersten Stockwerk die körperliche Liebe erreicht, im zweiten die geistige, im dritten die Kunst und dann, je höher man kommt, die Gerechtigkeit, die Wissenschaft und die wahre Erkenntnis, bis man schließlich in den Dachstock kommt, wo das Gute wohnt.

Es gibt zahllose Interpretationen des *Gastmahls*, manche sind auch so phantasievoll, daß man sich fragt, woher nur all die philosophischen Botschaften aus Diotimas Erzählung genommen werden. Aber keiner, außer vielleicht Enzo Paci, hat auch hinreichend betont, daß Eros von Poros und Penia abstammt. Warum gerade von der List und der Armut? Vielleicht weil der Mensch, wenn er arm ist, seine Mitmenschen mehr braucht? Oder vielleicht, weil in seinem Fall die Kunst, sich zu behelfen, und der Überlebenswille es angelegen sein lassen, mit seinem Nächsten eine Liebesbeziehung einzugehen? Im übrigen haben die großen Propheten immer diese Verbindung von Armut und Liebe hergestellt. Der Reiche aus dem Evangelium, jener, der mit dem Kamel und dem Nadelöhr verglichen wird, ist nur eines der möglichen Beispiele. Reichtum führt zu Egoismus, und man braucht ja nur zu beobachten, wie kalt und schwierig die menschlichen Beziehungen gerade in den reichsten und entwickeltsten Städten sind.

## *Die Unsterblichkeit der Seele*

Platon liefert drei Beweise für die Unsterblichkeit der Seele. Ich werde jetzt versuchen, sie so einfach wie möglich zu beschreiben, dann mag jeder für sich selbst entscheiden.

*Erster Beweis:* Es gibt die sichtbaren und die unsichtbaren Wirklichkeiten auf der Welt. Es ist logisch, davon auszugehen, daß die ersteren mehr dem Körper verwandt sind (der sichtbar ist) und die letzteren mehr der Seele (die unsichtbar ist), und nachdem das Sichtbare vergeht und stirbt, während das Unsichtbare unveränderlich und ewig ist, muß auch die Seele unveränderlich und ewig sein.[39]

*Zweiter Beweis*: Gegensätze können in einem Ding nicht gleichzeitig existieren. Ein Körper ist warm, weil die Idee des Warmen in ihn eingedrungen ist; wenn er kalt wird, so hat in ihm die Idee der Kälte die Idee des Warmen abgelöst. Ein Lebewesen lebt, weil es eine Seele hat. Wenn es stirbt, bedeutet dies, daß die Todesidee die Lebensidee, nämlich die Seele, verjagt hat.[40]

*Dritter Beweis:* Die Eristiker haben eines Tages erklärt, daß es unmöglich sei, nach der Erkenntnis zu suchen. Denn entweder einer hat die Erkenntnis nicht, und dann ist nicht klar, wie er sie wahrnehmen soll, wenn er zu ihr gelangt, oder aber er hat sie, und dann ist unverständlich, warum er sie suchen sollte. Platon erwidert, daß der Mensch zur Erkenntnis gelangt, weil diese schon in seiner Seele schlummert. Die Erkenntnis ist mit anderen Worten eine Anamnese, das heißt eine Art von Erinnerung an Dinge, die wir in früheren Leben gelernt haben.[41]

Aber wie hat sich Platon die Seele vorgestellt? Im *Phaidros* vergleicht er sie mit einem Wagenlenker, der einen Wagen mit zwei feurigen Rossen lenkt, eines dieser Rosse ist edel und von bester Rasse, während das andere ein Klepper der schlechtesten Art ist.[42] Der Wagenlenker möchte die beiden

Pferde am liebsten möglichst hoch hinauf führen. Dort möchte er sie auf der Weide der Wahrheit zusammen mit den Rossen der Götter grasen lassen. Aber eben dies gelingt ihm nicht immer. Der Klepper zieht manchmal nach unten, und das gute Pferd schafft dann den Höhenflug nicht mehr. Um einen furchtbaren Absturz zu vermeiden, krallt sich die Seele am ersten Körper fest, den sie findet, und haucht diesem Leben ein. Der Körper ist nach Platons Vorstellungen also ein vorübergehender Aufenthaltsort der Seele. Bei jedem Tod wechselt die Seele ihre Wohnung, und je nachdem, welches der beiden Rosse gerade die Oberhand hat, steigt oder fällt sie in der Hierarchie des Lebens. Die Rangliste der verschiedenen Lebensformen, wie sie Platon vorschlägt, wollen wir dem Leser nicht vorenthalten:

1. Freund der Weisheit und des Schönen
2. König, der die Gesetze respektiert
3. Staatsmann oder Experte in Geschäften und Finanzen
4. Athlet oder Arzt
5. Seher
6. Dichter oder Künstler
7. Arbeiter oder Bauer
8. Sophist oder Demagoge
9. Tyrann

Im *Timaios* erklärt der Feminist Platon (der sich doch im *Staat*[43] für die Gleichberechtigung von Mann und Frau ausspricht), wer sein Leben verfehlt, »werde bei der zweiten Geburt in die Natur des Weibes übergehen, lasse er jedoch auch dann von seiner Schlechtigkeit noch nicht ab, werde er stets die ähnlich beschaffene tierische Natur annehmen.«[44]

Ein weiteres Beispiel dafür, wie sich die Seele eine Lebensform auswählen kann, schildert uns Platon im letzten Kapitel seines *Staates*, wo er den berühmten Er-Mythos behandelt.[45]

Er ist ein Soldat, der im Kampf verwundet wird. Weil sie annehmen, daß er tot ist, tragen die Götter ihn ins Jenseits, wo er notgedrungen einer Art Jüngstem Gericht beiwohnt. Das Mißverständnis klärt sich schließlich auf, aber die Richter erlauben ihm dazubleiben, unter der Bedingung, daß er anschließend den Sterblichen erzählt, was er gesehen hat.

Folgendes also berichtet er:

»Nachdem meine Seele entflohen, wanderte sie mit vielen anderen gemeinsam nach einem den Menschen nicht zugänglichen Orte. Dort sind nebeneinander zwei Öffnungen, die in die Erde hineinführen, und ihnen gegenüber zwei andere, die in den Himmel führen. Zwischen ihnen sitzen Richter; sie richten über die Toten. Die Gerechten schicken sie in den Himmel, die Ungerechten zur Linken hinab. Durch die eine Öffnung im Himmel und die entsprechende in der Erde sah ich nun die Seelen, denen das Urteil gesprochen war, fortziehen, durch die anderen sah ich andere Seelen zurückkehren. Wer aus der Erde kam, war voller Rauch und Schmutz, wer aus dem Himmel kam, war rein. Sie begrüßten einander, wenn sie sich kannten. Dann begannen wir alle gemeinsam eine lange Reise und kamen an eine Lichtung, in deren Mitten die drei Moiren saßen, Lachesis, Klotho und Atropos. Auf alle Seelen wurden Lose und Lebensbilder geworfen. Es gab da Leben der verschiedensten Art: das von Künstlern, Tieren, Wissenschaftlern, Athleten, Frauen, Sklaven usw. Sobald das Los auf einen gefallen war, sah er sich um und wählte sich aus den Lebensbildern ringsumher jenes aus, das ihm am erstrebenswertesten schien. Ich sah eine Seele, die gierig nach der Rolle des Tyrannen griff, ohne auf die Bitterkeit zu achten, die dieses Leben ihr einbrachte, eine andere raffte das Leben eines Reichen, der keinen einzigen Freund hatte. Ich sah den telamonischen Aias[46], der das Leben eines Löwen wählte, Thamyris das einer Nachtigall[47], Agamemnon das eines Adlers[48]. Ich sah Atalante das Leben eines Siegers in den Wettspielen ergreifen[49] und schließlich Odysseus, auf den das Los als letzten fiel, seine Seele suchte nach dem Leben eines zurückgezogenen einfachen Mannes und nahm es mit Freuden.«

Der Mythos schließt damit, daß alle Seelen mit Ausnahme der seinen gezwungen werden, bevor sie wieder auf die Erde zurückkehren, ein wenig aus dem Fluß Lethe zu trinken, um alle Erfahrungen aus dem früheren Leben zu vergessen.

## *Die Platonische Schule*

Unter den Nachfolgern Platons hat außer Aristoteles keiner besonders auf die Nachwelt eingewirkt. Nach dem Tod des Meisters wurde zunächst sein Neffe Speusippos Leiter der Akademie.

Speusippos, Sohn des Eurymedon und von Platons Schwester Potone, hatte nicht viel gemein mit seinem Onkel. Er war jähzornig (eines Tages warf er seinen kleinen Hund in einen Brunnen, nur weil er ihn während des Unterrichts gestört hatte) und den Freuden des Lebens mehr zugetan als jenen des Lehrens. Am Ende seines Lebens war er gelähmt und ließ sich von seinen Schülern in der Akademie auf einem Wägelchen hin und her fahren. Er hinterließ Abhandlungen mit insgesamt 43 475 Versen, von denen uns nur sehr wenige überliefert sind.[50]

Auf Speusippos folgte Xenokrates, ein braver Mann, der aus Chalkedon stammte, einem Städtchen an der asiatischen Küste des Bosporus, genau gegenüber von Byzanz. Xenokrates hatte Platon schon als Junge kennengelernt und war ihm sein Leben lang gefolgt; er begleitete ihn sogar nach Sizilien. Wohl mehr deshalb, als weil er eine besondere Leuchte gewesen wäre, wurde auch er zum Leiter der Akademie ernannt. Platon selber kannte seine Grenzen genau. Als er einmal über ihn und über Aristoteles sprach, bemerkte er: »Er bedarf des Sporns, Aristoteles dagegen des Zügels!«[51] Zum Ausgleich hatte er etwas Achtunggebietendes und den

»finsteren Ernst« eines alten Weisen. Wenn er einmal in die Stadt ging, wichen ihm alle Schreihälse und Lastträger aus. Er genoß so großes Vertrauen, daß er als einziger Athener unvereidigt Zeugnis ablegen durfte. Frauen gegenüber verhielt er sich ein wenig... wie soll man sagen... lau. Eines Nachts suchte die bildschöne Phryne unter dem Vorwand, sie werde verfolgt, Zuflucht in seinem Haus und legte sich neben ihn in sein Bett. Aber er merkte es nicht einmal und blieb unzugänglich, so daß die Hetäre am nächsten Tag überall herumerzählte, sie habe mit einer Statue geschlafen.[52]

Er starb mit zweiundachtzig Jahren, als er nachts in einen Zuber mit Regenwasser fiel.

[1] Der Name Platon wurde ihm wegen seiner breiten Stirn gegeben (platós, breit); siehe Diogenes Laertios, *a. a. O.*, III, 4

[2] Der siebte des Monats Thargelion (Mai–Juni)

[3] Giuseppe Zuccante, *Platone*, Mailand 1924, S. 6

[4] Die VII *Epistola* ist praktisch ein autobiographischer Bericht über die Reisen nach Sizilien. Bis vor wenigen Jahren wurde ihre Echtheit von niemandem in Frage gestellt, bis dann plötzlich ein Computer den Verdacht in die Welt gesetzt hat, daß sie vielleicht auch eine zeitgenössische Fälschung von Speusippos sein könnte. Obwohl wir große Verfechter der Informatik sind, gehen wir doch weiterhin davon aus, daß die *Epistola* von Platon stammt.

[5] Platon, VII. *Brief*, 324b

[6] Diogenes Laertios, *a. a. O.*, III, 5

[7] Dionysios d. Ä. heiratete an ein und demselben Tag zwei Frauen: Doris und Aristomache. Dion war der Bruder der letzteren. In der Hochzeitsnacht schlief der Tyrann mit beiden Ehefrauen, vom zweiten Tag an wechselte er dann ab: an ungeraden Tagen schlief er mit Doris, an den geraden mit Aristomache. Vgl. Plutarch, *Leben des Dion*.

[8] Plutarch, *Leben des Dion*, 7

[9] Platon, VII. *Brief*, 326b

[10] Diogenes Laertios, *a. a. O.*, III, 18

[11] Plutarch, *a. a. O.*, 5

[12] Platon, *Phaidros*, 230c

[13] Diogenes Laertios, *a. a. O.*, III, 46

[14] Plutarch, *a. a. O.*, 9

[15] Platon, VII. *Brief*, 328b–c

[16] Der Satz stammt aus Plutarchs *Dion*. Unverständlich dabei bleibt aber, weshalb Platon auf dem Weg von Athen nach Syrakus über die tödliche Charybdis reiste, die viel weiter nördlich liegt!

[17] Hermippos von Smyrna, fr. 33 Müller; siehe Diogenes Laertios, *a. a. O.*, III, 2

[18] Diogenes Laertios, *a. a. O.*, III, 41

19 Herakleides, fr. 16 Müller; vgl. Diogenes Laertios, *a.a.O.*, III, 26

20 Platon, *Der Staat,* IV, 433

21 Hier meint Platon ein volkstümliches Spiel (eine Art Monopoli des 4. Jahrhunderts), bei dem der Spieler auf einem Spielbrett mit sechzig Feldern möglichst viele Felder erobern muß.

22 Es bedeutete schon viel, daß Platon nicht riet, sie umzubringen. Im alten Griechenland lauerten auf die Neugeborenen an ihren ersten Lebenstagen schlimme Gefahren: oft reichte schon ein Weinkrampf, um das Kind mangelnder Männlichkeit zu bezichtigen. Die Spartaner schafften auch die Schwächlichsten aus der Welt, und die Athener hatten die Gewohnheit, die nicht so gut gelungenen Kinder auf dem öffentlichen Platz »auszusetzen« und jedem zur Verfügung zu stellen, der sie als Sklaven aufziehen wollte.

23 Platon, *Die Gesetze,* IV, 705a

24 G.B. Klein, *Platone e il suo concetto politico del mare,* Florenz 1910, S. 11ff.

25 Platon, *a.a.O.*, IV, 704b

26 Als Beispiel führen wir eine der Definitionen von Demokratie an, die Popper in seinem Buch *Die offene Gesellschaft und ihre Feinde* Platon in den Mund legt: Demokratie entsteht, wenn die Armen, nachdem sie gesiegt haben, einige Feinde töten und andere ins Exil schicken und sich mit den Übriggebliebenen die Regierung und die öffentlichen Ämter teilen.

27 Platon, *Politikos,* 291d

28 Platon, *Der Staat,* VIII, 562d–563e

29 Der Dialog war *Lysis*; vgl. Diogenes Laertios, *a.a.O.*, III, 35

30 Platon, *Der Staat,* 514a. Aus diesem netten Vergleich können wir schließen, daß die neapolitanischen Marionetten auch schon im antiken Griechenland Mode waren.

31 *ebd.*, 514a–515b

32 *ebd.*, 515c–517a

33 Siehe L. de Crescenzo, *Geschichte der griechischen Philosophie,* Bd. 1, *Die Vorsokratiker,* Diogenes Verlag, Zürich 1985, S. 184

34 Marina ist ein Mädchen aus dem Hause gegenüber.

35 Idee kommt aus dem Griechischen und hängt mit dem Wort für »sehen« zusammen.

36 Platon, *Parmenides,* 130e

37 Platon, *Timaios,* 28a

38 Schon an anderer Stelle *(oi dialogoi,* Mailand 1985, erschien 1987 unter dem Titel *oi dialogoi, Von der Kunst, miteinander zu reden* im Diogenes Verlag, Zürich) habe ich darauf hingewiesen, daß diese Beschreibung des Sokrates genau auf den neapolitanischen Gassenjungen zu passen scheint, wie er üblicherweise auf bestimmten Ölgemälden dargestellt wird.

39 Platon, *Phaidon,* 79a–e

40 *ebd.*, 105b–d

41 Platon, *Menon,* 80d–81d

42 Platon, *Phaidros,* 246a–248e

43 Genaugenommen fragt sich Platon nicht, ob Männer und Frauen gleich sind, sondern nur, ob es für uns von Vorteil ist, daß sie es sind, damit sie so für den Staat arbeiten. (Vgl. *Der Staat,* 451d)

[44] Platon, *Timaios*, 42b–d

[45] Platon, *Der Staat*, x, 614b–620d

[46] Aias hatte sich zu Lebzeiten darum beworben, die Waffen des Achilles zu erben, im letzten Augenblick aber wurde Odysseus vorgezogen: dieses Urteil hatte ihn offenbar schwer beleidigt, und jetzt brannte er darauf, sich zu rächen. (Vgl. Homer, *Odyssee*, xi, 543–65)

[47] Thamyris war ein Hofsänger: er forderte die Musen heraus, dafür verlor er das Augenlicht, die Stimme und das Gedächtnis. (Vgl. R. Graves, *I miti greci*, Mailand 1963)

[48] Agamemnon zog es offenbar vor, soweit wie möglich entfernt von den Menschen zu leben, denn er war in seinem vorhergehenden Leben von seiner Frau Klytemnästra und seinem Neffen Aigisthos umgebracht worden. (Vgl. R. Graves, op. cit., 112k)

[49] Atalante verlor obwohl sie das schnellste Wesen der Welt war, gegen Melanion, weil sie angehalten hatte, um drei goldene Äpfel zu pflücken. (Vgl. R. Graves, op. cit., 80k)

[50] Diogenes Laertios, *a. a. O.*, iv, 5

[51] *ebd.*, iv, ii, 6

[52] *ebd.*, iv, ii, 7

V

## *Alfonso Carotenuto*

»Das Schlimmste an den Italienern ist ihre Oberflächlichkeit, *Ingegnere*! Beobachten Sie doch nur einmal, wie sich die Kunden verhalten, Sie werden sehen, ich habe recht. Wenn einer vorhat, ein Paar Schuhe zu kaufen, bleibt er erst mal vor dem Schaufenster stehen und sieht sich die Auslage an. Dabei verzieht er aber keine Miene, guckt ganz teilnahmslos und scheint sich überhaupt nicht dafür zu interessieren. Und wenn man dann am wenigsten darauf gefaßt ist, betritt er das Geschäft und sagt: ›Ich möchte die da, Größe 42.‹ Er probiert sie an, zahlt und geht. Ja ist denn das ein Schuhkauf? Wozu bin ich überhaupt da? Dann soll man doch gleich Automaten aufstellen!«

Es ist Alfonso Carotenuto, Ritter des Ordens der Arbeit, Schuhhändler und Inhaber der erstklassigen, 1896 gegründeten Firma ›Carotenuto & Söhne‹, ehemals Hoflieferant, der sich hier so wütend ausläßt. Wir befinden uns in seinem Laden an der Via Toledo. Donn'Alfonso sitzt wie eingeklemmt in einem Korbsesselchen, dessen Armlehnen so eng beieinanderstehen, daß er kaum hineinpaßt. Trotz der Hitze, es ist schon Hochsaison, trägt er, wie es sich für einen gehört, der eine Tradition zu verteidigen hat, Rock und Krawatte. Nur den Kragen hat er ein wenig gelockert. Das Geschäft ist um neun Uhr früh leer. Ein bebrillter Verkäufer in schwarzem Kittel sieht resigniert herüber. Offenbar ist es nicht das erste Mal, daß er die »Lobrede auf den Schuh« zu hören bekommt.

»Manchmal würde ich die Leute auf der Straße am liebsten fragen: ›Entschuldigen Sie, warum gehen Sie denn so schnell?‹«

»Vielleicht, weil sie jung sind«, wage ich seine Frage irgendwie zu beantworten.

»Ja sind Sie denn so sicher, daß sie jung sind?« fragt Donn'Alfonso weiter.

»Wie meinen Sie das?«

»*Ingegnere*, ehrlich, haben Sie schon mal zugesehen, wie die Jungen heute tanzen? Ich weiß es genau, weil ich selber zwei Kinder habe, der Junge ist zweiundzwanzig und das Mädchen achtzehn. Manchmal laden sie Freunde nach Hause ein, um ›das Tanzbein zu schwingen‹, wie sie sagen, und glauben Sie mir, ich habe oft zugesehen, wie sie tanzen, aber sein Tanzbein habe ich noch keinen schwingen sehen. Soll das vielleicht tanzen sein, frage ich da? Alle mit dieser Leichenbittermiene, als hätten sie wer weiß was durchgemacht. Eine todtraurige Atmosphäre herrscht da, das können Sie mir glauben, jeder tanzt für sich allein und sieht sein Gegenüber nicht einmal an. So tanzt man angeblich den harten Rock. Also daß ich nicht lache! Da war unsere Generation doch noch etwas anderes! Walzer, Cha-cha-cha, Charleston, Kotillon! Können Sie sich noch an die Kotillons erinnern? Changez la femme? So etwas gibt es heute nicht mehr. Was haben wir damals gelacht bei den Kotillons! Aber ich habe eine Theorie, eine Theorie, die diese ganze Traurigkeit der heutigen Jugend erklärt: wir sind noch zu Hause geboren, im Schlafzimmer von Mamma und Papa, innerhalb von vier freundlichen Wänden, die dagegen sind alle in der Klinik geboren. *Ingegnere*, das sind Krankenhausmenschen! Die haben doch bei ihrer Geburt bestenfalls das Gesicht eines Arztes oder einen Tropf für Noteingriffe gesehen.«

»Aber die Schuhe...«, sage ich, um ihn wieder aufs Thema zurückzubringen.

»Die Schuhe!« sagt der Cavaliere seufzend. »Heute weiß doch kein Mensch mehr, was Schuhe sind. Früher einmal da waren sie die Visitenkarte, ein soziales Ziel! Wenn ein Kunde die Werkstatt meines Vaters in der Via Alabardieri betrat, wurde er von Papa und Oscarino, der ersten Hilfskraft, wie der Prinz von Savoyen empfangen. Sie boten ihm Kaffee an und unterhielten sich mit ihm. In der Zwischenzeit hatte der Fuß genug Zeit, sich zu erholen und wieder normal zu werden. Dann fing man an zu messen. Zuerst wurde der rechte Fuß bloßgelegt. Papa musterte ihn aufmerksam von allen Seiten und setzte ihn auf ein Nußholzbrettchen, um zu sehen, ob die Sohle in der ganzen Länge auflag oder sich in der Mitte bog. Wenn der Fuß vollkommen war, bekam der Kunde Komplimente von Papa und Oscarino; manchmal wurden auch die Jungen aus der Werkstatt herbeigerufen. In der Zwischenzeit wurde der Gips für den Abdruck vorbereitet...«

»Ich verstehe«, fasse ich zusammen, um ihn zu bremsen, »da wurde ein Gipsabdruck vom Fuß gemacht, so brauchte der Kunde nicht mehr zur Anprobe zu kommen.«

»Oh nein, mein Herr, gar nichts verstehen Sie«, erwidert Donn'Alfonso verstimmt, weil ich ihn unterbrochen habe, »die Sache mit dem Abdruck ist ja nur der Anfang, eines von den vielen Schrittchen, die nötig sind, wenn man das Endziel erreichen will: den perfekten Schuh!«

»Aber ich wollte ja keinesfalls die Verdienste Ihres Vaters bei der Arbeit schmälern«, sage ich. »Ich habe nur versucht, das zusammenzufassen, was Sie gesagt haben, um zu verstehen, worin sich ein Maßschuh von damals von einem Schuh unterscheidet, den heute irgendein Handwerker herstellt.«

»Es ist schon merkwürdig, *Ingegnere*, jung sind Sie nicht mehr und doch verhalten Sie sich genauso wie ein Junger. Auch Sie haben es eilig«, erläuterte der Cavaliere mit einem Anflug von Mißtrauen.

»Das stimmt nicht, ich bin ganz Ohr.«

»Eines sollten Sie vor allem begreifen«, hebt Donn'Alfonso wieder an und lockert dabei seinen Hemdkragen etwas, um sich zwischen Nacken und Kragen ein weißes Pikétaschentuch zu schieben, »die eigentliche soziale Aufgabe der Firma Carotenuto bestand nicht darin, Schuhe zu verkaufen, oder zumindest nicht ausschließlich darin, sondern es mußte der beste Schuh hergestellt werden, den ein Mensch überhaupt hervorbringen kann.«

»Der Schuh schlechthin?«

»Genau das, der Schuh schlechthin! Aber gehen wir der Reihe nach vor. Wenn Sie seinerzeit Kunde meines Vaters gewesen wären, hätten Sie den De Crescenzo rechts und den De Crescenzo links hier bei der Firma ›Carotenuto & Söhne‹ stehen gehabt.«

»Sie haben also die Leisten aller Ihrer Kunden?«

»Die Füße des gesamten Adels und der besten Geschäftsleute von Neapel.«

»Und heute stellen Sie keine Maßschuhe mehr her?«

»Selten. Es gibt heute keine Abnehmer mehr dafür. Stellen Sie sich vor, daß ein Kunde früher, wenn er zum erstenmal kam, immer ein Paar abgelaufene Schuhe mitbrachte, um sie Papa zu zeigen.«

»Ein Paar abgelaufene Schuhe?«

»Ja, damit man sah, wie er sie abgelaufen hatte.«

»Warum, ist dies denn nicht bei allen Schuhen gleich?«

»Du lieber Gott, *Ingegnere,* was Sie da erzählen! Jeder von uns nutzt die Schuhe doch auf eine ganz bestimmte Art ab. Macht einer zu lange Schritte, dann nutzt er zuerst den vorderen Teil des Absatzes ab. Macht einer zu kurze Schritte, dann hat er bald schon keine Sohle mehr unter den Füßen, sondern einen Sepiaknochen. Hat einer krumme Beine, Säbelbeine wie wir sagen, dann nutzen sich zuerst die Außenseiten ab. Wenn ein Kunde den Laden verließ, verfolgte ihn Papa mit den Blicken, bis er in der Via Alabardieri verschwand, nur um seinen Gang genau zu beobachten. Nachdem also die Abnutzung so einberechnet war, lieferte er ein Paar Probeschuhe aus Ziegenleder oder Rindsleder, die der Kunde mindestens einen Monat lang tragen mußte, und erst dann, wenn dies alles gut gegangen war, machte er sich an die Herstellung des endgültigen Schuhs. Aber glauben Sie mir: Wenn Sie in unseren Schuhen einen Spaziergang machten, da blieben Sie nicht unbeobachtet. Auch vom gegenüberliegenden Gehsteig noch sahen die Leute es. Und alle sagten: ›Das sind bestimmt Carotenutos!‹«

»Nun, Ihr Vater war eben mit Leib und Seele bei der Sache.«

»Das können Sie wohl sagen. Manchmal mußte er sich mit den Kunden auch furchtbar herumstreiten!«

»Warum denn das?«

»Zum Beispiel mit dem Conte del Balzo. Sie müssen wissen, Graf Emanuele konnte neue Schuhe nicht ertragen. Was tat er also? Er rief einen seiner Kammerdiener, einen gewissen Antonio, der die gleiche Schuhgröße hatte, und der mußte dann die neuen Schuhe zehn Tage lang tragen. Jetzt stellen Sie sich einmal Papa vor! Alle seine Berechnungen waren doch umsonst gewesen!«

»*Cavaliere,* meinen Sie denn wirklich, daß es so furchtbar wichtig ist, ein Paar schöne Schuhe zu haben?«

»*Ingegnere,* wollen Sie mich jetzt auf den Arm nehmen?«

»Das würde ich mir nie erlauben.«

»...oder interessieren Sie sich tatsächlich für die Kunst der Schuhherstellung? Ich hoffe für Sie, daß das letztere der Fall ist. Wenn ich Ihnen jetzt erklären soll, wie ich bin, muß ich zunächst eines sagen. Das ganze Leben läßt sich auf folgenden Nenner bringen: halb Liebe und halb Arbeit. Und wenn ich Arbeit sage, denke ich dabei nicht an eine Anstrengung, ständige Tortur von morgens bis abends, um sich finanzielle Unabhängigkeit zu verschaffen, sondern an eine Gelegenheit, die Gott uns gegeben hat, um unserem Dasein mehr Sinn zu verleihen. Auch der Tabakwarenhändler, der Bankangestellte und der Metallarbeiter können zufrieden sein, wenn sie ihre Arbeit gern tun. Anderenfalls sind sie verloren. Auch wenn sie noch so sehr kürzere Arbeitszeit fordern! Selbst sechs Stunden nehmen kein Ende, wenn man ungeliebte Arbeit tun muß. Aber vergessen Sie eines nicht: es ist ein Unterschied, ob einer als Tabakwarenhändler arbeitet oder ob er ein solcher ›ist‹. Papa hat mir von klein auf beigebracht, wie ein Schuh sein muß. Er stellte sich mit mir vor den Laden und forderte mich auf, allen Vorübergehenden auf die Füße zu sehen. ›*Peccerì*‹, sagte er dann, ›die da sind gut, die anderen nicht. Die haben eine zu kurze Kappe, bei denen sitzt der Schaft zu eng und der Schuh verzieht sich, die da sind grauenhaft. Das hier ist ein schöner Schuh! Der da ist nicht schlecht. Die da sind Massenware.‹ Und so habe ich langsam aber sicher eine Vorstellung davon bekommen, wie ein Schuh beschaffen sein muß. Und wenn also nun ein Kunde hereinkommt, dann sehe ich ihn im Geiste schon mit den Carotenuto-Schuhen an den Füßen und bin ganz glücklich, wenn es mir gelingt, ein Paar zu finden, die wie für ihn gemacht scheinen. Aber um auf Ihre Frage zurückzukommen, ob es wirklich so wichtig ist, schöne Schuhe zu haben. Ja, glauben Sie mir, es ist sehr wichtig. Wenn Sie abends ins Bett gehen und vor dem Einschlafen noch einen Blick auf die Schuhe werfen, die Sie gerade ausgezogen haben, so werden Sie merken, daß ein schönes Paar vollendeter, klassischer, schmaler, unverwüstlicher sauberer Schuhe ein Gefühl von Sicherheit vermittelt. Als getreue Zeugen Ihres Tageslaufs haben sie Ihnen Gesellschaft geleistet. Aber heute achtet keiner mehr darauf. Heute kommt der Kunde herein und sagt: ›Ich möchte die da, Größe 42‹, probiert sie an, zahlt und geht.«

# VI
# *Aristoteles*

## *Einleitung*

Aristoteles war ein Professor und wie viele Professoren ein wenig pedantisch. Auch war er, philosophisch gesprochen, ein ausgeglichener Mensch und also wohl eher etwas langweilig. Er war weder sympathisch wie Sokrates noch ein Schriftsteller wie Platon. Ich habe alles versucht, ihn unterhaltsam vorzustellen, und er wird sich vielleicht gerade deshalb im Grabe umdrehen. Aber ich bitte auch den Leser, nicht gleich bei der ersten Schwierigkeit aufzugeben und wenigstens eine kleine Anstrengung zu machen, ihn zu verstehen. Wenn es dann doch zu schwierig ist, na ja, was soll ich sagen, so überspringe er ihn eben. Ich verzeihe ihm. Aber eines ist klar, wer diese Philosophie nicht kennt, dem fehlt etwas im Leben: zumindest die Geduld zuzuhören.

## *Das Leben*

Aristoteles wurde 384 in Stagira[1] geboren, einem kleinen Dorf im Osten Makedoniens nördlich des Berges Athos. Dennoch ist er kein Makedonier, denn sein Heimatort war eine griechische Siedlung, die Jahre zuvor von Bewohnern der Insel Andros gegründet worden war. Damit will ich zum Beispiel sagen, daß er als Junge bestimmt den gleichen ionischen Dialekt gesprochen hat wie nahezu alle Völker der Ägäis.

Sein Papa, Doktor Nikomachos, war Leibarzt des Königs Amyntas II von Makedonien. Daher kam Aristoteles häufig nach Pella, der Hauptstadt des Königreiches, wo er sich mit Philipp, dem künftigen König und künftigen Vater Alexanders des Großen anfreundete. Auch wenn sie in den Augen der Athener als »Barbaren« galten, gehörten die Makedonier zu einem königlichen Hof, und dieser Umstand sowie der Beruf des Vaters blieben nicht ohne Einfluß auf seine kulturelle Entwicklung. Nachdem seine Eltern gestorben waren, wurde der Junge einem Vetter anvertraut, einem gewissen Proxenos, der ihn in das asiatische Atarneus, ein an der lydischen Küste gelegenes Dorf, mitnahm. Als erst Siebzehnjähriger wurde er dann in Athen Student an der Akademie, der bedeutendsten aller griechischen Schulen. Dies geschah im Jahre 367, als sich Platon noch in Sizilien aufhielt, an seiner Stelle war Eudoxos von Knidos Scholarch, ein großer Mathematiker und Astronom, der von Physik mehr verstand als von der Philosophie. Doch Aristoteles mißfiel das vermutlich nicht, denn er hatte sich von klein auf für die Naturwissenschaften interessiert, Schmetterlinge, Käfer, Steine und exotische Pflanzen gesammelt.

Aristoteles blieb zwanzig Jahre lang an der Akademie, zuerst als Schüler, dann als ständiger Lehrer. Nach der Ansicht der Geschichtsschreiber war er der ergebenste und zugleich kritischste Schüler Platons.

Als der Meister starb, machten sich so ziemlich alle Hoffnungen, sein Nachfolger zu werden. Außer Aristoteles rechneten auch Xenokrates, Philippos der Opuntier, Erastos, Koriskos und Herakleides Pontikos damit, zum Scholarchen ernannt zu werden. Aber wie wir bereits wissen, wurde Platons Neffe Speusippos auserwählt, was die fähigeren Lehrer verärgerte.

Aristoteles und Xenokrates wanderten nach Atarneus aus, in jenes Dorf, in dem der Stagirit in seiner Jugend gelebt hatte, als er noch unter Vormundschaft stand. Dort war in der

Zwischenzeit ein Eunuche namens Hermias Tyrann geworden, der die beiden Philosophen freudig begrüßte. Aristoteles verband sich mit ihm bald auch verwandtschaftlich, denn er heiratete seine Schwester Pythias, in die er sich anscheinend leidenschaftlich verliebt hatte. Ich weiß, es fällt schwer, sich Aristoteles als Verliebten vorzustellen (es klingt fast wie ein Widerspruch in sich selbst), aber – wie Kallimachos sagt – »auch die Kohlen funkeln wie Sterne, wenn sie brennen«. Außer der Liebe widmete sich Aristoteles jedoch auch dem Lehren: er gründete eine zweite Schule in Assos und drei Jahre danach gemeinsam mit Theophrastos eine weitere in Mytilene.

Nachdem Hermias von den Persern gefangengenommen worden war, folgte Aristoteles einem Ruf Philipps nach Makedonien, der ihn zum Erzieher seines Sohnes Alexander machen wollte. Dieser war damals erst vierzehn und noch lange nicht der Große. »Schließlich ist er der Sohn von Papas Leibarzt«, mag der König gedacht haben, »und die Erfahrungen, die er in Athen gesammelt hat, können uns nützlich sein. Ein wenig Bildung kann dem Jungen nicht schaden, zumindest schafft ihm dies einen Ausgleich zu seinen ewigen Handgreiflichkeiten.« Als Honorar forderte Aristoteles den Wiederaufbau von Stagira, das von den makedonischen Truppen so nach und nach dem Erdboden gleichgemacht worden war.

Wenn sich im Laufe der Geschichte zwei so herausragende Persönlichkeiten wie Aristoteles und Alexander begegnen, erhofft man sich immer, daß dabei ein bedeutender Spruch fällt, der in die Geschichte eingeht; aber leider gibt es hier nichts zu erzählen. Mit großer Wahrscheinlichkeit war Alexander einfach ein ungebärdiger Junge wie viele andere, dem Aristoteles als sein Lehrer manchmal am liebsten den Hintern versohlt hätte. Sie lebten acht Jahre zusammen, und man darf sich zurecht fragen, ob Alexanders Eroberungen das aristotelische Denken irgendwie beeinflußt haben oder ob umgekehrt die Theorie der »gerechten Mitte« den Feldherrn in seinem Feuereifer irgendwie gebremst hat. Will man aus den Ergebnissen schließen, scheint dies nicht gerade der Fall zu sein. Die einzigen konkreten Hinweise, die wir haben, sind eine Abhandlung über den Kosmos, die Aristoteles *ad usum Alexandri* (zum Gebrauch des Alexander) verfaßte, sowie ein Zoo, den der Philosoph mit Hilfe seines Schülers einrichtete, der ihm aus allen Teilen der Welt Tiere und exotische Pflanzen schickte.

Im Jahre 340 legte Alexander die Rolle des Schülers ab und wurde König. Aristoteles nahm dies sofort zum Anlaß, als ehemaliger Lehrer des mächtigsten Mannes der Welt nach Athen zurückzukehren. Die Akademie wurde unterdessen von Xenokrates geleitet, der zwar ein Freund des Aristoteles war, bei diesem aber nicht gerade in hohem Ansehen stand. Daher beschloß der Philosoph, eine eigene Schule zu eröffnen. Dafür schien ihm ein öffentliches Gebäude besonders geeignet, das neben einem dem Apollo Lykeios gewidmeten Tempelchen lag und daher Lykeion genannt wurde. In kürzester Zeit gewann seine Schule noch höheres Ansehen als die Akademie. Sie wurde allgemein die »peripatetische« genannt, weil er die Gewohnheit hatte, beim Lehren umherzuwandeln.[2]

Das Lykeion unterschied sich sehr von der Akademie. Es glich eher unserer heutigen Universität mit verschiedenen Disziplinen, Stundenplänen und besonderen Lehrgängen. Die Akademie dagegen hatte etwas Liturgisches, mit heiligen Riten, die den Musen gewidmet waren, und mit dem keineswegs so verheimlichten politischen Ziel, die künftigen Führungskräfte von Athen heranzubilden. Am Lykeion lehrten berühmte Meister wie der bereits genannte Theophrastos von Eresos, Eudemos von Rhodos und Straton. Die Lehrbücher wurden von Aristoteles persönlich verfaßt. Diese Lektionen sind heute als die akroamatischen Schriften bekannt, im Unterschied zu den exoterischen, die leichter zu deuten und für das Volk geschrieben waren. Leider sind gerade alle diese einfacheren Texte verloren gegangen, während uns die schwierigen erhalten blieben.

Nach dem Tod seiner Frau verband sich Aristoteles mit seiner jungen Haushälterin Herpyllis, die ihm seinen ersten Sohn, Nikomachos, gebar.

323 starb Alexander, und gleichzeitig erhob sich Athen gegen die Makedonier und gegen alle, die sie unterstützt hatten. Aristoteles, der nicht Sokrates war, reagierte auf die übliche Anklage wegen Gottesfrevel mit Flucht und kehrte auf seine von der Mutter ererbten Besitztümer in Chalkis zurück. Aber noch bevor er sich dort eingewöhnte, starb er im Alter von dreiundsechzig Jahren an einem Magenleiden.

Zweitausend Jahre lang galt alles, was Aristoteles gesagt hatte, als unanfechtbares Dogma, was bestimmt wenig zum Fortschritt der Menschheit beigetragen hat. Aber es wäre natürlich falsch, ihn selber für diesen Kult verantwortlich zu machen, den die Nachwelt mit ihm getrieben hat.

## *Aristoteles und die Einteilung des Wissens in Kategorien*

Als ich 1984 meinen Film *Also sprach Bellavista* drehte, suchte ich einmal das Filmausstattungs- und Waffenlager Rancati auf. Von außen wirkte es wie ein englisches Gebäude des ausgehenden neunzehnten Jahrhunderts, das man sich leicht als Schauplatz eines Verbrechens à la Edgar Wallace vorstellen konnte. Ein doppelgeschossiger Bau mit abfallendem Dach, der besser an den Londoner Stadtrand als an die Ufer des Tibers paßte. Im Innern aber befindet sich das riesigste Warenlager, das man sich überhaupt nur vorstellen kann. Auf kaum mehr als tausend Quadratmetern sah ich da praktisch fünfzig Jahre des italienischen Films vereint: die Rüstung des *Ettore Fieramosca*, den Sarkophag *Tutanch-*

*amuns,* das Zweigespann *Ben Hurs,* die Peitsche aus Fellinis *8½,* die Stichwaffe aus *Cena delle beffe,* das Motorrad des *Federale,* den Kontrabaß mit Busen aus *Totò all' inferno* und dann kunterbunt durcheinander mindestens hundert neapolitanische Kaffeemaschinen, Tornister aus der Garibaldizeit, griechische Statuen, weiße Telefone, Panzerfäuste, korinthische Kapitelle, Fahrräder, mittelalterliche Waffen, römische Triklinien und napoleonische Möbel. Einige Männer gingen mit Schubkarren hin und her und legten weitere Gegenstände ab oder transportierten welche weg, andere kletterten Leitern hinauf, um an babylonische Schilder oder Jugendstillampen zu gelangen. Während ich dieses unglaubliche Durcheinander verwundert betrachtete, konnte ich plötzlich Aristoteles verstehen oder vielmehr sein Bedürfnis, ein wenig Ordnung in alles zu bringen, was er in seinem Leben gesehen hatte, sowie in die Theorien der Philosophen, die ihm vorangegangen waren.

Angesichts der gewaltigen Menge an Arbeit hat sich Aristoteles zunächst vielleicht eine Reihe von verhältnismäßig einfachen Fragen gestellt: »Gehört das Ding, das ich vor Augen habe, der mineralischen, pflanzlichen oder tierischen Welt an?« Je mehr er sich aber so fragte, desto klarer erkannte er wohl, daß jede Antwort die Lösung eines philosophischen Kreuzworträtsels voraussetzte. Um nämlich den Unterschied zu verstehen, der etwa zwischen einem Kopfsalat und einem Pferd besteht, muß man doch zunächst einmal klare Vorstellungen von dem haben, was es bedeutet, ›ein Kopfsalat zu sein‹ oder ›ein Pferd zu sein‹.

Aristoteles ist in der ganzen Landschaft der griechischen Philosophiegeschichte bestimmt das schwierigste Gebirge. Oft hat man den Eindruck, daß er tatsächlich alles und gleichzeitig auch das Gegenteil von allem gesagt hat und daß es kein Gebiet der Wissenschaft und keine Disziplin gibt, über die er sich nicht geäußert hat. Aber davon darf man sich nicht entmutigen lassen. Ich versuche jetzt einfach einmal, sein Denken in wenigen Zeilen zusammenzufassen, etwa so wie in den Feuilletons der Tageszeitungen die Handlung eines Films kurz dargestellt wird.

»Aristoteles unterteilte die Dinge der Welt in *nicht lebende, pflanzliche* und *tierische* Objekte. Danach untersuchte er auch den Menschen und erkannte, daß alles, was dieses einzigartige Tier hervorbringt, je nachdem, ob das Objekt seines Denkens in die Welt der *Physik*, der *Ethik* oder der *Metaphysik* gehört als *materiell, moralisch* und *theoretisch* eingestuft werden kann. Das wichtigste Werkzeug seiner Ordnungsmethode war die auf den *Syllogismus* gegründete *Logik.*«

Dies ist nicht alles, aber für den Anfang reicht es.

Die Einteilung in »mineralisch, pflanzlich oder tierisch« erscheint einfach, aber das täuscht. Es gibt Grenzfälle, bei denen wir nicht wissen, wie wir uns aus der Affäre ziehen sollen: bei Kristallen, die sich fortpflanzen und wachsen können wie Pflanzen, Korallen, bei denen man nicht genau weiß, ob sie Minerale, Pflanzen oder Tiere sind, Bäumen, die einem Angst einjagen können. In Bordighera habe ich einmal einen solchen Baum *persönlich* kennengelernt, und wenn ich *persönlich* sage, so übertreibe ich damit wohl nicht. Es handelte sich um einen Ficus der Spezies *benjamini:* einen über hundertjährigen riesigen, gewaltigen, bedrohlichen Baum. Seine Wurzeln hatten die Umfassungsmauer des Gartens gesprengt, die Gitterstäbe eines alten Tors verbogen und aus dem Boden gerissen; weitere Wurzeln brachen an der Seite hervor und gruben sich von da tief in den Boden wie verschlafene Schlangen, auch von den Ästen hingen Wurzeln herab, die sich im verzweifelten Versuch, den Boden zu erreichen, nach unten reckten. Etwa dreißig Meter hoch breitete sich dieser Baum in jede Richtung aus und schien die ganze Welt zermalmen zu wollen. Ich hätte nie den Mut gehabt, auch nur zehn Minuten allein neben ihm zu schlafen.

Wer glaubt, Pflanzen und Tiere immer genau unterscheiden zu können, frage sich einmal, wie ein Schwamm oder eine fleischfressende Pflanze einzuordnen sind. Schon wenn man definieren will, was ein Tier ist, tauchen Schwierigkeiten auf. Es als ein Lebewesen zu definieren, das sich allein bewegen kann, reicht nicht aus: es gibt Tiere, die sich überhaupt nicht allein bewegen können und die Hilfe anderer Tiere brauchen, wenn sie ihren Ort verändern wollen. Noch schwieriger ist es, die Grenzlinie zwischen Mensch und Tier zu ziehen. Wenn wir daraus nur eine Intelligenzfrage machen, finden wir uns Seite an Seite mit den Hunden, den Delphinen und den Pavianen wieder.

Um diese gewöhnlichen Probleme zu lösen, schrieb Aristoteles nicht weniger als acht Bücher über die Physik. Danach verfaßte er weitere vierzehn, um zu erklären, was die *Metaphysik* ist, nämlich die Dinge, die über die sinnlich faßbare Welt hinausreichen. Der Begriff *Metaphysik* wurde allerdings nicht von Aristoteles geprägt, sondern von den Herausgebern seiner Werke, die Metaphysik als »alles, das, was nach der Physik kommt«, definierten; möglicherweise geht er auf Andronikos von Rhodos zurück, der die Werke des Meisters im ersten Jahrhundert vor Christus veröffentlichte.

## *Die Metaphysik*

Wenn es schon schwierig ist, zu definieren, was ein Kopfsalat oder ein Pferd ist, kann man sich denken, wie schwierig die Erklärung eines abstrakten Begriffes wie: das Gute, das Denken, die Sünde oder das Mitleid ist. Nun, unter den zigtausend Stichwörtern unseres Wortschatzes gibt es eines, das ganz besonders schwierig zu definieren ist: das Verb *sein.* Von Parmenides bis Heidegger gibt es keinen Philosophen, der nicht versucht hätte, es zu ergründen.

Sagen wir zunächst einmal, daß *sein* nicht immer nur verbal gebraucht wird, sondern manchmal auch als Substantiv. Beispiel: der Mensch ist ein Seiender! In diesem Satz kommt das schreckliche Wörtchen gleich zweimal vor, einmal als Substantiv (Seiender) und einmal als Verb (ist), ja sogar als Kopula. Aber schlimm wird es erst, wenn Aristoteles sagt, die Metaphysik sei die Wissenschaft, die *Das Seiende als Seiendes* erforsche! Doch nur Mut und eines nach dem anderen.

Für Parmenides ist das Seiende einzig, unbeweglich und ewig (ich wiederhole diese Definition hin und wieder, auch wenn ich mir im Klaren darüber bin, daß sie nicht leicht verständlich ist). Für Platon dagegen ist das Seiende vielfältig und aus den Ideen gebildet, also aus transzendenten universalen Wesenheiten, an denen sich der Demiurg inspirierte, als er die Welt schuf. Für Aristoteles schließlich ist das Seiende wohl auch etwas Transzendentes, das aus der übersinnlichen Welt kommt, gleichzeitig ist es aber auch individuell, und daher immanent. Ich kann also zum Beispiel folgende Wahrheiten sagen:

»Renzo Arbore ist aus Foggia.«
»Renzo Arbore ist ein Sänger.«
»Renzo Arbore ist ein Fernsehstar.«
»Renzo Arbore ist mein Freund.«
»Renzo Arbore ist der Präsident der Disc-Jockeys.«
»Renzo Arbore ist der aus der Bier-Reklame.«
»Renzo Arbore ist ein Regisseur.«
»Renzo Arbore ist Journalist und Publizist.«

Jede dieser Behauptungen stimmt, aber keine kann für sich alleinstehend das Wesen von Renzo Arbore ausdrücken. Wenn ich herumginge und die Leute fragte, welche dieser Aussagen der Vorstellung von Renzo Arbore wohl am nächsten kommt, würden die Befragten mir wahrscheinlich antworten: »Er ist ein darstellender Künstler.« Für mich gilt dies aber nicht, denn für mich ist das wichtigste: »Renzo Arbore ist mein Freund«, denn er wäre ja auch mein Freund, wenn er nicht ein darstellender Künstler wäre. Aber welches ist dann das Wesen von Renzo Arbore? Es kann doch nur dieses sein:

»Renzo Arbore ist Renzo Arbore.«

Und was soll das nun heißen? Daß alles, was Arbore in seinem ganzen Leben bisher getan hat und weiterhin tut (Sänger, Freund, Touristenführer im Kolosseum), von seiner ganz persönlichen Art geprägt ist, und diese seine besondere Art zu sein ist auch sein Wesen. Und auf diese Weise wird ein universales Konzept (etwas tun auf die Art von Renzo Arbore) schließlich ein individuelles Konzept (Renzo Arbore sein).

Aristoteles hat in seiner Sucht, alles zu archivieren, was sich ehrlich gesagt eher auf administrativer als auf philosophischer Ebene vollzog, festgelegt, daß das Seiende die folgenden Bedeutungen haben kann:

- Das Seiende entsprechend den *zehn Kategorien* (die ich weiter unten aufzählen werde).
- Das Seiende als *Akt* oder *Potenz*.
- Das Seiende als *Wahres* oder *Falsches*.
- Das Seiende als *Substanz* oder als *Akzidenz*.

Beginnen wir mit den Kategorien und bitten wir Minister Spadolini, uns, wie zuvor Arbore, als Beispiel zu dienen: wir begegnen ihm im Senat, wo er soeben mit den Sozialisten gestritten hat.

1. *Substanz:* »Spadolini ist Spadolini.«
2. *Quantität:* »Spadolini wiegt über einen Zentner.«
3. *Qualität:* »Spadolini ist Historiker.«
4. *Relation:* »Spadolini ist größer als Fanfani und kleiner als Craxi.«
5. *Ort:* »Spadolini ist im Senat.«
6. *Zeit:* »Spadolini lebt im zwanzigsten Jahrhundert.«
7. *Position:* »Spadolini sitzt.«
8. *Kondition:* »Spadolini ist dunkel gekleidet.«
9. *Aktion:* »Spadolini kratzt sich.«
10. *Passion:* »Spadolini wird gekratzt.«

*Das Seiende ist potentiell* dann, wenn es die Möglichkeit hat, etwas zu werden, das es noch nicht ist. Ein kleiner Junge von sechs Jahren kann *potentiell* ein Fußballspieler, Abgeordneter oder Verbrecher werden. Wenn er dies oder etwas anderes geworden ist, sagen wir, daß er es *tatsächlich aktuell* ist. Ein Baum ist *aktuell* ein Baum, gleichzeitig aber *potentiell* ein Tisch. Eine Pistole, die gerade aus der Fabrik kommt, ist ganz sicher *aktuell* ein metallener Gegenstand, *potentiell* aber auch *corpus delicti;* um es von einem potentiellen in ein aktuelles Werkzeug zu verwandeln, braucht man nur den Hahn zu ziehen und auf den erstbesten Unglücklichen zu zielen, der einem vor den Lauf kommt.

Das Seiende kann als *wahr* oder *falsch* definiert werden. Aber diese Unterscheidung ist mehr eine Frage der Logik als der Metaphysik, daher werden wir erst an anderer Stelle darauf eingehen.

Das Seiende wird als *akzidentiell* betrachtet, wenn das Attribut, das wir ihm beigeben, zufällig ist. Irgendein Satz dieser Art: Luigi ist müde, Carmela ist sonnengebräunt, Filippo ist betrunken, bezeichnet eine besondere Situation des Seienden, die in diesem Augenblick wahr ist, es aber später nicht mehr sein könnte. Man sagt mir, ich dürfe das *akzidentielle* Seiende nicht mit den zuvor angeführten Kategorien in Verbindung bringen. Vielleicht ist es so, ich werde es aber mit Ausnahme der ersten Kategorie trotzdem tun.

Wir haben das Seiende von allen möglichen Gesichtspunkten aus analysiert. Was dagegen das Werdende betrifft, empfiehlt uns Aristoteles, uns jedesmal, wenn wir eine Veränderung beobachten, vier Fragen zu stellen:

1. Was hat sich verändert?
2. Wer hat die Veränderung ausgelöst?
3. Mit welchem Ergebnis?
4. Mit welchem Ziel?

Als Antwort auf diese Fragen schlägt uns Aristoteles vier Ursachen vor:

1. Die *materielle* Ursache.
2. Die *effiziente* Ursache.
3. Die *formale* Ursache.
4. Die *finale* Ursache.

Beispiel Nummer 1: Ein Tischler stellt einen Stuhl her:
1. Die materielle Ursache ist das Holz.
2. Die effiziente Ursache ist der Tischler.
3. Die formale Ursache ist der Stuhl, wie er tatsächlich hergestellt worden ist.
4. Die finale Ursache war der Stuhl, wie ihn der Tischler geplant hatte.

Beispiel Nummer 2: Ein Bildhauer macht eine Statue von Marilyn Monroe:
1. Die materielle Ursache ist der Marmor.
2. Die effiziente Ursache ist der Bildhauer.
3. Die formale Ursache ist die Statue.
4. Die finale Ursache ist Marilyn Monroe selig, wie der Bildhauer sie in Erinnerung hatte.

Beispiel Nummer 3, das ganz untypisch ist: Die Regierung stürzt, und es bildet sich eine neue:
1. Die materielle Ursache sind die wählbaren Abgeordneten.
2. Die effiziente Ursache sind der amtierende Ministerpräsident, die Koalitionsparteien und die Heckenschützen, die die Krise herbeigeführt haben.
3. Die formale Ursache ist das neue Kabinett.
4. Die finale Ursache ist der Kompromiß zwischen allen möglichen Kabinetten, die die verschiedenen Parteien gebildet hätten, wenn sie allein zu entscheiden gehabt hätten. Das Volk hat hier, wie man sieht, überhaupt nichts zu sagen, obwohl es auf Verfassungsebene die eigentliche effiziente Ursache sein müßte.

## *Das aristotelische Konzept der Seele*

Wenn Aristoteles von »Seele« spricht, müssen wir genau unterscheiden: er meint nicht die spirituelle und unsterbliche Seele, wie wir sie kennen, sondern für ihn ist sie ein Bestandteil des Individuums, der sich in drei Teile spaltet, in den *vegetativen, sensitiven* und *rationalen* Teil, und mit dem Körper gleichzeitig geboren wird und stirbt.[3] Zwischen Körper und Seele besteht eine Beziehung Materie–Form, als wäre die Seele die wahre Form des Körpers.[4] Die Frage, ob Körper und Geist ein und dasselbe sind, wäre unsinnig: es ist, als stelle man sich die Frage, ob das Wachs und die Form der Kerze ein und dasselbe sind.[5] Aristoteles glaubt nicht wie Pythagoras und Platon an die Seelenwanderung.[6] Ebensowenig glaubt er an die Unsterblichkeit der Seele, und daran haben alle christlichen Philosophen Anstoß genommen, die ihn zum geistigen Führer der griechischen Welt erwählt hatten.

In der aristotelischen Welt befindet sich ganz unten die seelenlose rohe Materie, also der Körper ohne Form, und an der Spitze der Pyramide steht Gott, der nur noch Form ist ohne Materie. Je höher man gelangt, desto mehr entwickelt sich das Universum aus der Materie bis hin zu Gott, und die Form erhält immer anspruchsvollere Merkmale. Daher gibt es auch drei verschiedene Arten von Seelen: die vegetative Seele, die sensitive Seele und die rationale Seele. Pflanzen haben nur die erste, Tiere die erste und die zweite, der Mensch aber hat alle drei Arten.

Die grundlegenden Eigenschaften der vegetativen Seele sind die Fortpflanzung, die Ernährung und das Wachstum. Auch die Kürbisse, die wir in Neapel *cocozzielli* nennen, haben trotz ihrer scheinbaren Unschuld eine Seele, und dafür müßten sie Aristoteles dankbar sein.

Die sensitive Seele verfügt über die Gefühle, die Lüste und die Bewegung. Sinne haben wir bekanntlich fünf, bei Aristoteles aber zählen zu den Sinnen auch die Lüste: die Eßlust, die Trinklust, die Liebeslust usw.

Die rationale Seele besitzt *potentiell* die Fähigkeit, die reinen Formen zu erreichen (potentielle Intelligenz), *aktuell* aber tut sie das, was sie gerade tut (aktuelle Intelligenz): *potentiell* gesprochen könnte sie Gott erreichen, *aktuell* aber gibt sie sich damit zufrieden, *Dallas* zu kapieren. Die rationale Seele verhält sich wie das Licht. Die Farben sind auch im Dunkeln da, wenn man sie nicht sehen kann: es sind also *potentielle* Farben, die im Licht *aktuelle* Farben werden. Diese Verwandlung ist also dem Licht zuzuschreiben, das heißt der rationalen Seele, die die Farben zum Leuchten gebracht hat.

Alle drei Seelentypen sterben mit dem Körper, sind aber am ewigen Leben durch die Fortpflanzung beteiligt. »Bei allen Lebewesen ist dies die natürlichste Tätigkeit, daß sie ein anderes Wesen ihrer Art erzeugen, also das Tier ein Tier, die Pflanze eine Pflanze. Da nun diese Wesen nicht imstande sind, in stetiger Weise an dem Ewigen und Göttlichen teilzunehmen, weil es nichts Vergängliches gibt, was als ein und dasselbe Wesen der Zahl nach fortbestehen kann, so nehmen sie daran teil, wie es dem einzelnen möglich ist, und jedes Wesen dauert nicht im eigentlichen, sondern im uneigentlichen Sinne als dasselbe Wesen fort, als eins nicht der Zahl, aber der Art nach.«[7]

## *Die Ethik*

Im Mittelpunkt von Raffaels berühmtem Gemälde *Die Schule von Athen* sind, umgeben von fast fünfzig auf einer Freitreppe hingeflegelten Philosophen die beiden Giganten des griechischen Denkens, Platon und Aristoteles, stehend dargestellt, wie sie sich gegenseitig mit strengem Blick messen. Bei genauer Betrachtung kann man erkennen, daß ersterer den *Timaios* unterm Arm hält und mit der rechten Hand gen Himmel weist, während letzterer die *Ethik* in der Hand hat und nach unten deutet. Raffael hatte vermutlich nicht viel Ahnung von Philosophie; aber er hatte wohl von den Gelehrten seiner Zeit gehört, daß der eine ein Idealist und der andere ein Realist gewesen sei, daher wählte er diese sinnbildliche Darstellung.

Dem gleichen Irrtum sind auch viele andere erlegen. Es wäre aber ungerecht, das aristotelische Denken darauf einschränken zu wollen, daß der Stagirit eine Art praktischer Enzyklopädie des richtigen Lebens verfaßt hat. In Wirklichkeit hat er das sogenannte *Transzendente* keineswegs vernachlässigt, sondern im Gegenteil alle philosophischen Disziplinen entsprechend ihrer Wichtigkeit pyramidenförmig aufgebaut, und an der Spitze dieser Pyramide stehen bei ihm die Metaphysik und Gott als erster Antrieb aller Dinge. Zutreffend ist nur, was Giovanni Reale[8] sagt, nämlich daß »Platon nicht nur Philosoph, sondern *auch* Mystiker war, während Aristoteles *auch* Wissenschaftler war.« Abgesehen davon scheint mir Aristoteles genau besehen auf dem Gemälde gar nicht zu Boden zu deuten, sondern doch eher auf Platons Aufforderung mit der offenen Handfläche zu antworten, als wollte er sagen: »Langsam, Platon, übertreibe nicht wie gewöhnlich: sehen wir uns die Sache doch zuerst einmal genau an!«

*Ethos* bedeutet im Griechischen »Verhalten, Gewohnheit, Sitte«, die Ethik ist also die Moral, das heißt die Art und Weise, wie man sich verhalten und wie man handeln muß, was getan werden darf und was nicht, was gut ist und was schlecht.

Was wollen wir im Leben? Das Glück. Dies ist eine Behauptung, die an sich noch nichts aussagt, solange man nicht fähig ist, zu definieren, worin das Glück besteht und was zu tun ist, um es zu erreichen. Für die meisten Menschen bedeutet Glück einfach Wohlleben. Aber ein Leben, das nur aus körperlichen Freuden besteht, warnt Aristoteles, ist das Leben eines Tieres. Manch einer, der etwas mehr erstrebt, glaubt vielleicht, Glück könnte sein, »Ehren« zu genießen, also Reichtum, Macht oder die Symbole der Macht (ein schönes Haus, ein schönes Auto, eine schöne Geliebte usw.) zu besitzen. Doch solche Freuden, wendet Aristoteles ein, sind nur scheinbare Vorteile, denn sie bleiben äußerlich und können den Menschen nicht wirklich »bereichern«.[9]

Für Platon war Glück die Idee des Guten, des »Guten an sich«, wie er es nannte, etwas »Losgetrenntes« also, das eben gerade dadurch, daß es losgetrennt war, auch unerreichbar blieb. Eine solche Definition mag in der Metaphysik noch durchgehen, in der Ethik aber nützt sie, ehrlich gesagt, überhaupt nichts, denn eine Moral, die nicht praktisch ist, ist eben keine Moral, und in dieser Hinsicht war Aristoteles, das muß man schon einräumen, »praktischer« als Platon. Für ihn liegt das Gute darin, die Tätigkeit zu verwirklichen, die uns eigentümlich ist. Was meint er damit? Während das Gute für das Auge ist, zu sehen, und für das Ohr, zu hören, besteht für den Menschen das Gute darin, die Tätigkeiten, die ihm eigen sind, zu erfüllen. Und worin unterscheidet sich denn der Mensch von den anderen Lebewesen? Eben dadurch, daß er eine rationale Seele hat und nicht nur wie die übrigen Tiere eine vegetative und eine sensitive! Daraus also läßt sich folgern, daß das höchste Gute für den Menschen darin besteht, die Vernunft zu gebrauchen.

Hier der Absatz, in dem uns Aristoteles diese seine Moraltheorie kurz erklärt: »Wie für den Flötenkünstler und den Bildhauer und für jeden Handwerker oder Künstler eben in der Leistung der Wert und das Wohlgelungene beschlossen liegt, so ist das auch beim Menschen anzunehmen, wenn es überhaupt eine ihm eigentümliche Leistung gibt. Die bloße Funktion des Lebens ist es nicht, denn die ist auch den Pflanzen eigen. Als nächstes käme das Leben als Sinnesempfindung. Doch teilen wir auch dieses gemeinsam mit Pferd,

Rind und jeglichen Lebewesen. So bleibt schließlich nur das Leben als Wirken des rationalen Seelenteils. Leistung des Kitharaspielers ist das Spielen des Instrumentes, Leistung des hervorragenden Künstlers das vortreffliche Spielen in einem vollen Menschenleben. Denn eine Schwalbe macht noch keinen Frühling. So macht auch nicht ein Tag den Menschen glücklich und selig.«[10]

Versuchen wir jetzt, das Glückskonzept noch mehr auf den einzelnen auszurichten. Was ich weiter vorne über Renzo Arbore sagte, nämlich daß er ein ganz unverwechselbares Wesen habe, ließe sich ebenso auch auf die Ethik übertragen: das höchste Gut für Arbore besteht darin, sich als Renzo Arbore zu verwirklichen. Wenn ich das Prinzip verallgemeinere, heißt das, daß jeder einzelne sich zunächst einmal selbst kennenlernen und sich dann seiner eigenen Natur entsprechend verwirklichen müßte. Beispiel: Nehmen wir an, wir seien Bankdirektoren oder Einbrecher mit Schneidbrenner, dann wird unser Glück vermutlich darin bestehen, eine Filiale gut zu leiten oder in den Safe der Nationalbank einzudringen. Wenn aber der ausgeübte Beruf gar nicht unserer wahren Natur entspricht, sondern wir uns, was weiß ich, in der Vaterrolle viel glücklicher fühlen, dann sollten wir die Bank ein Stündchen Bank sein lassen (im Guten wie im Bösen) und unseren Sohn von der Schule abholen.

Etwas schwieriger sind die Beispiele von Glück bei Menschen, die sich gleichzeitig in mehreren Situationen verwirklichen könnten: sie wollen Schriftsteller, Dirigenten, Väter, Fußballfans und Liebhaber von Isabella Rossellini sein. Ihre Möglichkeiten, glücklich zu werden, sind also erheblich größer; das Entscheidende ist jedoch, sich niemals von der Außenwelt bedingen zu lassen und nur jene Dinge zu erstreben, bei denen man »wirklich« sicher ist, daß man sie erreichen will.

Aristoteles unterscheidet zwischen den *ethischen* und den *dianoetischen* Tugenden.[11] Die ersteren sind Vorzüge des Charakters und mäßigen die Leidenschaften, die letzteren dagegen sind Eigenschaften der rationalen Seele, des Verstandes. Die ethische Tugend ist die richtige Mitte zwischen zwei entgegengesetzten Lastern, nämlich zwischen der übertriebenen Empfindung oder der mangelnden Empfindung.

Dazu hier nun eine Auswahl aus der *Eudemischen Ethik*.[12]

| *Ethische Tugenden* | *Im Übermaß* | *Im Untermaß* |
|---|---|---|
| Gelassenheit | Jähzorn | Phlegma |
| Tapferkeit | Tollkühnheit | Feigheit |
| Scham | Hemmungslosigkeit | Schüchternheit |
| Besonnenheit | Zuchtlosigkeit | Stumpfsinn |
| Recht | Gewinn | Verlust |
| Großzügigkeit | Verschwendung | Knauserei |
| Freundschaftlichkeit | Schmeichelei | Widerwärtigkeit |
| Würde | Unterwürfigkeit | Selbstgefälligkeit |
| Hochsinn | Aufgeblasenheit | Engsinn |
| Großartigkeit | Angeberei | Engherzigkeit |

Wir könnten uns heute andere ethische Tugenden ausdenken, von denen die athenische Gesellschaft des 4. vorchristlichen Jahrhunderts noch nichts ahnte: etwa einem Fußballspiel mit wirklichem Sportsgeist zuzusehen, und dabei weder ein übertriebener Fan zu sein noch überhaupt nichts davon zu verstehen (so merkwürdig es klingt, aber es gibt fast keinen, der fähig wäre, sich ein Fußballspiel mit einem Minimum an sportlicher Fairneß anzusehen und also auch einem Gegner Beifall zu zollen). Oder für oder gegen die Atomkraftwerke zu sein und dabei auch die Argumente der Gegenseite zu bedenken. In ein Restaurant zu gehen, in dem einfach noch gut gekocht wird, und sich nicht entweder für das Toulà oder für McDonald's zu entscheiden.

Die dianoetischen Tugenden sind jene, die die rationale Seele betreffen, und heißen Einsicht (*phrónesis*) oder Weisheit (*sophía*), je nachdem, ob sie sich auf die zufälligen und veränderlichen Dinge oder auf die notwendigen und unveränderlichen Dinge beziehen. Die Einsicht ist praktisch, die Weisheit ist theoretisch.

Sympathisch ist, daß Aristoteles nach diesen Definitionen, die einen doch vielleicht eher unberührt lassen, bestätigt, daß man ja wohl doch auch ein wenig äußere Güter und ein wenig Glück im Leben brauche. Alle sind sich darin einig, daß Reichtum nicht glücklich macht, aber auch mit der Armut ist es in diesem Punkt nicht weit her.

Aristoteles meint dazu folgendes: »Indes gehören zum Glück doch auch die äußeren Güter. Denn es ist unmöglich, zum mindesten nicht leicht, durch edle Taten zu glänzen, wenn man über keine Hilfsmittel verfügt. Läßt sich doch vieles nur mit Hilfe von Freunden, von Geld und politischem Einfluß, also gleichsam durch Werkzeuge erreichen. Ferner: es gibt gewisse Güter, deren Fehlen die reine Gestalt des Glückes trübt, zum Beispiel edle Geburt, prächtige Kinder, Schönheit. Noch weniger kann man von Glück sprechen, wenn jemand ganz schlechte Kinder oder Freunde besitzt oder gute durch den Tod verloren hat. Wie gesagt gehören also zum Glück doch auch freundliche Umstände.«[13]

## *Die Logik*

*Alle schwedischen Mädchen haben lange Beine.*
*Ulla ist ein schwedisches Mädchen.*
*Ulla hat lange Beine.*

Dies ist der berühmte aristotelische Schluß, oder ehrlich gesagt, nicht gerade dieser ist es, aber er ähnelt ihm sehr. In Wirklichkeit sagte Aristoteles:

*Alle Menschen sind sterblich.*
*Sokrates ist ein Mensch.*
*Sokrates ist sterblich.*

Das griechische Verb *syllogízesthai* bedeutet »versammeln«, und in der Tat versammelt der Syllogismus in einem einzigen Satz, *Sokrates ist sterblich*, was im Obersatz *Alle Menschen sind sterblich* und im Untersatz *Sokrates ist ein Mensch* gesagt worden ist. In unserem Fall hier ist das Wort *Mensch* der Mittelbegriff, das heißt, das gemeinsame Element, durch das sich der Schluß bilden läßt.

Als Kinder im Iacopo Sannazzaro-Gymnasium machten wir uns einen Spaß daraus, unseren Philosophielehrer D'Amore damit bis zur Weißglut zu reizen, daß wir dauernd falsche Schlüsse erfanden. Am meisten haben wir über diesen gelacht:

*Sokrates pfeift.*
*Die Lokomotive pfeift.*
*Sokrates ist eine Lokomotive.*

Und dem armen D'Amore sank der Mut. Ich erinnere mich noch genau, wie er schweißtriefend hinter dem Katheder stand und mit einem Papierfächer gegen die Hitze und die Fliegen ankämpfte:

»Sonne, Fliegen und Eseleien!« Und bei dem Wort Eseleien hob er die Augen zum Himmel, als wollte er ihn zum Zeugen anrufen. »Wie immer habt ihr nichts kapiert. Versteht ihr denn nicht, ihr Lümmel, daß man für einen Syllogismus einen Obersatz und einen Untersatz braucht. Ihr habt aber überhaupt keinen Obersatz aufgestellt. Wenn schon, dann hätte es so lauten müssen:

*Alles, was pfeift, ist eine Lokomotive.*
*Sokrates pfeift.*
*Sokrates ist eine Lokomotive.*

»Dann gibt es also die Möglichkeit, daß Sokrates eine Lokomotive ist?« fragte ich.

»Nein, die gibt es nicht«, antwortete er ungerührt. »Aber es gibt die Möglichkeit, daß du Philosophie im Oktober nachmachen kannst.«

Solche Syllogismen oder Schlüsse lassen sich eine Menge bilden. Aristoteles stellte sie sich in großer Vielfalt vor, denn die Prämissen können je nachdem positiv, negativ, kategorisch, möglich, total oder partiell sein. Der Syllogismus mit den schwedischen Mädchen zum Beispiel ist von der ersten Art, die *Barbara* genannt wird, was natürlich nicht der Name eines schwedischen Mädchens ist, sondern eine von den Scholastikern gefundene Bezeichnung für diese Art von Syllogismus. Ein anderer heißt *Darii:*

*Alle Ehrlosen nehmen Schmiergeld.*
*Einige Politiker sind ehrlos.*
*Einige Politiker nehmen Schmiergeld.*

Bei diesem Beispiel ist der Obersatz total und der Untersatz partiell: also kann der Schlußsatz nur partiell sein.

Dann gibt es den *Ferio:*

*Kein Fußballfan ist objektiv.*
*Einige Sportjournalisten sind Fußballfans.*
*Einige Sportjournalisten sind nicht objektiv.*

Und den *Celarent:*

*Hier ist keiner dumm.*
*Alle Neapolitaner leben hier.*
*Kein Neapolitaner ist dumm.*

Was selbstverständlich nicht stimmt, schon deshalb nicht, weil die Prämissen nicht richtig sind. Wir sind nämlich überzeugt, daß die Dummheit ziemlich gleichmäßig über die ganze Welt verteilt ist.

Geradezu unerläßlich ist es wohl nicht, so ganz genau zu wissen, was ein Syllogismus ist. Im allgemeinen geht es um grundlegende Überlegungen, die auch Analphabeten anstellen, ohne zu wissen, daß sie damit einen Syllogismus gebildet haben. Für Aristoteles hingegen ist es ein so wichtiges Thema, daß er darüber eine Reihe von Werken verfaßt hat: die *Erste Analytik,* in denen es um die verschiedenen Figuren geht; die *Zweite Analytik,* die den wissenschaftlichen Schluß beschreibt; die *Topik,* die den dialektischen Schluß behandelt und schließlich die *Sophistischen Trugschlüsse.* Von ihrer Lektüre wird abgeraten.

## *Die Poetik*

Auch zur Dichtkunst wollte Aristoteles seinen Beitrag leisten, und wie gewohnt, hat er auch hier versucht, die verschiedenen literarischen Gattungen in Kategorien einzuteilen, um alle Autoren auf ewig systematisch zu erfassen. Die Gattung »Verschiedenes«, die heute bei jeder besseren Meinungsumfrage vorgesehen ist, gab es bei ihm nicht. Schade: es wäre ihm wohl doch schwergefallen, Roberto d'Agostino, Giorgio Forattini, Jane Fonda und die Michelin-Führer in einen Topf zu werfen.

In seiner *Poetik* erfaßt Aristoteles so ziemlich alle »produktiven Wissenschaften« des Menschen und sagt: »Das menschliche Herstellen bringt Gebilde der Natur teils zum Abschluß; teils bildet es Gebilde der Natur nach.«[14]

Die Dinge, die die Natur nicht herstellen kann, sind die Gebrauchsgegenstände (Stühle, Autos, Geschirrspülmaschinen), die anderen dagegen sind die »schönen Künste« (Bilder, Skulpturen, Dramen), die aus einer Nachahmung der Natur entstehen.

Bei der Unterscheidung der verschiedenen Arten von dramatischen Werken (Tragödie, Komödie, Epik usw.) nimmt Aristoteles kein Blatt vor den Mund, wenn es um die Komiker geht. Der Philosoph schreibt: »Tragödie (ist) Nachahmung einer Handlung würdig bedeutenden Inhalts in künstlerisch gewürzter Sprache, vorgeführt von gegenwärtig handelnden Personen.«[15] Aber: »Die Komödie ist eine Nachahmung schlechterer Charaktere, von dem hier in Rede kommenden Häßlichen gehört ein Teil in das Gebiet des Lächerlichen.«[16] Mehr wußte er über die Komödie nicht zu sagen.

Diese Abwertung des Komischen beginnt bei Aristoteles und hat seither alle jene betroffen, die irgend etwas Unterhaltendes hervorgebracht haben.

Der Vorwurf ist um so ungerechter, wenn man bedenkt, daß wir das meiste von dem, was wir über die Griechen wissen, Aristophanes und Menander verdanken und ganz gewiß nicht Aischylos, Sophokles und Euripides. Genauso wie unsere Nachfahren im Jahre dreitausend aus den Filmen Sordis gewiß sehr viel mehr über die Gewohnheiten der Italiener im zwanzigsten Jahrhundert würden erfahren können als aus denjenigen Antonionis.

Genau ins Bild dieser komikerfeindlichen Gesinnung paßt auch die Entscheidung, das Totò gewidmete Denkmal in der Villa comunale von Neapel nicht zu errichten, weil es von der

Baukommission nicht abgesegnet worden ist. Trotz der Zustimmung der Bevölkerung und obwohl der Entwurf angenommen worden war, hat die Kommission die Aufstellung des Denkmals jetzt mit folgender Begründung abgelehnt: »Das Werk wirkt störend innerhalb einer historisch gefestigten Landschaft. Vor allem wird die Aufstellung neben den anderen Statuen als unästhetisch empfunden.«[17]

Das Schönste ist, daß der große neapolitanische Komiker dieses Veto schon 1964 vorhergesehen hatte und damals ein sehr schönes Gedicht schrieb, das den Titel trägt *'a livella*[18]. Darin streitet der Geist eines Marchese mit dem Geist eines Straßenkehrers. Die beiden Verstorbenen waren von ihren jeweiligen Familien dicht nebeneinander begraben worden, und der Marchese kann diese Gemeinschaft nicht dulden: er fordert das Skelett des Straßenkehrers auf, sich ein paar Meter zu verziehen, damit der soziale Abstand gewahrt bleibt. Der Ärmste bittet zunächst um Entschuldigung für das unbesonnene Verhalten seiner Verwandten, dann verliert er aber die Geduld und ruft aus: »Marchese, überlassen wir diese Narrenpossen doch den Lebenden, wir sind jetzt ernsthafte Leute: wir sind tot!«

Zum Glück entwickelt sich der Komiker mit der Zeit zum Klassiker, während der Dramatiker, wie Flaiano sagt, oft langsam aber sicher, ins Komische abgleitet.[19]

## *Die Aristoteliker*

Ein kurzes Wort über die Nachfolger des Aristoteles: Theophrast, Straton und Lykon. Unter ihnen entwickelt sich das Lykeion in eine regelrechte wissenschaftliche Universität und verliert den Reiz eines Begegnungsortes von peripatetischen Gesprächspartnern: zweitausend Schüler, Lehrprogramm, festangestellte Lehrkräfte und angelerntes Wissen bis zum Äußersten. Es ist jetzt immer mehr von der Natur und immer weniger von der Metaphysik die Rede. Vor allem Theophrast bringt die aristotelische Philosophie teils wegen seiner Leidenschaft für die Botanik, teils aber auch auf Grund eines gewissen Mißtrauens gegenüber allem Theoretischen auf eine vorsokratische Ebene zurück. Es wird jetzt wieder vom *nous* gesprochen, vom Geist als unfaßbare Materie und von mechanistischer Kosmologie. Man braucht nur einen Blick auf die Titel der Werke Theophrasts zu werfen, um zu erkennen, daß Transzendenz nun nicht mehr gefragt ist. Hier einige davon: *Über die Müdigkeit, Über den Schweiß, Über die Haare, Über den Schwindel, Über die Ohnmacht, Über das Ersticken, Über die Steine, Über den Honig, Über das Lächerliche, Über den Wein und das Öl.*

In seinem Buch *Über den Charakter des Abergläubischen* beschreibt uns der Philosoph den Tageslauf eines Atheners: morgens geht er an den Brunnen des Tempels, um sich dort die Hände zu waschen, weil es heißt, daß das Wasser dort reiner sei und Glück bringe; dann nimmt er ein Lorbeerblatt in den Mund, um sich des Wohlwollens Apollos zu vergewissern; wenn eine Maus ihm über Nacht den Brotbeutel durchlöchert hat, geht er nicht zum Schuster, um ihn wieder flicken zu lassen, sondern er begibt sich zu einem Seher, um zu erfahren, welchen Gott er beleidigt hat und wem er ein Opfer bringen muß; wenn er außerhalb der Mauern zu Fuß geht, achtet er darauf, nie auf einen Grabstein zu treten; er kann den Anblick der Karren nicht ertragen, auf denen die Leichen transportiert werden, und wenn er zufällig einem Epileptiker oder einem Verrückten begegnet, gerät er in Panik und spuckt auf sich selber und macht Beschwörungen.

Wie man sieht, ist Theophrasts Beitrag über den Aberglauben auch nach 2400 Jahren noch immer aktuell.

Theophrast, Sohn des Melantas, wurde 370 v. Chr. in Eresos auf Lesbos geboren.[20] Er war zuerst Schüler Platons, dann wandte er sich Aristoteles zu. Er stand bei den Athenern in hohem Ansehen und hatte sehr viele Schüler, darunter auch seinen Sklaven Pompylos, der ebenfalls Philosoph war, sowie den Komödiendichter Menander. Anscheinend hat er sich in fortgeschrittenem Alter in Nikomachos, den Sohn des Aristoteles verliebt. Alle diese Illustrierten-Skandalgeschichten verdanken wir Pseudo-Aristippos, der ein Werk *Über die Wollust der Alten* schrieb. Theophrast leitete das Lykeion gut und gern 35 Jahre lang, von 322 (Flucht des Aristoteles nach Chalkis) bis zu seinem Tod 287. An wirklich Bedeutendem hinterließ er zwei Werke: *Untersuchung über die Pflanzen* in neun Bänden und *Ursachen der Pflanzen* in sechs Bänden. Er starb im Alter von dreiundachtzig Jahren.

Straton, genannt der Physiker, setzte das positivistische Werk Theophrasts fort. Für ihn waren warm und kalt aktive Prinzipien, und alles, was auf der Welt geschah, hatte für ihn einen natürlichen Grund. Die Seele war also nur ein materielles Pneuma. Als junger Mann überredete er gemeinsam mit einem anderen Aristoteliker, einem gewissen Demetrios von Phaleron, König Ptolemaeos, in Alexandria eine Schule zu eröffnen: das Museion. Nach dem Tode Theophrasts kam er nach Athen und übernahm dort die Leitung des Lykeion.

Nach dem Bericht des Diogenes Laertios war er abgezehrt und zwar so sehr, daß er starb »ohne es zu merken«.[21]

Nach Straton ging die Leitung des Lykeion an Lykon, den Sohn des Astyanax, über. Von ihm wissen wir nur, daß er sehr beredt war, die Knaben liebte und sich äußerst sorgfältig kleidete. Es erscheint uns etwas zu wenig, um damit in die Geschichte einzugehen.[22]

1 Das Leben des Aristoteles ist ausführlich erzählt bei Diogenes Laertios, op. cit., v. Buch, 1. Kapitel.

2 Im Griechischen bedeutet ›perípatos‹ soviel wie ›umhergehen‹.

3 »Es ist offenbar, daß die Seele untrennbar zum Körper gehört, denn die Tätigkeiten einiger ihrer Teile stellen den *Akt* der entsprechenden Teile des Körpers dar.« (Aristoteles, *Über die Seele*, 413 a)

4 Aristoteles, *a.a.O.*, 414a

[5] *ebd.*, 412b

[6] »Das Absurde sowohl der Lehre des *Timaios* (...), als auch jener der Pythagoreer ist, daß die Seele in jedweden Körper eintreten könnte.« *(ebd.*, 407 b)

[7] *ebd.*, 415 b.

[8] Giovanni Reale, *Storia della filosofia antica*, Mailand 1983, Bd. II, S. 257

[9] Aristoteles, *Nikomachische Ethik*, I, 5, 1095b, 24–26

[10] *ebd.*, I, 7, 1097b–1098a, passim

[11] Aristoteles, *Nikomachische Ethik*, I, 13, 1103a 7

[12] ders., *Eudemische Ethik*, II, 3

[13] ders., *Nikomachische Ethik*, I, 8, 1099a 31–b7

[14] ders., *Physik*, II, 8, 199a

[15] ders., *Poetik*, 6, 2

[16] *ebd.*, 5,1

[17] Siehe *Il Mattino* vom 2. 8. 1986, S. 19

[18] Totò, *'a livella*, Neapel 1964

[19] Ennio Flaiano, *Frasario essenziale per passare inosservati in società*, Mailand 1986, S. 22 (zu deutsch etwa: »Geflügelte Worte, die man wissen sollte, um nicht aufzufallen«)

[20] Diogenes Laertios, *a. a. O.*, V, 36

[21] *ebd.*, V, 60

[22] *ebd.*, V, 65

VII

# *Salvatore Palumbo*

»Mein lieber Di Costanzo ...«[1]

»De Crescenzo«.

»Mein lieber De Crescenzo, nehmen Sie es mir nicht übel, aber diese Beispiele für angeblich typisch neapolitanisches Verhalten, die Sie mir da erzählt haben, sagen mir gar nichts. Sie wissen ja, wie ich denke: als Aristoteliker glaube ich an die ›gerechte Mitte‹, an den Mittelwert aus einer großen Zahl von Fällen, an Prozentsätze, an Statistiken. Wenn Sie mir Zahlen zu bieten haben, dann bitte: mit denen kann ich was anfangen. Aber diese Geschichtchen, nein wissen Sie, die will ich gar nicht hören!»

*»Prufessò!«* schreit Tonino mit dem Anker in der Hand vom Bug des Bootes her. »Ist es Ihnen hier recht? Ich lass' das Eisen fallen.«

Wir befinden uns inmitten der Galli-Inseln vor der amalfitanischen Küste. Die Galli sind eigentlich eher drei Klippen als Inseln und nur ein paar Meilen von Positano entfernt. Ein heißer Tag, das Meer ist glatt, der blaue Himmel so hell, daß er fast schon grau wirkt, nicht eine Wolke am Horizont. Nicht der kleinste Windhauch. Professor Palumbo, Mathematiklehrer am Giambattista Vico-Gymnasium, hat ein Boot gemietet, zweihunderttausend Lire für den Tag, Mittagessen inbegriffen. Außer dem Schiffer befinden sich fünf Personen an Bord: Palumbo, seine Frau, die Tochter Michela und ihre Freundin Serena, eine Biologiestudentin, und ich. Zweihunderttausend Lire für einen Tag auf See sind eine ungewöhnlich hohe Ausgabe für einen Gymnasiallehrer.

»Einmal kann man es ja machen«, sagt der Professor seufzend. »Meine Tochter war in Rom drei Monate Gast bei Serenas

Familie. Jetzt bin ich an der Reihe. Schließlich muß ich diesem Mädchen doch auch irgend etwas bieten!«

Wir sind alle in Badehosen, nur Palumbo ist vollständig bekleidet.

»Professore«, fragt Tonino, »ziehen Sie sich denn nicht aus?«

»Nein.«

»Und warum nicht?«

»Weil ich es so will«, antwortet der Professor schlechtgelaunt und bedeckt seinen Schädel mit einem Taschentuch. »Ich hasse die Sonne, das Meer und den Sand. Ich will nicht baden und ich will nicht braun werden. Ich finde es idiotisch, sich auf einem Boot auszustrecken und stundenlang bewegungslos wie ein dürrer Feigenbaum zu verharren. Ich habe nie begriffen, warum die Menschen sich, wenn es heiß ist, in die Sonne legen, und wenn es kalt ist, dahin gehen, wo es Schnee hat. Meiner Meinung nach müßten sie es gerade umgekehrt machen.«

Michela springt ins Wasser, taucht gleich wieder auf und fordert Serena auf, es ihr gleichzutun.

»Spring rein, Serena, das Wasser ist herrlich!«

Das Mädchen ist unentschlossen, sie weiß nicht so recht, ob sie den Sprung wagen soll, und sieht ängstlich ins Wasser.

»Ich habe Angst vor Haien«, gesteht sie. »Bevor wir abgefahren sind, hat ein Junge in Positano zu mir gesagt, daß diese Meeresgegend hier ›Dreieck der Haie‹ genannt wird.«

»Alles Quatsch«, ruft der Professor aus, »es gibt überhaupt keine Haie!«

»Hier bei den Galli-Inseln?« fragt Serena.

»Weder bei den Galli-Inseln noch sonst irgendwo im italienischen Meer«, erwidert Palumbo.

»Was meinen Sie mit ›es gibt keine‹?«

»Ist dir je ein Mensch begegnet, der von einem Hai gebissen wurde? Kannst du mir auch nur einen einzigen Namen nennen? Nein? Also das bedeutet dann doch wohl, daß es überhaupt keine Haie gibt. Dagegen könnte ich mir vorstellen, daß du sehr viele Leute kennst, die einen Autounfall gehabt haben. In Italien gibt es Jahr für Jahr zweihunderttausend Tote und Verletzte. Aber darüber machst du dir keine Gedanken, du fährst mit dem Auto von Rom nach Positano und hast keine Angst. Dann kommst du hierher und legst dich mit einem armen Tier an, das bis zum Beweis des Gegenteils noch keinen einzigen Menschen umgebracht hat. Das zeigt doch nur, daß du keinen Sinn für Statistik hast!«

»Ja, aber der Hai...«, wirft Serena zaghaft ein.

»Der Hai ist ein Film und nicht eine Tatsache«, schreit Palumbo. »Tatsache dagegen ist, daß du diesen Hai in deinem Kopf hast, in deinem tiefsten Unterbewußtsein, genauso wie du dich vor Gespenstern und wer weiß was für Blödsinn sonst noch fürchtest.«

»Was, nicht einmal mehr Gespenster soll es geben?« mischt sich Signora Assunta, die Frau des Professors, ein.

»Ganz richtig. Nicht einmal Gespenster gibt es. Für sie gilt genau das gleiche wie für die Haie. Hast du je einen Menschen kennengelernt, der zu dir gesagt hat: ›Stellen Sie sich vor, heute nacht, als ich schlief, sind zwei Gespenster gekommen und haben mir eine runtergehauen‹?«

»Und was ist dann mit den spiritistischen Sitzungen? Den Möbeln, die verrücken? Den Medien, die mit veränderter Stimme sprechen?« fragt die Signora zurück. »Salvatò, du kannst doch nicht bestreiten, daß es das Jenseits gibt!«

»Daß es das Jenseits gibt, steht auf einem andern Blatt«, erwidert der Professor, »das hat mit den Gespenstern überhaupt nichts zu tun! Wenn es die wirklich gäbe, dann könnte doch kein Mörder mehr ruhig schlafen. Stell dir nur einmal einen Nazi vor, der ein paar tausend Menschen umgebracht hat. Was glaubst du, wieviel Gespenster es dem zeigen würden, wenn sie nur könnten!«

»Was hat das damit zu tun?« widerspricht die Signora. »Das sind eben Geister, die können sich nur zeigen, aber nicht handeln.«

»Und warum soll man dann vor ihnen Angst haben?« fragt der Professor. »Ja, im Gegenteil, es könnte doch sogar interessant sein, einem zu begegnen und so aus erster Hand etwas übers Jenseits zu erfahren. Ich habe aber leider noch keinen einzigen gesehen.«

»Wenn ich also richtig verstanden habe«, mische ich mich ein, um das Thema von vorhin wieder aufzunehmen, »dann verneinen Sie mit dem gleichen Kriterium auch, daß es eine typisch neapolitanische Wesensart gibt. So wie es keine Geister gibt, gibt es für Sie auch keine Neapolitaner.«

»Nein, nein Di Costanzo, das habe ich nicht behauptet...«

»De Crescenzo.«

»Ach ja, De Crescenzo. Entschuldigen Sie, daß ich Ihren Namen immer falsch sage, aber Sie müssen wissen, daß ich einen Schulkameraden hatte, der Di Costanzo hieß, und so...«

»Das macht nichts«, erwidere ich mit heuchlerischer Höflichkeit. »Und überhaupt, wenn Ihnen das besser gefällt, können Sie mich ruhig auch Di Costanzo nennen. Aber sagen Sie mir nun, was ist also für Sie das typisch Neapolitanische?«

»Nehmen Sie's mir nicht übel, De Crescenzo, aber wenn mir eine Frage auf die Nerven geht, dann eben gerade diese: was ist das typisch Neapolitanische? Ich schwöre Ihnen, ich kann's nicht mehr hören! Die einzige brauchbare Antwort war die, die Domenico Rea einmal gegeben hat: ›Ich weiß es nicht.‹ Er hatte recht. Ich kann es Ihnen in zwei Minuten sagen: wenn wir unter typisch neapolitanisch das verstehen, was die neapolitanische Wesensart von der eines anderen Volkes unterscheidet, dann möchte ich doch gerne wissen, wie man eine so vielschichtige und widersprüchliche Wirklichkeit wie die der neapolitanischen Bevölkerung definieren soll! Wenn ich schon diese saublöden Intellektuellen höre...«

»Salvatò, die Mädchen!« protestiert Signora Palumbo.

»Wenn ich schon diese blöden Intellektuellen höre«, fährt der Professor etwas leiser fort, »die von Folklore, Mandolinen und Exzentrikern daherreden, die würde ich mir am liebsten schnappen, glauben Sie mir! Die würde ich zwingen, einmal in einer neapolitanischen Gasse zu leben, damit sie endlich einmal begreifen würden, wie das Volk wirklich ist, wie es aussieht und welches seine moralischen Werte sind. Und dann würde ich sie fragen, ob sie vielleicht irgendwo eine Mandoline zu Gesicht bekommen haben. Ich lebe jetzt schon fünfzig Jahre in Neapel, aber ich habe noch nirgends eine Mandoline gesehen. Gott allein weiß, wer dieses Gerücht mit den Mandolinen aufgebracht hat. Ich sage nur eines: wenn einer noch nie in seinem Leben in einem neapolitanischen Souterrain gegessen hat, wie kann er sich da erlauben, überhaupt den Mund aufzutun! Das Schlimme ist, wenn in Genua, Turin oder Velletri irgend etwas Lustiges passiert, so ist es eben nur etwas Lustiges, in Neapel ist es aber immer gleich etwas typisch Neapolitanisches. Und dann muß man die lustigen Anekdoten ja auch danach unterscheiden, ob sie ironisch sind oder nicht. Naja, denn wenn einer, der darüber urteilen soll, keinen Sinn für Ironie hat, werden sie doch gleich zu Karikaturen. Und so wird alles in einen Topf geworfen: die angebliche Fröhlichkeit, die Kunst, sich zurechtzufinden, der schwach entwickelte Gemeinsinn, die Geselligkeit, der Familienkult, der Fluch, sympathisch zu sein, die Unwissenheit. Von Neapel, mein lieber Di Costanzo, kann man alles und das Gegenteil von allem behaupten. Ich könnte jetzt zum Beispiel behaupten, daß die Neapolitaner zusammenhalten, und man würde mir glauben. Wie oft haben wir schon gehört, daß Neapel nicht wie New York ist, daß, wenn hier einer auf der Straße hinfällt, gleich alle angelaufen kommen, um ihm zu helfen. Das Schlimme ist nur, daß ebenso genau das Gegenteil behauptet wird, daß nämlich heute einer in einer Gasse überfallen wird und dann kein Mensch kommt und ihm beispringt. Wir wollen nicht wahrhaben, daß Neapel groß ist, riesengroß: drei, vier, fünf Millionen Einwohner, ich weiß nicht genau wieviel, weil ich schon gar nicht mehr weiß, wo es anfängt und wo es aufhört: von Pozzuoli bis Castellammare di Stabia haben wir doch ein einziges Häusermeer. Verschiedene Völker, verschiedene Dialekte, verschiedene Kulturen. Etwas Allgemeines läßt sich da doch unmöglich sagen.«

»Ja, aber gerade mit Ihrer These eines Mittelwerts der Meinungen müßte man doch die eine Art herausfinden, die wir als typisch neapolitanische Wesensart definieren könnten.«

»Hören Sie, De Crescenzo...«

»Danke.«

»Es gibt ganz sicher einen Mittelwert, der vielleicht schwierig zu berechnen ist, aber es gibt ihn. Nur besteht bei einer Frage, die so von den Meinungen abhängt, immer die Gefahr, daß derjenige, der sein Urteil abgeben soll, es vielleicht sogar in bester Absicht in die Richtung lenkt, in der er es gern haben möchte. Wie schon Tacitus sagte: *fingunt et credunt.* Wir müssen uns also mit dem Mittelwert der Mittelwerte zufriedengeben.«

»Das verstehe ich nicht.«

»De Crescè, hören Sie zu: Vor zehn Jahren hat Antonio Ghirelli vielleicht zwanzig neapolitanische Intellektuelle gebeten, auf drei Fragen zu antworten: Gibt es die typisch neapolitanische Wesensart, worin besteht sie, und gibt es sie noch.[2] Jeder äußerte seine Meinung, und es kamen die unterschiedlichsten Antworten heraus. Die einen hoben sie in den Himmel, die anderen hatten nur Verachtung für sie übrig, wieder andere zitierten die üblichen: Vico, Croce und wie sie alle heißen, oder hoben vor allem den mangelnden Gemeinsinn der Bevölkerung hervor. Dabei schien, wenn man sie so hörte, jeder ganz aufrichtig zu sein. Da wurde mir klar, daß alle diese Antworten richtig waren, daß das wahre Neapel sowohl die verzweifelte Stadt Luigi Compagnones war, als auch jene ›Unterwasserstadt‹ Raffaelle La Caprias, die ganz an den nautischen Klub und an die Klippen von Donn'Anna gebunden ist, wo er seine schöne Jugend verbracht hatte. Ich konnte nicht verlangen, daß eine verschlossene schwierige Frau wie die Ortese die gleiche Meinung über die Stadt hatte wie ein Giuseppe Marotta, der sie nur durch die nostalgische Brille seiner Erinnerungen sah. Am Ende kam ich zu dem Schluß, daß sowohl die Ortese als auch Marotta das Recht hatten, von ihrem Neapel zu erzählen, denn gerade während sie davon erzählten, wurde ja ›jenes Neapel‹ das wahre Neapel.«

»Wenn ich also richtig verstanden habe, kommt es nicht auf die historische Wirklichkeit an, sondern nur auf die poetische.«

»Genau. Borges bringt einen schönen Vergleich«, fährt Palumbo fort. »Neapel wäre demnach ein Schlegel, wie man ihn zum Gongschlagen benutzt. Der Schlegel bleibt immer derselbe, aber der Ton, der entsteht, ist immer wieder anders, weil immer wieder auf andere Becken eingeschlagen wird.«

»Und diese verschiedenen Becken wären demnach wir?« frage ich. »Mit anderen Worten spielen wir also nicht selber, sondern es wird mit uns gespielt.«

»Ja, und um eine Vorstellung davon zu bekommen, was das neapolitanische Wesen ist, müssen wir uns mit der ›gerechten Mitte‹ der hervorgebrachten Töne zufriedengeben.«

»Was meinen Sie damit?«

»Ingegnere, nehmen wir einmal an, ich kenne Sie nicht und die einzige Möglichkeit, Sie kennenzulernen, wäre die, Ihre engsten Freunde nach ihrer Meinung zu fragen, was käme dabei heraus? Der eine würde sagen: ›Wissen Sie, der Ingenieur ist soundso.‹ Dann käme ein anderer und würde sagen: ›Nein nein, so ist er nicht, er ist vielmehr so.‹ Und am Ende ziehe ich als guter Mathematiklehrer aus all den Meinungen den Mittelwert und sage ›Bitte, also Di Costanzo ist so!‹«

[1] Maurizio Costanzo: populärer italienischer Journalist und Showmaster. (A. d. Ü.)

[2] Antonio Ghirelli, *La Napoletanità*, Napoli 1976

VIII

# *Epikur*

Für die einen war er der Beste, für die anderen der Schlimmste. Mal wurde er als ausschweifender gottloser Weiberheld, mal als Heiliger und Prophet dargestellt. Cicero haßte ihn, Lukrez betete ihn an. Selbst der Begriff »Epikureer« ist schon immer falsch gedeutet worden. In den größten Enzyklopädien findet man den Epikureer als einen Menschen definiert, »der ein Leben in Wohlstand führt und sich den Vergnügungen hingibt« oder »ein sinnlicher Schlemmer und Genießer« ist. Für uns aber, die wir seine Schriften gelesen haben, ist er ein sittenstrenger Mensch, der am Abend nur wenig ißt, um nicht mit vollem Magen schlafen zu gehen. In einem Brief an einen Schüler schreibt Epikur: »Mein Körper strömt über vor Leichtigkeit, wenn ich von Brot und Wasser lebe, und ich spucke auf die Freuden des prachtvollen Lebens, nicht ihrethalben wohlgemerkt, sondern wegen der Beschwerden, die sie mit sich bringen.«[1]

In einem anderen Brief bittet er einen Freund: »Schicke mir kythnischen Käse, damit ich, wenn ich Lust dazu habe, einmal recht schwelgen kann.«[2]

Unter diesen Voraussetzungen fühlen wir uns gedrängt, mit der Rehabilitation des Philosophen zu beginnen.

Epikur wurde 341 v. Chr. im Zeichen des Wassermanns nicht in Athen, sondern auf Samos geboren. Er war aber kein Fremder, denn seine Eltern stammten aus Athen (Neokles und Chairestrate kamen aus dem Demos Gargettos, einem der volkstümlichsten Viertel Athens), und er hatte seine ganze Jugend in einer Gemeinde verbracht, in der nur Athener lebten. Elf Jahre vor seiner Geburt nämlich hatten zweitausend Arbeitslose, zu denen auch seine Eltern gehörten, von der Athener Regierung das Recht erhalten, auf der Insel Samos eine Kolonie zu gründen, wozu sie zunächst einmal die bisherigen Bewohner verjagen mußten.[3]

Epikur wurde als zweiter von vier Brüdern geboren. Sein Vater war Schullehrer und hat ihn angeblich immer zum Unterricht mitgenommen. Außerdem wurde er als Vierzehnjähriger oder nach anderen Berichten[4] sogar schon als Zwölfjähriger durch den Platoniker Pamphilos, der auf Samos lebte, in das Studium der Philosophie eingeführt. Anfangs hatte sich der Junge an der öffentlichen Schule eingeschrieben, doch hielt er es dort anscheinend nur wenige Minuten aus. Sextus Empiricus beschreibt uns seinen ersten Schultag so:[5]

»Am Anfang entstand das Chaos«, sprach der Lehrer zu den Schülern.

»Und woraus entstand es?« fragte Epikur.

»Das können wir nicht wissen: dies ist eine Frage, mit der sich die Philosophen beschäftigen.«

»Und wozu soll ich dann hier meine Zeit verlieren?« erwiderte Epikur. »Dann gehe ich doch lieber gleich zu den Philosophen.«

Mit achtzehn wird er nach Athen einberufen, um dort die Ephebie, nämlich den Wehrdienst, abzuleisten. Einer seiner Kameraden ist der Komödiendichter Menander. Wir befinden uns im Jahre 323: Xenokrates lehrt an der Akademie und Aristoteles bringt seine Weisheit und seine Begriffslehre an der peripatetischen Schule unter die Leute. Es ist durchaus denkbar, daß der Soldat Epikur gelegentlich an ihrem Unterricht teilnahm. »Xenocratem audire potuit«, schreibt Cicero (möglicherweise hörte er Xenokrates).[6] Merkwürdigerweise wollte der Philosoph aber diese seine ersten scholastischen

Erfahrungen später nie zugeben: er schätzte seine Kollegen, außer vielleicht Anaxagoras und Demokrit, nicht gerade besonders.

In der Zwischenzeit stirbt Alexander der Große, und es gelingt den Bewohnern von Samos auch mit Hilfe des neuen makedonischen Königs Perdikkas, ihre Insel zurückzuerobern und die Athener, darunter auch Epikurs Eltern, übers Meer zu verjagen. Aus Sorge um seine Angehörigen begibt sich der Philosoph nach Kolophon, wo er sie auch wiedertrifft und dann gemeinsam mit seinen Brüdern Neokles, Chairedemos und Aristobulos und mit seinem Sklaven Mys die erste epikureische Gruppe bildet.

Zu jener Zeit lehrt in Theo, ganz in der Nähe von Kolophon, ein gewisser Nausiphanes, Anhänger Demokrits, Philosophie. Da er sich leidenschaftlich für die Atomismuslehre begeistert hat, beschließt Epikur, zu ihm zu gehen und bei ihm zu hören. Aber genau wie für Pamphilos und Xenokrates findet er auch für Nausiphanes keine anerkennenden Worte: er bezeichnet ihn als »Meerlunge, ungebildeten Gesellen und Hurer«.[7] Wer weiß, warum Epikur, der einfachen Menschen und Frauen gegenüber so sanft und höflich war, Intellektuellen und vor allen Platonikern und Aristotelikern gegenüber einen so giftigen Ton anschlug. Wahrscheinlich wollte er eben als Autodidakt gelten und sich keinem anderen Denker verpflichtet fühlen.[8]

Gemeinsam mit seinen Brüdern und dem Sklaven Mys zieht er als Zweiunddreißigjähriger nach Mytilene und eröffnet offiziell die erste epikureische Schule. Aber der Anfang ist sehr schwierig: die platonischen Sekten sind zu stark, außerdem sind sie politisch zu aktiv, um Schulen zu dulden, die die Jugendlichen von Religion und Politik abbringen könnten. Epikur läßt sich nicht entmutigen. In Lampsakos macht er einen neuen Versuch, und nach fünf Jahren in der Provinz landet er im Jahre 306 in Athen, wo er sich endgültig durchsetzt. Von nun an sind der Verbreitung des Epikureismus keine Grenzen mehr gesetzt. Er findet Anhänger in ganz Griechenland, in Kleinasien, Ägypten und Italien. Diogenes Laertios sagt: »Seine Freundesschar ist so groß, daß selbst ganze Städte sich nicht mit ihr messen können.«[9]

In Athen kauft Epikur für achtzig Minen ein Haus und einen Garten im Grünen, und gerade dieser Garten wurde zum Kennzeichen der Schule und gab ihr den Namen. Die Epikureer wurden von nun an »jene mit dem Garten« genannt, auch wenn in diesem Garten in Wirklichkeit statt Blumen vor allem Kohl, Rüben und Gurken wuchsen.

Eine Schule, die auf Freundschaft gegründet war, mußte natürlich kostenlos sein. Der Garten wurde von Leuten aus allen sozialen Schichten besucht: von Männern und Jungen, Metöken und Sklaven, vornehmen Athener Bürgern und schönen Hetären. Daß auch Frauen Zugang hatten, löste sofort einen Skandal aus. Böse Zungen setzten das Gerücht in Umlauf, daß Epikur und Metrodor mit fünf Hetären zusammenlebten, nämlich Leontion (Leontinchen für den Meister), Mammarion, Hedia, Erotion und Nikidion, mit denen sie das Lager teilten![10] Vor allem Cicero nannte die Schule »einen Garten der Lüste, in dem die Schüler sich erlesenen Genüssen hingeben.«[11]

Epikurs Schicksal verlief wirklich merkwürdig. Die unzähligen Stimmen, die sich in der Antike gegen ihn erhoben, waren ebenso verleumderisch wie absurd. Ein Stoiker, ein gewisser Diotimos, schrieb einmal fünfzig obszöne Briefe, die er alle mit Epikurs Namen zeichnete, nur um ihn in Verruf zu bringen. Poseidonios, ein anderer Stoiker, erzählte, er habe seinen jüngeren Bruder zur Prostitution verleitet. Theodoros beschuldigt ihn im vierten Buch *Gegen Epikur*, sich zusammen mit Themista, der Frau des Leonteos, zu betrinken. Timon bezeichnet ihn als einen »Verehrer des Bauches«.[12]

Timokrates schreibt, er habe sich zweimal am Tag erbrochen, um wieder neu essen zu können.[13] Plutarch erzählt in einem Buch mit dem Titel *Non posse suaviter vivi secundum Epicurum,* daß er ein Tagebuch geführt habe, in dem er genau aufschrieb, wie oft und mit wem er das Lager teilte.[14]

Die Epikureer wurden richtiggehend religiös verfolgt, woran vor allem die Stoiker schuld waren, die mit allen Mitteln versuchten, sie anzuschwärzen. In Messenien erteilten die Timuchen – die Machthaber der Stadt – den Soldaten Befehl, alle Anhänger Epikurs zu verjagen und ihre Häuser auszuräuchern, um sie zu reinigen. In Kreta wurden einige arme Teufel unter der Anklage, eine verweiblichte und götterfeindliche Philosophie zu verbreiten, ins Exil geschickt, nachdem man sie zuerst mit Honig bestrichen hatte und dann den Fliegen und Mücken überließ. Wenn einer von ihnen gewagt hätte, zurückzukehren, wäre er in Frauenkleidern von einem Felsen hinabgestürzt worden.[15]

Was die anderen so gegen den Epikureismus aufbrachte, war seine Verachtung für die Politiker und seine demokratische Haltung den niederen Schichten gegenüber. Epikur übte Freundschaft in einer Welt, in der ein solches Gefühl einzig und allein zwischen Angehörigen der gleichen sozialen Schicht vorstellbar war. Während Platon in seinen *Gesetzen (Nomoi)*[16] Empfehlungen erteilt, wie sich die Sklaven am besten unterwerfen lassen (indem man sie von verschiedener Nationalität wählt, so daß sie sich untereinander nicht verständigen können, und sie vor allem körperlich züchtigt, damit sie nie vergessen, daß sie Sklaven sind), nimmt sie Epikur mit offenen Armen auf und spricht mit ihnen wie ein alter Freund. Drei Jahrhunderte später scheitert Christus aus den gleichen Gründen.

Epikur starb im Alter von einundsiebzig Jahren an einer Nierenkolik. In einem Brief an einen seiner Schüler beschrieb er seinen letzten Lebenstag so: »Es ist der gepriesene Festtag und zugleich der letzte Tag meines Lebens, an dem ich diese Zeilen an euch schreibe. Harnzwang und Dysenterie haben sich bei mir eingestellt mit Schmerzen, die jedes erdenkliche

Maß überschreiten. Als Gegengewicht gegen alles dies dient die freudige Erhebung der Seele bei der Erinnerung an die zwischen uns gepflogenen Gespräche. Du aber sorge, entsprechend deiner von jung auf mir und der Philosophie entgegengebrachten herzlichen Gesinnung, für die Kinder des Metrodoros.«[17]

Hermippos erzählt, vor dem Sterben habe er den Wunsch geäußert, sich in einen Bottich voll heißen Wassers zu setzen, darin trank er Wein und unterhielt sich, bis sein Tod eintrat.[18]

## *Merkmale des epikureischen Denkens*

Die Philosophie ist eine besondere Wissenschaft, die sich nur schwer, ja vielleicht überhaupt nicht definieren läßt. Am Anfang ihrer Entwicklung umfaßte sie alle Gebiete: Physik, Astronomie, Kosmologie, Ethik, Poetik, Politik, Logik, Mathematik, Epistemologie, Ontologie usw., aber im Laufe der Zeit spalteten sich immer mehr Zweige ab, und heute befaßt sie sich im wesentlichen nur noch mit der Ontologie, nämlich der Wissenschaft vom Sein. Um also doch eine Definition zu geben, könnten wir sagen, die Philosophie beschäftigt sich mit der Suche nach der Bedeutung des Seins.

Ein anderer Weg, das Denken der antiken Philosophen zu verstehen, wäre der, einmal zu untersuchen, welches der zahlreichen Gebiete der Philosophie ihr besonderes Interesse fand. Die Vorsokratiker widmeten sich, mit Ausnahme der Eleaten, die sich mit Ontologie beschäftigten, der Kosmologie und der Physik. Sokrates war der Erfinder der Ethik, und Platon und Aristoteles interessierten sich zwar für alles, das Hauptgewicht legten sie aber ebenfalls auf die Ontologie.

Auch für Epikur ist die Ethik wichtiger als die Physik, im Unterschied zu Sokrates und Platon aber, für die der Mensch in erster Linie Staatsbürger und das *Ethos* dessen Pflicht war, sieht er ihn als ein Individuum auf der Suche nach seinem Glück. Er ist also nicht mehr eine »politische Einheit«, die sich in eine Gemeinschaft eingliedern muß, sondern ein Privatmensch, dessen oberstes Gebot lautete: »lebe im Verborgenen« *(láthe biósas).*[19]

## *Die Ethik*

Wir werden nun also über die Freundschaft, die Wünsche, das Vergnügen und den Tod reden.

Epikur sagt: »Von allem, was die Weisheit für die Glückseligkeit des ganzen Lebens bereitstellt, ist bei weitem das Größte die Gewinnung der Freundschaft.«[20] Und damit haben wir den Schlüssel zum Verständnis seiner Philosophie. Besser eine Gesellschaft, die auf Freundschaft hofft, als eine, die auf Gerechtigkeit aufgebaut ist. Der *Garten* war so gesehen eher ein Stützpunkt für Missionare als eine Schule. Epikur stellte sich vor, daß die Freundschaft sich gewissermaßen wie durch Ansteckung von Mensch zu Mensch weiterverbreiten ließe. Wenn wir das Wort Freundschaft durch das Wort Liebe ersetzen, können wir Epikur als einen Vorläufer des Franz von Assisi ansehen. Von den Massen wurde diese Botschaft nie aufgenommen, und das liegt einfach daran, daß die Freundschaft ein privater Wert ist und nicht wie die Gerechtigkeit ein brauchbares Werkzeug zur Eroberung der Macht.

»Die Freundschaft tanzt den Reigen um die Welt und ruft uns allen zu, aufzuwachen zum Preise des glücklichen Lebens.«[21]

Dieses poetische Bild Epikurs sagt uns alles über sein Denken. Er sieht in der Freundschaft ein Kommunikationsmittel, eine Ideologie, die zwar aus dem Nutzen geboren ist, dann aber ein Vergnügen und schließlich der höchste Zweck des Lebens werden kann.[22]

Die epikureische These ist weniger utopisch, als man vielleicht denkt. Der deutsche Soziologe Ferdinand Tönnies traf im vorigen Jahrhundert die Unterscheidung zwischen den Gesellschaften, die auf Gerechtigkeit gegründet sind, und den Gemeinschaften, deren Basis die Freundschaft ist.[23]

Die Gesellschaften sind horizontal aufgebaut: alle Bürger haben vor dem Gesetz die gleichen Rechte. Das Individuum ist nicht auf Verwandtschaften oder auf Empfehlungen von Freunden angewiesen, um das zu erreichen, was es braucht. Wenn seine Bedürfnisse berechtigt sind, wird niemand es zwingen, vor den anderen auf dem Boden zu kriechen. Ein sehr gutes Beispiel für die Gesellschaft bietet England: dort genießt ein Küchenjunge von Soho unabhängig von seiner gesellschaftlichen Rolle vor dem Gesetz dieselben Rechte wie Königin Elisabeth.

Die Gemeinschaften dagegen sind wie Pyramiden aufgebaut. Alle Beziehungen werden durch Freundschaften geregelt. Es bilden sich Gruppen familiärer, körperschaftlicher, politischer, kultureller Art, und das Gemeinsame all dieser Clans ist der Chef an der Spitze der Pyramide sowie der streng hierarchische Aufbau. Alles wird über Empfehlungen und Verwandtschaftsbeziehungen geregelt. Süditalien ist das erste Beispiel für eine solche Gemeinschaft, das mir einfällt.

Sieht man sie so, scheint die Gemeinschaft eine Gesellschaft mit Mafiastrukturen, die man meiden müßte wie die Pest. Betrachten wir sie aber mit epikureischem Geist, können wir eine Moral daraus ableiten: wer in einer auf Freundschaft gegründeten Gemeinschaft lebt, weiß, daß er nur überleben kann, wenn er so viele Freunde wie möglich hat, und dadurch wird er geselliger und seinem Nächsten gegenüber aufgeschlossener. Ein Bürger der Gesellschaft dagegen, der sich auf seine verfassungsmäßig eingeräumten Rechte berufen kann, wird jeden Kontakt mit den anderen vermeiden und in kürzester Zeit ein außerordentlich ziviles und »distanziertes« Individuum werden. Vergessen wir aber schließlich nicht, daß selbst Platon in seinem *Gastmahl* Eros als Kind der Armut und der Kunst, sich zu arrangieren, sah.

Zur epikureischen Ethik gehört der Versuch, seine Gefühle zu mäßigen: eine gute Mahlzeit steht jedem zu, doch sollte man nicht übertreiben, eine Liebesbeziehung ist auch gut, aber nur innerhalb gewisser Grenzen. Epikur sagte: »Bei den meisten Menschen ist die Ruhe Erstarrung, die Bewegung Tollheit.«[24]

Und die Freundschaft ist eben ein solches mittelstarkes Gefühl auf halbem Wege zwischen Gleichgültigkeit und Liebe.

Für Epikur gab es dreierlei Arten von Wünschen: *natürliche und notwendige, natürliche und nicht notwendige, nicht natürliche und nicht notwendige.*[25]

Die natürlichen und notwendigen Freuden sind diejenigen, die das Überleben sichern: essen, trinken, schlafen und sich kleiden, wenn es kalt ist. Gemeint ist natürlich, nur soviel zu essen, daß man satt wird, nur zu trinken, um seinen Durst zu löschen, und der Jahreszeit entsprechende Kleidung zu tragen. Ein Pelzmantel in Neapel zum Beispiel würde schon nicht mehr ins Bild passen.

Die natürlichen und nicht notwendigen Freuden sind jene, die den Sinnen zwar angenehm sind, aber das Überflüssige darstellen. Dazu gehört zum Beispiel besser zu essen, besser zu trinken usw. Ein schönes Nudelgericht mit dicken Bohnen zu essen, wäre gewiß eine solche natürliche und nicht notwendige Freude. Können wir sie ohne allzu große Anstrengung erleben, soll sie willkommen sein, andernfalls verzichten wir eben. Genau so ist es auf dem Gebiet der Künste oder der schönen Gefühle. Epikur lehrt: »Der Anfang und die Wurzel alles Guten ist die Lust des Bauches. Denn auch die gelehrten und hochgestochenen Dinge beziehen sich auf sie zurück.«[26]

Die nicht natürlichen und nicht notwendigen Wünsche

sind diejenigen, die durch eine Meinung hervorgerufen werden. Nehmen wir das Beispiel einer goldenen Rolexuhr: ganz gewiß ist sie kein notwendiges Gut. Wir möchten sie vor allem deshalb gerne besitzen, weil sie in den Augen aller als Wertgegenstand gilt. Wenn es einfach nur der Anblick wäre, der uns entzückte, müßten wir uns ebensosehr für eine nachgeahmte Rolex begeistern. Die Menschheit läßt sich aber heute mehr vom Firmennamen als von der Qualität eines Produkts beeindrucken, und das ist gewiß weder natürlich noch notwendig.

Wie steht es aber mit dem Sex? Natürlich kann man ihn wohl nennen, aber ist er auch notwendig? Notwendig meine ich jetzt einmal abgesehen von der Fortpflanzung. Epikur hat Zweifel: »Ich habe vernommen, daß bei dir die Bewegung des Fleisches nach dem Genusse der Liebe besonders heftig drängt. Wenn du nun den Gesetzen nicht zuwiderhandelst, die gute gegebene Sitte nicht verletzest, keinen von deinen Nächsten betrübst, das Fleisch nicht aufreibst und das zum Leben Notwendige nicht verbrauchst, dann folge deinem Wunsche, wie du willst. Es ist allerdings undenkbar, daß du nicht an eine der genannten Schwierigkeiten stößt. Denn die Liebesdinge haben noch niemals genützt; man muß zufrieden sein, wenn sie nicht geschadet haben.«[27]

An sich sind die Grundregeln der epikureischen Ethik ganz elementar: die natürlichen und notwendigen Bedürfnisse müssen immer befriedigt werden, sonst ist ja das Überleben nicht gesichert; die nicht natürlichen und nicht notwendigen Bedürfnisse dagegen nie, denn sie lassen leicht Wettbewerbsbedingungen entstehen; bei den dazwischenliegenden sollte man sich immer zuerst fragen: »Ist es vorteilhaft für mich oder nicht?«[28]

Um alles, was wir bisher gesagt haben, zusammenzufassen, führen wir hier einige der goldenen Regeln Epikurs an (woraus sich eine Art Handbuch des »Guten Tons« im Garten ergibt):

- »Wenn du Pythokles reich machen willst, vermehre nicht seine Habe, sondern verringere seine Wünsche.«[29]
- »Wir bauen sehr auf die Mäßigkeit, nicht weil wir immer darben müssen, sondern um weniger Sorgen zu haben.«[30]
- »Befreien muß man sich aus dem Gefängnis des Alltagslebens und der Politik.«[31]
- »Besser ohne Angst auf einem Lager aus Blättern als unruhig in einem goldenen Bett schlafen.«[32]
- »Keine Lust ist an sich ein Übel. Aber das, was bestimmte Lustempfindungen erzeugt, zieht Störungen nach sich, die um ein Vielfaches größer sind als die Lustgefühle.«[33]
- »Man soll nicht das Vorhandene beschmutzen durch die Begierde nach dem Nichtvorhandenen, sondern bedenken, daß auch das Vorhandene zu dem Wünschenswerten gehört.«[34]

Über die Lust pflegte Epikur dieses zu sagen: »Wenn wir erklären, Lust sei das Endziel, so meinen wir nicht die Lüste der Schlemmer und diejenigen, die auf dem Genuß beruhen, wie manche Unwissende, Andersdenkende oder Böswillige glauben, sondern das Freisein von körperlichem Schmerz und seelischer Unruhe.«[35]

Woraus wir schließen können, daß das Verliebtsein, da es die Seele verwirrt, keine Lust ist, sondern eine Art Neurose.

Um nun aber herauszubekommen, welches die wahre Lust ist, brauchen wir nur auf unseren Körper zu hören: »Die Stimme des Fleisches spricht: nicht hungern, nicht dürsten, nicht frieren. Wem das zuteil wird und wer darauf hoffen kann, der könnte sogar mit Zeus an Glückseligkeit wetteifern.«[36]

All dies klingt sehr weise; doch wie soll man es einem vierzehnjährigen Jungen erklären, der unbedingt ein Moped haben möchte?

»Warum sollte man Angst vor dem Tode haben?«fragt der Philosoph. »Denn solange wir sind, ist der Tod nicht da, und sobald er da ist, sind wir nicht mehr.«[37]

Gewiß, möchte ich hinzufügen, aber es gibt auch diejenigen, die nach dem Tode ihrer Lieben weiterleben müssen und furchtbar darunter leiden. Aber Epikur bleibt davon unberührt: er will uns wie immer jede gegenwärtige oder künftige Sorge nehmen, auch was den Tod betrifft. Er meint im Grunde dies: »Was machst du dir so viele Gedanken über den Tod, du kannst ja nichts daran ändern, also lebe besser und denke nicht mehr daran: oft ist die Angst vor dem Tod schlimmer als der Tod selber.«[38]

Also nur Mut, denken wir nicht daran und singen wir alle im Chor:

»Ich habe dich, Zufall, überrumpelt und alle deine heimlichen Schleichwege verrammelt. Wir werden uns weder dir noch irgendeiner anderen äußeren Situation ausliefern. Sondern wenn uns das Geschick hinausführt, werden wir kräftig auf das Leben spucken und auf jene, die sinnlos an ihm kleben; wir werden aus dem Leben heraustreten mit einem schönen Lobgesang, verkündend, daß wir gut gelebt haben.«[39]

Epikur hält zur Lösung jedes Problems eine Arznei für uns bereit: *das vierfache Heilmittel:*

- Fürchte die Götter nicht.
- Fürchte den Tod nicht.
- Wisse, daß die Freuden für alle da sind.
- Wisse, daß der Schmerz, solange er anhält, erträglich ist und, wenn er stark ist, nur kurz dauert; und vergiß nicht, daß der Weise auch glücklich ist, wenn er Qualen leidet.[40]

## *Die Physik*

Epikurs Physik bringt nicht viel Neues. Er folgt den Vorstellungen der Atomisten, und sein Allkonzept ist praktisch ein Abklatsch desjenigen Demokrits. Die wesentlichen Punkte lassen sich wie folgt zusammenfassen:

- Nichts entsteht aus dem Nichts. Das All ist unendlich und wird aus *Körpern* und dem *leeren Raum* gebildet.[41]
- Die Existenz der *Körper* wird durch die Sinne bewiesen.
- Die Existenz des *leeren Raums* wird durch die Bewegung bewiesen, wenn es den *leeren Raum* nicht gäbe, wüßten die Körper nicht, wohin sie gehen sollten, wenn sie sich bewegen.
- Der *leere Raum* ist nicht ein »Nichtsein«, das nicht ist, sondern ein »Sein«, das ist, auch wenn es nicht sinnlich faßbar ist.
- Es gibt *zusammengesetzte* und *einfache Körper:* die letzteren sind die *Atome* und unteilbar, wie das Wort selber schon besagt.[42]

Demokrit hatte gesagt, daß die Atome »am Anfang« alle von oben nach unten fielen wie Regen, bis eines schönen Tages durch den Zusammenprall zweier solcher Atome immer weitere Zusammenpralle und Zusammenballungen ausgelöst wurden, durch die sich schließlich die Welt und die zusammengesetzten Körper bildeten. Aber diese Theorie war natürlich gegen einen Einwand nicht gefeit: wenn die Atome sich alle auf parallelen Bahnen bewegten, wie konnten sie dann überhaupt zusammenprallen? Sie hätten ja wohl höchstens von hinten aufeinanderstoßen können, meinten seine Gegner.

Doch Epikur erwiderte darauf völlig ungerührt, daß das Atom während seines senkrechten Falls »in eine Abweichung« gerate; dadurch käme es zum Anschluß und zu Zusammenballungen.[43] »Und warum sind sie ein wenig abgewichen?« können wir da nur fragen. Doch darauf bleibt er die Antwort schuldig. Diese Theorie der von ihrer Bahn abweichenden Atome, auch unter dem Namen *clinamen*[44] bekannt, ist, ehrlich gesagt, ein Schuß ins Leere und überzeugt keinen. Epikur nahm sie aber wohl sehr ernst: auf der einen Seite konnte er damit seine materialistische Erklärung des Universums retten, und auf der anderen Seite brachte er das Konzept des »freien Willens« mit ein, also die Möglichkeit, sich von einer allzu mechanischen und fatalistischen Weltsicht zu entfernen. Von nun an brauchte man sich vor keinem Zeus, keinem Demiurgen und keinen unbeweglichen Antriebskräften mehr zu verneigen, ebensowenig hatten Schicksal und Notwendigkeit, vorherbestimmtes Leben und unabänderliches Geschick noch Bedeutung. Das Merkwürdige ist nur, daß Epikur, nachdem er so große Anstrengungen gemacht hat, sich vom Transzendenten zu befreien, plötzlich behauptet, daß es die Götter doch gäbe! So unwahrscheinlich es klingen mag, genau das tut er nämlich! Er räumt dann nur ein, daß diese Götter für sich leben und sich um uns nicht kümmern.[45]

Und da frage ich nun: wozu brauchte er in einem so schönen und erläuterten All wie dem demokritischen noch die Götter? Denkbar ist höchstens, daß er diese Zugeständnisse machte, um ruhig leben zu können und sich nicht wie andere der Gefahr auszusetzen, wegen Gottlosigkeit angeklagt zu werden. Auf eine entsprechende Frage soll er geantwortet haben: »Götter nämlich existieren; denn die Gotteserkenntnis hat sichtbare Gewißheit. Sie sind aber nicht so, wie es die Leute meinen. Denn die Leute halten gar nicht die Gedanken über die Götter fest, die sie haben. Gottlos ist nicht der, der die Götter der Menge beseitigt, sondern der, der den Göttern die Ansichten der Menge anhängt.«[46]

Untersuchen wir nun, wie sich nach Epikurs Vorstellung das All entwickelt hat. Die Atome, die sich zufällig und mit sehr hoher Geschwindigkeit bewegten, hatten sich schließlich an verschiedenen Punkten gesammelt und endlose Welten geschaffen, die durch unendliche Räume voneinander getrennt sind, die er *Zwischenwelten*[47] nennt. In jeder dieser Zusammenballungen hatten sich die schwereren Atome in der Mitte gesammelt und so die Erde hervorgebracht, während die leichteren nach außen geschleudert wurden und so den

Himmel bildeten. Einige schwere Atome schließlich hatten sich durch den überstarken Druck in Wasser verwandelt.

In einer so beschaffenen Welt war natürlich auch die Seele aus Atomen gebildet. Selbstverständlich nur aus Atomen erster Wahl: sie waren warm und hauchartig bei der irrationalen Seele und von äußerster Feinteiligkeit bei der rationalen.[48] Ehrlich gesagt scheinen Epikur bei dieser letzteren Definition die Adjektive ausgegangen zu sein: offenbar weiß er nicht, wie er diese unfaßliche Größe beschreiben soll, und behilft sich eben damit, daß er von Feinteiligkeit spricht. Wir brauchen wohl kaum zu erwähnen, daß die Seele, da sie Materie ist, natürlich sterblich ist und sich zusammen mit dem Körper auflöst.[49] Dante Alighieri steckt ihn dafür zur Strafe in den Höllenkreis der Häretiker:

»Es liegen zwischen diesen Friedhofswänden
Mit Epikur die Jünger, die geneigt,
Die Seele mit dem Leibe zu beenden.«[50]

Zum Abschluß noch kurz etwas über die Empfindungen: die Körper strömen Bilder oder Scheinbilder aus *(eídola)*, die zunächst durch den Raum irren und dann auf unsere Sinne und unser Denken treffen.[51] Sie sind also nicht ganz unähnlich den Fernsehwellen, die den Äther durchqueren, um allen Zuschauern die *eídola* ihrer Stars zu überbringen.

## *Die Gartenfreunde*

Der Epikureismus fand Anhänger in der gesamten griechischen und lateinischen Welt: fünf Jahrhunderte lang breitete er sich fast überall aus. Epikureische Gärten entstanden in Griechenland, Kleinasien, Ägypten und natürlich in Italien. Unter den griechischen Schülern erinnern wir an: Metrodoros und Polyaenos von Lampsakos, die noch vor Epikur gestorben waren, dann an Hermarchos von Mytilene, seinen Nachfolger in der Leitung der Schule, und schließlich an alle die anderen: Leonteus mit seiner Frau Themista, Kolotes, Idomeneus, Dionysios, Protarchos, Polystratos, Basilides, Apollodor, genannt der Tyrann des Gartens, Hippoklides, Zenon von Sidon usw.

Zu den treuesten Anhängern Epikurs zählt ein gewisser Diogenes von Oinoanda, ein reicher Herr aus dem zweiten nachchristlichen Jahrhundert, der ein wirklich ungewöhnliches Mittel wählte, um die Lehre des Meisters weiterzuverbreiten: er kaufte einen Hügel in der Nähe seines Dorfes und ließ auf der Anhöhe eine rechteckige Säulenhalle errichten. Auf dem Giebel des Säulengangs ließ er dann eine Inschrift von über hundert Metern Länge einmeißeln, die eine Zusammenfassung des epikureischen Denkens ist. Er begnügte sich also nicht damit, einfach ein Buch zu schreiben, sondern errichtete ein ganzes Monument, um das neue Denken zu verbreiten. Die riesige Inschrift begann etwa so:

Mein Leben neigt sich dem Ende zu, und ich will nicht scheiden, ohne eine Hymne auf Epikur gesungen zu haben für das Glück, das ich durch seine Lehre erfahren habe. Ich möchte der Nachwelt diese Botschaft weitergeben: Durch die Aufteilung der Erde hat jedes Volk ein anderes Vaterland. Aber die bewohnte Welt bietet allen Menschen, die zur Freundschaft fähig sind, ein einziges gemeinsames Zuhause: Die Erde.

Diese Inschrift ist im Jahre 1884 von zwei französischen Archäologen zufällig entdeckt worden und bestimmt die schönste völkerverbindende Botschaft, die uns aus der Antike erreicht hat.

Unter den griechischen Epikureern des ersten Jahrhunderts v. Chr. erinnern wir an Philodemos von Gadara, der unserer Meinung nach die Verbindung zwischen dem Epikureismus und der neapolitanischen Lebensart hergestellt hat. Der Philosoph gründete in Herkulaneum, nur wenige Kilometer von Neapel entfernt, einen Garten, und noch heute werden in der Villa des Calpurnius Piso immer wieder Papyri mit seinen Maximen ans Tageslicht gebracht. Philodemos lehrte und schrieb auf Griechisch und konnte also nur von einem kleinen Kreis von Intellektuellen verstanden werden. Hier zwei seiner wichtigsten Texte:

»Was zerstört die Freundschaft auf der Erde am meisten? Das Handwerk der Politik. Beobachtet den Neid der Politiker auf diejenigen, die versuchen, sich hervorzutun, die Rivalität, die zwangsläufig unter den Konkurrenten entsteht, den Kampf um die Eroberung der Macht und die entschiedene Organisation von Kriegen, die nicht nur das Individuum, sondern ganze Völker zerrütten.[52]

»Die Philosophen unserer Schule haben für Gerechtigkeit, Güte, Schönheit und die Tugenden allgemein die gleiche Neigung wie die gewöhnlichen Menschen, aber im Unterschied zu ihnen sind unsere Ideale nicht gefühlsmäßig begründet, sondern durchdacht.«[53]

Der erste Versuch, den Epikureismus in Rom zu verbreiten, scheiterte kläglich: Im Jahre 155 vor Christus landeten zwei griechische Anhänger des Gartens namens Alkaios und Philiskos in Rom, die nichts zu lachen hatten, wenn sie versuchten, den Mund aufzumachen.[54] Darüber dürfen wir uns nicht besonders wundern: die alten Römer jener Zeit waren in der Mehrzahl gesunde und kräftige junge Männer, denen jene kulturelle Tradition fehlte, die sie befähigt hätte, die Feinheiten der griechischen Philosophie zu begreifen. Einem *civis romanus* des zweiten vorchristlichen Jahrhunderts das Sein zu erklären, war gewiß ebenso schwierig, wie wenn man heute versuchte, Rambo beizubringen, was Zen ist.

Doch nach immer neuen Versuchen verbreitete sich der Epikureismus schließlich auch in Italien: etwa um 50 v. Chr.

übersetzten einige Gelehrte mit seltsamen Namen, Amafinius, Rabirius, Cassius und Safeius die epikureischen Maximen ins Lateinische, was ihnen einen großen verlegerischen Erfolg einbrachte. Ihnen gesellten sich die Dichter Lukrez und Horaz mit ihren eindringlichen Versen hinzu. Letzterer gestand in seinen *Epistolae* unverblümt, ein *Epicuri de grege porcus,* ein Schwein aus der Herde Epikurs, zu sein, womit er nicht wenig zu dem Mißverständnis beitrug, von dem wir oben sprachen.[55]

Von den Texten der ersten Übersetzer ist nichts erhalten geblieben, aber von Cicero erfahren wir, daß es sich dabei um regelrechte Bestseller handelte.

»Als aber dann im Anschluß an Amafinius viele Anhänger seiner Schule zahlreiche Schriften herausgegeben hatten, da zogen diese ganz Italien in ihren Bann. Und den durchschlagenden Beweis dafür, daß ihre Lehre nicht wissenschaftlich exakt dargestellt ist, weil sie nämlich spielend leicht auswendig gelernt und auch von Laien begriffen wird, das halten sie für die Hauptstütze ihrer Schule.«[56]

Darüber sollten wir uns nicht wundern. Auch heute halten es viele Kritiker wie Cicero. Auf die Frage: »Hast du das Buch von Soundso gelesen?« hört man oft die Antwort: »Nein, und es gefällt mir nicht!« Aber versetzen wir uns andererseits auch einmal in ihre Lage. Wer etwas gilt, ist doch meistens so beschäftigt, daß er keine Zeit zum Lesen findet, er kann sich bestenfalls erlauben, ein Buch durchzublättern. Dann lieber gleich ein summarisches Urteil, am besten man sagt etwas, was man vom Hörensagen weiß, und verliert nicht lange Zeit mit einem Buch, das nichts wert ist. Manche geben das auch unumwunden zu. Ein englischer Kritiker hat einmal erklärt: »Ich lese nie das Buch, bevor ich es rezensiere, es könnte mich beeinflussen!«

Zum Glück ging das Lukrezsche Meisterwerk *De rerum natura* nicht verloren, diese Gefahr hatte nämlich durchaus bestanden. Die Dichtung genoß während des Imperiums hohes Ansehen, verschwand aber sofort nach der Bekehrung Konstantins zum Christentum aus dem Verkehr, woraus wir schließen können, daß die höchsten Vertreter der neuen Religion sie nicht gerade schätzten. Erst im Jahre 1417 tauchte sie, dank der Entdeckung des Humanisten Poggio Bracciolini wieder auf, der in einem Schweizer Kloster ein halbvergessenes Exemplar hervorholte. Dieses Werk *De rerum natura* ist deshalb so wichtig, weil es die einzige vollständige Darstellung der atomistischen Theorie Epikurs enthält. Nun könnte manch einer fragen, ob sich eine Philosophie überhaupt in Versen ausdrücken läßt. Warum denn nicht: man braucht nur für die verschiedenen Vergleiche Beispiele aus der Natur zu wählen. So beschreibt Lukrez die Bewegung der Atome auch in jenen Körpern, die scheinbar bewegungslos sind: eine Schafherde scheint aus der Ferne, von der Spitze eines Berges herab betrachtet, ein »verworrener Haufe« zu sein, aus der Nähe hingegen »gleiten über die Hügel die wolletragenden Herden, äsend die frohe Weidung, wo immer ein jeglicher einlädt lieblicher Kräuter Genuß, vom frischen Taue beperlet; Lämmerchen spielen gesättigt umher und stutzen zusammen.«[57]

Gewiß klingt das Ganze auf lateinisch reizvoller, kein Vergleich zwischen »von weitem scheinet uns dies ein verworrener Haufe« (ebd.) und *»longe confusa videntur«*; aber ob lateinisch oder deutsch, es ist stets von besonderem Reiz, wenn Dichtung und Philosophie eine Verbindung eingehen.

Es gibt aber auch Stellen, an denen uns Lukrez in Verwunderung versetzt. Das zweite Buch *De rerum natura* beginnt beispielsweise so: »Süß ist's, anderer Not bei tobendem Kampfe der Winde auf hochwogigem Meer vom fernen Ufer zu schauen.« Wie denn? Es soll schön sein, einem Schiffsuntergang zuzusehen?! Nein, nein Lukrez ist kein Sadist. Er will damit nur ausdrücken, daß man sich im Leben immer mit jenen vergleichen muß, denen es schlechter geht, um so alles Gute, was man selber hat, mehr schätzen zu lernen. Zu seiner

Zeit gab es ja auch gewiß keinen Mangel an Grausamkeiten, zuerst den Bürgerkrieg und den von Spartakus angeführten Aufstand und schließlich das Schauspiel der sechstausend Sklaven, die entlang der Via Appia gekreuzigt wurden.

Trotz all seiner Weisheit nahm Lukrez ein schreckliches Ende: ein zweifelhaftes Frauenzimmer, *improba femina*, verführte ihn zu einem Liebestrank, und er beging in rasender Eifersucht Selbstmord, indem er sich als erst Vierundvierzigjähriger in ein Schwert stürzte. Epikur hätte das kaum gutgeheißen.

1 Stobaeus, *Anthologie*, XVII, 34
2 Diogenes Laertios, *Leben und Meinungen berühmter Philosophen, op. cit.*, x. Buch, 11
3 *ebd.*, x, 1
4 Su(i)da (dies ist nicht der Name eines Historikers, sondern der Name einer Art Enzyklopädie des x. Jahrhunderts), Stichwort »Epikur«.
5 Sextus Empiricus, *Adversus mathematikos,* x, 18 (bis heute nicht ins Deutsche übertragen)
6 Cicero, *De natura deorum,* (»Von der Natur der Götter«), I, 26, 72
7 Diogenes Laertios, *a.a..O.*, x, 8
8 Cicero, *a.a.O.*, I, 26, 72
9 Diogenes Laertios, *a.a.O.*, x, 9
10 *ebd.*, x, 7
11 Benjamin Farrington, *Che cosa ha veramente detto Epicuro* (»Was Epikur wirklich sagte«), Rom 1967, S. 21
12 Athenaios von Naukratis, *Das Gelehrtengastmahl,* VII, 279f.
13 All dies wird berichtet bei Diogenes Laertios, *a.a.O.*, x, 3–7
14 Plutarch, *Non posse suaviter vivi secundum Epicurum* (»Kein ›Leben in Freude‹ führt, wer Epikur folgt«), 1089c
15 Jacob Burckhardt, *Griechische Kulturgeschichte,* III. Bd., 478ff.
16 Platon, *Die Gesetze,* VI, 777–778
17 Diogenes Laertios, *a.a.O.*, x, 22
18 Hermippos, fr. 40 Müller
19 Plutarch, *De latenter vivendo* (»Über das Leben im Verborgenen«), 3, 1128ff.; s.a. fr. 551 Usener
20 Epikur, *Hauptlehrsätze,* XXVII
21 ders., *Vatikanische Spruchsammlung,* LII
22 *ebd.*, XXIII
23 Ferdinand Tönnies, *Gemeinschaft und Gesellschaft,* 1887
24 Epikur, *Vatikanische Spruchsammlung,* XI
25 ders., *Hauptlehrsätze,* XXIX
26 Athenaios, *a.a.O.*, XII, 546f.

[27] Epikur, *Vatikanische Spruchsammlung*, LI
[28] *ebd.*, LXXI
[29] Stobaeus, *a. a O.*, XVII, 24
[30] *ebd.*, XVII, 14
[31] Epikur, *a. a. O.*, LVIII
[32] Stobaeus, *a. a. O.*, V, 28
[33] Epikur, *Hauptlehrsätze*, VIII
[34] ders., *Vatikanische Spruchsammlung*, XXXV
[35] ders., *Brief an Menoikeus*, 131
[36] ders., *Vatikanische Spruchsammlung*, XXXIII
[37] ders., *Brief an Menoikeus*, 125
[38] *ebd.*
[39] ders., *Vatikanische Spruchsammlung*, XLVII
[40] Diogenes Laertios, *a. a. O.*, X, 118
[41] Die Vorstellungen über Physik bei Epikur findet man in seinem *Brief an Herodot.*
[42] Im Griechischen bedeutet a-tom das Unteilbare.
[43] Cicero, *De finibus*, I, 6, 18; s. a. fr. 281 Usener
[44] Der Begriff »clinamen« ist von dem lateinischen Dichter Lukrez geprägt worden, über den wir später reden werden.
[45] Cicero, *De natura deorum*, I, 19, 51; s. a. fr. 352 Usener
[46] Epikur, *Brief an Menoikeus*, 123
[47] Plutarch, *Placita philosophorum*, I, 4; s. a. fr. 308 Usener
[48] Epikur, *Brief an Herodot*, 63
[49] *ebd.*, 46
[50] Dante Alighieri, *Die Göttliche Komödie*, Abschn. »Die Hölle«, X, 13–15
[51] Epikur, *a. a. O.*, 46
[52] Benjamin Farrington, *a. a. O.*, S. 158–159
[53] Vgl. *ebd.*, S. 254–255
[54] Aelian, *Varia historia* (»Bunte Geschichten«), IX, 12
[55] Horaz, *Briefe*, I, IV, 16
[56] Cicero, *Tuskulanische Gespräche*, IV, 3, 6–7
[57] Lukrez, *Von der Natur der Dinge*, II, 318

IX

# *Die Stoiker*

»Geneigter Leser, der du mir bis hierher geduldig und vertrauensvoll gefolgt bist, wisse, daß du unabhängig von deiner Rasse, deinem Geschlecht und deinem Sternzeichen, dem du so große Bedeutung beimißt, im Grunde deiner Seele entweder ein Stoiker oder ein Epikureer bist. Lies weiter, dann wirst du es erfahren!«

Eine solche Einleitung hat noch keiner geschrieben, sie müßte aber von Rechts wegen am Anfang jeder Philosophiegeschichte stehen, denn die charakterlichen Unterschiede zwischen den Anhängern dieser beiden Schulen sind entsprechend groß und vielfältig.

Wenn man den Stoizismus richtig begreifen will, muß man ihn ständig im Vergleich mit dem Epikureismus sehen, denn die beiden Lehren stehen praktisch in Gegensatz zueinander. Dabei war das Ziel beider Schulen das gleiche gewesen: weise zu leben. Der einzige Unterschied bestand darin, daß für die Epikureer diese Weisheit *Lust* bedeutete, während sie sich für die Stoiker mit *Pflicht* verband. Das ist alles.

Vorweg wäre noch zu sagen, daß Epikurs Lehre sich über Jahrhunderte hinweg fast unverändert erhielt, während das stoische Denken einen solchen Wandel vollzog, daß man die ersten Stoiker, diejenigen aus dem 3. vorchristlichen Jahrhundert, mit den letzten, den römischen Stoikern des 1. und 2. nachchristlichen Jahrhunderts schon kaum mehr vergleichen kann. Wir sollten also zunächst einmal drei Perioden unterscheiden:

- Die antiken Stoiker: Zenon, Kleanthes und Chrysippos
- Die mittleren Stoiker: Panaetios und Poseidonios
- Die jüngeren oder römischen Stoiker: Seneca, Epiktet und Marc Aurel

## *Der antike Stoizismus: Zenon, Kleanthes und Chrysippos*

Der erste Stoiker unserer Geschichte hieß Zenon. Er wurde 333 oder 332 v. Chr. in Kition auf der Insel Zypern geboren und war jüdischer Herkunft. Nach den Schilderungen des Diogenes Laertios war er nicht gerade eine Schönheit: von hagerer Gestalt, mit leicht krummem Hals, dicken Waden, grünlicher Gesichtsfarbe, hatte er allen Grund, der Natur nicht gerade dankbar zu sein und das oberflächliche Leben zu verabscheuen. Sein Vater Mnaseas trieb Handel zwischen Asien und Griechenland und versuchte jedesmal, wenn er nach Athen kam, seinem Sohn philosophische Bücher zu besorgen. Im übrigen scheint sich Zenon als junger Mann einmal zu einem Orakel begeben zu haben, das ihm auf die Frage: »Was soll ich tun?« antwortete: »Paare dich mit den Toten!« Und nachdem ausgeschlossen werden konnte, daß ihm das Orakel empfohlen hatte, tot umzufallen, deutete er die Botschaft als eine Aufforderung, sich mit der Lektüre der toten Philosophen, also der Klassiker zu befassen. Seine Lehrmeister waren die Platoniker Xenokrates und Polemon und der Sokratiker Stilpon, den stärksten Einfluß aber übte der Kyniker Krates auf ihn aus. Wie es zu der Begegnung zwischen den beiden kam, wollen wir hier schildern.[1]

Zenon war gerade nach einem Schiffbruch in Athen gelandet. Er hatte Purpur aus Phönikien transportiert, und sein Schiff war in der Nähe von Piräus gestrandet. Ein schlimmer Tag, an dem sich der Philosoph am Boden zerstört fühlte: das Handwerk seines Vaters widerstrebte ihm, er war jetzt dreißig Jahre alt und fühlte sich zu anderem berufen. Moralisch und körperlich erschöpft, ruhte er sich in einem Buchgeschäft aus, wo er anfing, in den *Denkwürdigkeiten* des Xenophon zu blättern. Gleich von den ersten Seiten an begeisterte er sich für die Gestalt des Sokrates. Er las immer begieriger weiter, bis er schließlich den Ausruf nicht mehr unterdrücken konnte: »Wie gern würde ich einen Menschen dieser Art kennenlernen!« Worauf der Buchhändler auf einen Greis deutete, der gerade vor dem Laden vorüberging, und sagte: »Folge diesem da.« Es war Krates gewesen.

Ein guter Kyniker ist sich selber ein gutes Maß an Unverfrorenheit schuldig, die ging Zenon aber ab, denn er war viel zu anständig. Vergebens versuchte Krates, ihn zu etwas größerer Unabhängigkeit vom Urteil der anderen anzuleiten. Eines Tages gab er ihm einen irdenen Topf voller Linsen in die Hand und bat ihn, ihn durch den Kerameikos, den Töpfermarkt, zu tragen. Der »Phönikier« aber (so nannte ihn Krates) weigerte sich, dies zu tun, er meinte, dies könne nicht die Aufgabe eines Philosophen, sondern nur die eines Sklaven sein, worauf ihm Krates mit einem Schlag seines Stockes den Topf in den Händen zertrümmerte, so daß die Linsen über seine Tunika rannen.

Die Begegnung mit Krates war für ihn jedenfalls sehr einschneidend. Wenn er auf diesen Tag zu sprechen kam, sagte Zenon gewöhnlich: »Ich erlebte eine furchtbare Seereise, die mit einem glücklichen Schiffbruch endete.« Nachdem er ein paar Jahre lang Schüler von Krates und anderen gewesen war, machte er sich selbständig und begann in der mit Gemälden des Polygnotos geschmückten Säulenhalle zu lehren, genau dort, wo die Dreißig Tyrannen einige Jahre zuvor eintausendvierhundert Athener hingerichtet hatten. Säulenhalle heißt auf griechisch *Stoa*, und daher wurden seine Schüler von nun an die Stoiker genannt – mit anderen Worten: die von der Säulenhalle.

Besonders hervorzuheben an Zenon ist seine moralische

Lebensführung, die ernsthaft und untadelig war. Er vermied es sogar, mit den kleinen Jungen zu liebäugeln! Es gab nur eine oder zwei Dirnen in seinem ganzen Leben und die mehr, um seine Normalität unter Beweis zu stellen. Als eines Nachts eine wunderschöne Flötenspielerin nackt sein Schlafzimmer betrat, schickte er sie freundlich zum Lager des jüngsten seiner Schüler, eines gewissen Persaios weiter. In Wirklichkeit war er mürrisch, mißtrauisch und knickerig. Nicht ausgeschlossen, daß er die Flötenspielerin nur deshalb wegschickte, weil er Angst hatte, sie bezahlen zu müssen.

Die Áthener bewunderten ihn jedenfalls so sehr, daß sie ihm die Schlüssel der Stadt überreichten, sein Haupt mit einer goldenen Krone bekränzten und ihm nach seinem Tod eine Bronzestatue errichteten.

Auch der makedonische König Antigonos schätzte ihn sehr und versäumte es bei keinem seiner Besuche in Athen, seinem Unterricht zu folgen. Zwischen den beiden entwikkelte sich ein lebhafter Briefwechsel. Der König lud ihn an seinen Hof ein, aber der Philosoph lehnte die Einladung unter dem Vorwand ab, daß er zu alt sei. In Wirklichkeit haßte Zenon Feste, mondänes Leben und jede Art von Menschenansammlungen. Bei Gelagen setzte er sich gewöhnlich ganz an den Rand und sagte: »So kann ich mich wenigstens auf einer Seite alleine fühlen.«

Wie viele andere Philosophen auch gab er gern geistreiche Antworten. Einmal ertappte er einen Sklaven beim Stehlen. Er entblößte dessen Rücken und fing an, ihn zu prügeln. Der Ärmste flehte um Milde:

»Es ist nicht meine Schuld, Herr, es stand in meinem Schicksal geschrieben, daß ich stehlen mußte!«

»Ja, das weiß ich«, erwiderte Zenon, »da stand aber auch geschrieben, daß du dafür mit Prügeln bestraft würdest.«

Zu einem Schüler, der unaufhörlich redete, sagte er einmal:

»Wir haben zwei Ohren und einen einzigen Mund, eben deshalb, weil wir mehr zuhören und weniger reden sollen.«

Er war nie krank und starb mit zweiundsiebzig Jahren an den Folgen eines Sturzes: beim Verlassen der Schule fiel er die Treppe der Säulenhalle hinunter. Er hatte noch Zeit für die Worte: »Ich komme, da du mich rufst«, dann verschied er.

Er hatte sehr viele Schüler. Der Komödiendichter Philemon sagte über Zenon: »Welch seltsame Philosophie, bei der ein Meister hungern lehrt und so viele Schüler ihm begeistert zuhören. Das Hungern habe ich doch ganz allein gelernt!«[2] Unter seinen Schülern erinnern wir an den bereits genannten Persaios, der ebenfalls aus Kition stammte, sowie an Ariston, genannt »Sirene«, den Erfinder der »Lehre der Gleichgültigkeit«, an Herillos aus Karthago, Dionysios den Abtrünnigen und die Scholarchen, seine Nachfolger Kleanthes und Chrysippos.

Kleanthes, Sohn des Phanias aus Assos, geboren im Jahre 331 v. Chr. war anfangs Faustkämpfer, was ein wirklich ungewöhnliches Handwerk für einen Philosophen ist, von dem man doch eine gewisse Distanz erwartet.[3] Aber er war eben bettelarm und mußte sich auf irgendeine Weise seinen Lebensunterhalt verdienen. Unter anderem schöpfte er Nacht für Nacht Wasser aus den Brunnen und schleppte es zu den Bäckern. Wie arm Kleanthes war, zeigte sich eines Tages, als bei einem sportlichen Aufmarsch ein Windstoß sein Gewand hochhob und alle sehen konnten, daß er darunter nackt war und also nicht einmal eine Tunika besaß. Doch durch Zwischenfälle dieser Art wuchs seine Beliebtheit bei den Athenern nur noch. Wenn es an seiner Person etwas zu tadeln gab, übernahm er das selber. Fragte man ihn, mit wem er da rede, antwortete er: »Ich tadle einen störrischen Alten, der viele weiße Haare hat und wenig Verstand.«

Nach dem Tod Zenons um das Jahr 262 wurde er, der selber schon fast siebzig war, Scholarch. Er wurde steinalt und starb erst als fast Hundertjähriger. Diogenes Laertios erzählt, daß ihm die Ärzte bei einer Zahnfleischentzündung geraten hatten, zwei Tage lang nichts zu essen. Nachdem diese verstrichen waren, wollte der Greis aber nicht wieder zu essen anfangen: »Ich danke«, erklärte er, »ich habe mich in diesen zwei Tagen so wohl gefühlt, daß ich beschlossen habe, dabei zu bleiben.«

Chrysippos, Sohn des Apollonios, ebenfalls ein Asiate, wurde 281 v. Chr. in Soloi in Kilikien geboren.[4] Er war als Marathonkämpfer nach Athen gekommen, um an Wettspielen teilzunehmen, und blieb dann als Schüler zunächst Zenons und dann des Kleanthes da. Er war von wacher Intelligenz und Auffassungsgabe. Wenn er mit Kleanthes über Philosophie sprach, sagte er gewöhnlich: »Liefere du mir die Lehrsätze, die Beweise werde ich selbst erbringen.« Er stritt sich oft und gern mit Kleanthes, was ihm aber dann sofort wieder leid tat. »Ich habe bei allem Glück gehabt in meinem Leben«, seufzte er, »außer was meinen Meister betrifft!« Er verfaßte siebenhundertfünf Bücher voller Zitate. Apollodoros, der »Tyrann des Gartens«, verachtete sie und sagte darüber: »Wenn wir aus den Werken Chrysipps die Zitate herausnehmen, bleiben nur noch die Satzzeichen übrig.« Im Jahre 232 wurde er Kleanthes' Nachfolger. Er war ein unschlagbarer Dialektiker und trieb die Technik des Syllogismus auf die Spitze. Hier ein Beispiel:

*Wenn du etwas nicht verloren hast,*
*So hast du es noch; du hast aber keine Hörner verloren,*
*Also hast du Hörner.*

Im Alter von dreiundsiebzig Jahren lachte er sich tot: Ein Esel aus seinem Haus hatte einen Korb Feigen leergefressen, und er befahl seiner Dienerin, ihm nun auch noch Wein zu geben. Als er sah, wie der Esel im Hof herumtorkelte, lachte er, bis er tot umfiel.

Die Stoiker sagten gern, daß sich die Philosophie mit einem Obstgarten vergleichen ließe, wobei die Umfassungsmauer die Logik, die Bäume die Physik und die Früchte die Ethik darstellten. Überprüfen wir also nun einmal diesen Vergleich und sehen wir, ob wir innerhalb der Grenzen der Logik die Äste der Physik erklimmen und wirklich die Früchte der Ethik ernten können.

## DIE PHYSIK

Für Zenon besteht die Welt einschließlich Gottes und der Seele genauso wie für Epikur aus Materie. Wobei allerdings die Materie, von der Gott gebildet wird, von feinster Qualität ist – ein ewiges Feuer, und die Materie der Seele ist ein nicht näher beschriebener warmer Hauch *(pneúma)*. Der entscheidende Unterschied zwischen den beiden Kosmologien besteht darin, daß sich der stoische Gott nicht *außerhalb* des Alls befindet, sondern mit diesem *übereinstimmt*. Die Schüler Zenons behaupten, Gott sei »ein einziges Wesen, sei Vernunft und Schicksal, das die ganze Wirklichkeit durchdringt und Intelligenz ist, Seele und Natur.«[5] Die Stoiker sind also die ersten wahren Pantheisten der abendländischen Philosophiegeschichte.

Die unmittelbarste Folge dieses Denkens ist die Verneinung des bei Epikur so wichtigen Zufalls und der Glaube an eine intelligente Natur, die *weiß, wohin sie will.* Es gibt in ihr überhaupt nichts Zufälliges: einige Tiere leben, um gefressen zu werden, andere, um uns ein Vorbild zu sein. Sogar die Wanzen sind zu etwas nützlich: sie wecken uns früh am Morgen, um uns daran zu hindern, allzulange im Bett zu bleiben. Jeder Aspekt der Natur enthält eine Kraft, die auf das Gute ausgerichtet ist. Zenon nennt diese antreibende Kraft *logos spermatikós.*[6] Dieser *logos* Zenons darf aber nicht mit dem *logos* Heraklits oder mit dem *nous* des Anaxagoras verwechselt werden: hier geht es nicht um einen Geist, der sich nur um seine eigenen Angelegenheiten kümmert, sondern um einen Impuls zum Handeln. Dieser *logos* fordert die Menschen sozusagen auf: »Nun los, tut was! Euer Wahlspruch soll nicht mehr heißen: ›Das Seiende ist‹, sondern: ›Das Seiende muß sein‹, und wer dem nicht folgt, schadet sich selbst am meisten.« Zenon soll auch das griechische Wort *kathékon* erfunden haben, das ›Pflicht‹ heißt.

Die Stoiker kennen zwei Prinzipien: das Passive und das Aktive, das Erduldende und das Handelnde. Erduldend ist nur die eigenschaftslose Materie, während der Handelnde Gott ist oder, wem das besser gefällt, die Vernunft, die in die Materie eindringt.

Am Anfang der Zeiten gab es nur Gott: ein ewiges Feuer, das immer da war und immer da sein wird; danach wurden allmählich Luft, Wasser und Erde hervorgebracht. In jeder Phase hat sich Gott »auf Grund der vollkommenen Vermischung der Körper« mit den anderen Elementen vereint. Diese vollendete Vereinigung von Gott und Materie wird ermöglicht durch die unendliche Teilbarkeit der Körper. Alles außer Gott, der dann einen neuen Zyklus beginnt, wird eines Tages durch eine ungeheuer große Feuersbrunst enden.[7]

Wie man sieht, läßt Zenon kein gutes Haar an Epikur und behauptet von allem das Gegenteil. Für Epikur ist die Materie nicht unendlich teilbar, für Zenon dagegen doch. Der eine folgt Demokrit, der andere Heraklit. Der eine sagt, alles sei Zufall, der andere glaubt an einen finalistischen Plan. Die Epikureer sprechen von *unendlichen Welten*, die Stoiker von einer *einzigen und endlichen Welt*. Die ersteren gehen von der Idee des Vakuums aus, die letzteren verleugnen diese. Für die einen steht Zeus außerhalb, für die anderen innerhalb der Welt. Es wirkt gerade so, als wäre das stoische Denken nur dazu in die Welt gesetzt worden, um Epikur zu widersprechen.

Der zweite merkwürdige Punkt ist, daß eine ursprünglich

materialistische Philosophie sich gewissermaßen zu einer religiösen Bewegung von hohem ethischem Anspruch entwickeln konnte. In der *Hymne an Zeus* des Stoikers Kleanthes finden wir viele Berührungspunkte mit dem christlichen Vaterunser. Der Anfang lautet so:

*O Ruhmreicher mehr denn jeder andere, o Allumfassender,*
*Ewige Macht, Gott der vielen Namen,*
*Zeus, Führer und Herr über die Natur,*
*Du, der du mit dem Gesetz das Weltall lenkst,*
*Sei gegrüßt.*[8]

Weiter unten heißt es dann sogar: »Dir gehorcht das wunderbare Weltall, und es macht deinen Befehl zu seinem Willen«, was doch sehr an unser »Dein Wille geschehe« erinnert.

## DIE ETHIK

»Es gibt keinen Unterschied zwischen Lust und Schmerz, das einzige, worauf es ankommt, ist die Tugend.« So könnte man Zenons Ethik in zwei Worten zusammenfassen. Das soll wohl so viel heißen: theoretisch darf ich nicht einmal merken, daß es überhaupt einen Unterschied gibt zwischen Zahnweh und Liebe mit Kim Basinger, jedenfalls darf ich ihn, wenn es ihn gibt, nicht sehr beachten.

Gut und Böse hängen nur vom Geist ab, alle anderen Dinge dagegen haben mit dem Körper zu tun und sind *moralisch neutral*, und zwar sowohl die positiven (Leben, Gesundheit, Schönheit, Reichtum usw.), als auch die negativen Dinge (Tod, Krankheit, Häßlichkeit und Armut). »Die Wesenheiten unterschieden sich in *gute*, *schlechte* und *indifferente*. Die *guten* sind: Intelligenz, Mäßigkeit, Gerechtigkeit, Mut und all das, was Tugend ist. Die *schlechten* sind: Dummheit, Zügellosigkeit, Ungerechtigkeit, Feigheit und all das, was

Laster ist. Die *gleichgültigen* sind: Leben und Tod, Berühmtheit und Unbekanntsein, Schmerz und Vergnügen, Reichtum und Armut, Gesundheit und Krankheit und ähnliche Dinge.«[9]

Was die Neutralen betrifft, sind die Stoiker doch so gütig, uns die Entscheidung darüber zu überlassen, welche Werte *vorzuziehen* sind und welche nicht. Ein Kuß ist zum Beispiel einer Ohrfeige vorzuziehen, allerdings nur, wenn damit nicht ein moralischer Wert verletzt wird. Das Entscheidende ist, spricht Zenon, in jeder Lage Gleichmut *(apátheia)* zu bewahren, mit anderen Worten, sich nicht von Leidenschaften hinreißen zu lassen. »Leidenschaft – die er also pathos nennt – ist eine naturwidrige seelische Erregung, die von der rechten Einsicht abgewandt ist.«[10]

Nur die moralischen Werte, nämlich diejenigen, die sich mit dem *logos* in Einklang bringen lassen, sind die wahren Güter.

Für alle, die es vergessen haben sollten: *logos* ist die der Natur innewohnende Rationalität, die darauf ausgerichtet ist, das All der Vollendung entgegenzuführen.

Unter den Leidenschaften sind vier besonders gefährlich: Lust, Schmerz, Begierde und Angst. Wir könnten da noch weitere siebzig aufzählen, wollen aber angesichts des unbeschwerten Tons dieses Buches vielleicht doch darauf verzichten.

Wie bereits die Kyniker gesagt hatten, sind die von den Leidenschaften beherrschten Menschen töricht, der Weise hingegen ist in jeder Lage glücklich. Der Stoiker spricht: »Du kannst mich gefangennehmen, foltern, töten, na und? Was glaubst du, damit erreicht zu haben? Schlimmstenfalls kannst du mich meines Lebens berauben, meine Seele aber kannst du nicht verändern!«[11] und »Anytos und Meletos können mich wohl töten, aber schaden können sie mir nicht.«[12] Der Weise ist, da er keine Bedürfnisse hat, der einzige wirklich reiche, freie Mann und Herr seiner selbst.

Der Stoiker ist nicht tugendhaft, um Gutes zu tun, sondern er tut Gutes, um tugendhaft zu sein. Ansonsten ist er sich selbst und anderen gegenüber unbeugsam. Mitleid sieht er als ein Manko, eine weibische Schwäche an. »Barmherzigkeit gehört zu den schlechten Angewohnheiten und Lastern der Seele: barmherzig ist der dumme und leichtfertige Mensch. Der Weise läßt sich durch niemanden rühren und verzeiht keinem eine begangene Schuld. Es steht einem starken Menschen nicht an, sich von Bitten überzeugen und von einer gerechten Strenge abbringen zu lassen.«[13]

Einem Stoiker geht man also am besten aus dem Weg. Das Blöde ist nur, daß es so viele von ihnen gibt.

## *Die mittlere Stoa: Panaetios und Poseidonios*

Panaetios wurde um 185 v. Chr. auf Rhodos geboren. Als junger Mann scheint er ein Priester oder Ministrant des Gottes Poseidon gewesen zu sein. Nachdem er nach Athen übergesiedelt war, besuchte er mehrere Schulen, darunter die Akademie und den Peripatos, bis er sich dann unter Führung eines gewissen Diogenes von Babylon mit Leib und Seele dem Stoizismus verschrieb. Als Vierzigjähriger kam er nach Rom, wo er Zugang zu einem Kreis von Intellektuellen fand, die sich mit besonderer Leidenschaft dem Griechentum widmeten. Dank seiner Freundschaft mit dem Geschichtsschreiber Polybios ging er schließlich im Hause des Scipio aus und ein. Zu jener Zeit war es durchaus nichts Ungewöhnliches, auf den Straßen Roms einen griechischen Philosophen umherwandeln und Vorträge halten zu sehen. Mag sein, daß einige Konservative ihm nicht besonders gewogen waren, dafür wurde er aber von der Schickeria umworben, auf deren Festen er ein besonders beliebter Gast war. Panaetios und einige Jahre später auch Poseidonios waren die ersten Botschafter des griechischen Stoizismus in der lateinischen Welt.[14]

Im Gefolge des Scipio Aemilianus reiste Panaetios auch in den Orient, was ihm die Gelegenheit bot, einen Vergleich zwischen den Lehren Zenons und der Philosophie des Mittleren Orients anzustellen. Nachdem er 129 nach Athen zurückgekehrt war, wurde er dort als Nachfolger des Antipater Leiter der Stoa. Er starb im Alter von sechsundsiebzig Jahren. Außer ein paar Fragmenten ist von seinen Werken nichts erhalten geblieben.

Poseidonios stammte, wie fast alle bedeutenden Stoiker, ebenfalls aus Asien: er wurde zwischen 140 und 130 v. Chr. im syrischen Apamea geboren und studierte in Athen, wo er Schüler des Panaetios wurde. Im Jahre 86 schickte ihn die Regierung von Rhodos als Botschafter nach Rom.

Poseidonios ist der wohl weitestgereiste griechische Philosoph: »Er sah mit eignen Augen den Sonnenuntergang über dem Atlantik jenseits der Grenzen der bekannten Welt und die afrikanische Küste, wo die Affen in den Bäumen hängen.«[15] Er war im Grunde ein Alleskönner: er lehrte Meteorologie, Ethnologie, Astronomie, Psychologie, Physik, Geschichte und natürlich Philosophie. Er errichtete seine Schule auf Rhodos, und nach kurzer Zeit wurde diese so berühmt, daß viele Römer sich dorthin begaben, um ihre Studien zu vervollkommnen. Unter ihnen waren auch bedeutende Persönlichkeiten wie Pompejus und Cicero.

Als Pompejus landete, war Poseidonios gerade sehr krank, er litt unter heftiger Arthritis. Als ein aufrechter Stoiker begrüßte er seinen Gast dennoch mit einem Lächeln. »Ich würde es einem körperlichen Schmerz nie erlauben«, sagte er, »mich daran zu hindern, einen Mann kennenzulernen, der eine so lange Reise unternommen hat, um mich zu treffen.« Die Begegnung war Cicero zufolge denkwürdig. Poseidonios ließ sich des langen über das Prinzip aus, daß es das Gute ohne

Tugend nicht geben könne. Immer, wenn der Schmerz besonders bohrend wurde, rief er aus: »Du wirst sie nicht besiegen, Schmerz! So lästig du auch bist, ich werde dir nie die Genugtuung erweisen, dich als ein Übel anzusehen!«[16] Und in der Tat ließ er sich nicht vom Schmerz überwältigen: er starb erst als fast Neunzigjähriger.

Panaetios und Poseidonios, die durch ihre so zahlreichen Reisen, Begegnungen und Erfahrungen aufgeschlossene Menschen waren, milderten die harten Grundsätze der frühen Stoiker ein wenig ab und werteten die Kategorie des *Indifferenten* auf. Was schon Aristoteles seinerzeit in seiner *Nikomachischen Ethik*[17] festgestellt hatte, räumten nun auch sie ein, nämlich daß es mit Tugend allein nicht zu schaffen war, eine gute Existenz zu sichern, sondern daß dazu auch Gesundheit und ein wenig Geld nötig waren.[18]

Als Panaetios nach Rom kam, war er sehr beeindruckt von der hohen Moral des römischen Volkes: im Vergleich zu den lockeren Sitten in Griechenland, an die er gewöhnt war, fühlte er sich durch die Lebensweise des *civis romanus* wie zurückversetzt in die »gute alte Zeit«. Der Römer war damals tatsächlich noch nicht verdorben durch die Eroberungen des Imperiums, und vor allem besaß er einen ausgeprägten praktischen Sinn. Gewisse Feinheiten des griechischen Denkens blieben ihm unverständlich, aber sein Ehrenkodex stimmte mit jenem der stoischen Lehre ziemlich weitgehend überein. Ohne zu übertreiben natürlich: denn einen Unterschied zwischen Lust und Schmerz erkannte er sehr wohl. Was aber die Pflicht betraf, gab es für ihn keinen Zweifel: zuerst kam das Vaterland und die Familie und dann erst, wenn möglich, das persönliche Interesse.

Die wichtigste Neuerung in der mittleren Stoa ist die Aufwertung Gottes. Zeus, die Natur und das Schicksal sind nicht mehr gleichbedeutend, sondern drei verschiedene Wesenheiten: an oberster Stelle steht Zeus, dann folgt die Natur und schließlich als drittes das Schicksal.[19] Durch diese hierarchische Ordnung verlor der neue Stoizismus allmählich seine materialistische Prägung und verwandelte sich in eine regelrechte Religion.

### *Die jüngere Stoa: Seneca, Epiktet und Marc Aurel*

Der jüngere Stoizismus ist ganz auf italienischem Boden gewachsen. Seine wichtigsten Vertreter waren Seneca, Epiktet und Marc Aurel, die alle drei in Rom lebten. Ein Edelmann, ein Sklave und ein Kaiser: die Stoiker schienen den Klassenunterschieden keine große Bedeutung beizumessen.

Seneca wurde im Jahre 4 v. Chr. in Cordoba geboren und gelangte schon als Kind nach Rom. Eine Zeitlang lebte er auch in Ägypten, wo er bis 32 nach Chr. blieb. Seine Meister waren der Neopythagoreer Sotion und der Stoiker Attalos. Seinen Lebensunterhalt verdiente er sich anfangs als Rechtsanwalt und später als Politiker, und diese seine letztere Tätigkeit brachte ihn dann auch in Schwierigkeiten.

Politik war zu jener Zeit ein gefährliches Geschäft und zwar weniger – wie man meistens glaubt – weil die Imperatoren wahnsinnig, sondern vielmehr weil deren Frauen so ehrgeizig waren. Livia, Agrippina und Messalina waren drei wackere Damen, die bei Tag und Nacht, vor allem aber bei Nacht Ränke schmiedeten und Namen von Politikern einflüsterten, die in Schwierigkeiten gebracht oder ausgeschaltet werden sollten. Seneca ist ein typischer Fall: Unter Caligula rettete er sein Leben mit knapper Not dadurch, daß er das Gerücht in Umlauf setzte, er habe Tuberkulose und werde bald sterben; unter Claudius dann handelte er sich acht Jahre Exil in Korsika ein, weil Messalina Klatsch verbreitete (sie beschuldigte ihn, mit einer Tante des Kaisers intime Beziehungen gehabt zu haben). So feindlich ihm Messalina gesonnen war, so sehr beschützte ihn danach aber Agrippina: nach dem Tod Messalinas rief sie ihn nach Rom zurück, damit er sich dort der Erziehung des damals zwölfjährigen Nero widmete.

Als Agrippina im Jahre 54 Claudius ermordete und Nero auf den Thron setzte, wurde Seneca automatisch der wichtigste Politiker des ganzen Imperiums, und alles ging gut, bis eines Tages wieder eine hohe Dame, nämlich Poppäa, ihm den Krieg erklärte. Abgestoßen von diesen politischen Intrigen zog er sich aufs Land zurück. Aber leider rettete ihn sein Rücktritt nicht vor den Machtspielen derjenigen, die in Rom geblieben waren: zu Unrecht angeklagt, an der Verschwörung Pisos teilgenommen zu haben, wurde er aufgefordert, sich selbst zu töten. Als Neros Bote ihm die Nachricht von diesem Privileg überbrachte, das man ihm eingeräumt hatte, fackelte er nicht lange: er diktierte einem Sklaven einen Abschiedsbrief an die Römer, umarmte seine Frau, leerte den Schierlingsbecher und schnitt sich in seiner Badewanne die Venen auf.[20] Er war siebzig Jahre alt, und der Tod konnte ihn nicht mehr ängstigen. Seine Vorstellung war diese: »Tod ist, nicht zu existieren. Wie das ist, weiß ich bereits: das wird nach mir sein, was vor mir gewesen ist. Wenn darin Qual enthalten ist, muß es sie auch gegeben haben, bevor wir hinaustraten in das Licht der Welt; und doch haben wir damals keine Qual empfunden. Ich frage – nenntest du es nicht überaus töricht, wenn einer meinte, einer Lampe gehe es schlimmer, wenn sie gelöscht ist, als bevor sie angezündet wird? Auch wir werden gelöscht und angezündet: In der Zwischenzeit erdulden wir etwas, vorher und nachher aber ist tiefe Geborgenheit.«[21]

Mein Verdacht war schon immer der, daß Seneca nur wegen dieser seiner Einstellung zum Tod unter die Stoiker eingereiht worden ist. Betrachtet man nämlich sein Leben, so kann einem ein verwirrender Widerspruch zwischen Denken und Handeln bei ihm nicht entgehen. Seneca predigte mit anderen Worten das Gute, hatte aber eine rechte Krämerseele: während er mit der einen Hand an einen Freund schrieb: »Ein Geldbeutel ist soviel wert, wie er enthält. Dasselbe gilt von den Besitzern großer Vermögen: deren Zugabe sind sie und Anhängsel«,[22] raffte er mit der anderen immer mehr zusammen, um sein eigenes Vermögen zu vergrößern. Wenn stimmt, was Tacitus berichtet, wurde er einmal sogar beschuldigt, die Sterbenden am Hofe zu überreden, ihn in ihrem Testament als Erben einzusetzen.[23] Auch sein Interesse an der Politik vertrug sich nicht gerade mit der *apátheia*, der Leidenschaftslosigkeit. Die einzige Erklärung ist die, daß er vielleicht erst in seinen letzten Lebensjahren, als er sich ins Privatleben zurückgezogen hatte, Philosoph auch in der Praxis geworden ist.

Epiktet war der Sklave eines Sklaven, denn sein Herr, Epaphroditos, war ein Freigelassener Neros. Er wurde etwa 50 n. Chr. im phrygischen Hierapolis geboren und, soweit bekannt, schon als Kind versklavt und nach Rom gebracht. Seine Vorliebe für die Philosophie braucht uns nicht zu wundern, denn viele Sklaven haben sich damals mit Philosophie beschäftigt: durch ihre verzweifelte Lage waren sie sehr empfänglich dafür, die menschlichen Dinge ein wenig mit Abstand zu betrachten. Um ein paar Namen zu nennen, erinnern wir an: Pompylos, den Sklaven Theophrasts, Mys, den Sklaven Epikurs, Diagoras, der von Demokrit für 10 000 Drachmen gekauft worden war, Persaios, den Sklaven Zenons, und andere wie Bion, Menippos und Phaidon.[24] Über dieses Thema ist sogar ein zweibändiges Werk unter dem Titel *Die Sklaven und die Philosophie* verfaßt worden.[25]

Über Epiktet waren eine Menge Anekdoten im Umlauf. Darunter eine, die ganz bestimmt erfunden ist, die wir hier aber mit größtem Vergnügen erzählen, weil sie bezeichnend für den Charakter der Stoiker ist.

Epaphroditos, sein Herr, der ihn aus irgendeinem Grund strafen wollte, verdrehte ihm ein Bein.

»Paß auf, es bricht!« warnt ihn der Philosoph, aber sein Herr hört nicht auf ihn.

»Paß auf, es bricht!« sagt der Ärmste noch einmal.

Bis man es dann wirklich knacken hört.

»Ich habe dir doch gesagt, es bricht!« sagt Epiktet dazu mit unveränderter Stimme.

Diese Geschichte ist wie gesagt wohl nicht wahr, schon deshalb nicht, weil sein angeblicher Folterer Epaphroditos ihm nicht nur die Freiheit schenkte, sondern ihn ja auch auf seine Kosten studieren ließ. Wahrscheinlich hat jemand diese Anekdote erfunden, weil der Philosoph tatsächlich hinkte.

Der erste Meister Epiktets war der Ritter Caius Musonius Rufus, der etruskischer Abstammung war, ein Pazifist schon damals, genau besehen ein Wahnsinniger, weil er in einer Zeit, in der die *cives romani* auf nichts so stolz waren, wie eben gerade darauf, Römer zu sein, überall nur herumerzählte, daß alle Völker der Welt gleich seien: nicht selten kehrte er am Abend übel zugerichtet nach Hause, weil man ihn verprügelt hatte. Auch Epiktet fing, nachdem er die Freiheit gewonnen hatte, an, auf öffentlichen Plätzen zu predigen. Doch scheint er die Römer durch seine Redetätigkeit nicht besonders beeindruckt zu haben, die Hauptstadt der Welt wimmelte damals von Wanderpredigern, es war ganz alltäglich, daß sie ausgelacht wurden. »Strebst du nach Weltweisheit?« fragte Epiktet, »so mache dich darauf gefaßt, daß du verlacht werden wirst. Aber denke daran, daß diejenigen dich später hochschätzen werden, die dich früher verlachten.«[26] Kaiser Domitian bewunderte ihn ganz und gar nicht, sondern verjagte ihn im Jahre 89 zusammen mit all den anderen Philosophen, und der arme Epiktet landete in Nikopolis in Epiros, wo er dann seine erste stoische Schule gründete. Im Laufe der Zeit wurde der Philosoph so berühmt, daß ihn selbst Kaiser Hadrian und der römische General Arrianus von Nikomedien aufsuchten. Letzterer gab sogar seine Militärlaufbahn auf und wurde sein Lieblingsschüler.

Diese Begegnung mit Arrianus war von großer Bedeutung: Genau wie Sokrates schrieb auch Epiktet nicht gern (oder er konnte es gar nicht), und wenn da nicht der stenographierende General gewesen wäre, hätten wir vermutlich keine Kenntnis der *Philosophischen Gespräche* und des berühmten *Handbüchleins,* das so viele Jahrhunderte später dann sogar von Giacomo Leopardi ins Italienische übersetzt wurde.

Epiktet ging in seinem Denken vor allem von diesem Prinzip aus: Einige Dinge stehen in unserer Macht, andere nicht. In unserer Macht stehen: die Meinung, das Handeln, der Wunsch und die Abneigung. Nicht in unserer Macht stehen: der Körper, die Reichtümer und die öffentlichen Ämter, es ist also vollkommen sinnlos, sich ihretwegen abzuplagen. Wenn du arm und krank bist, brauchst du dich nicht darüber zu beklagen: es sind Dinge, die nicht von dir abhängen.

Weitere Maximen aus seinem *Handbüchlein* lauten:

»Gefällt dir ein Krug, so bedenke: Ein Krug gefällt mir. Wenn er zerbricht, wirst du nicht die Fassung verlieren. Wenn du dein Kind oder dein Weib herzlich küssest, so bedenke, daß du einen Menschen küssest. Wenn er stirbt, wirst du die Fassung nicht verlieren.«[27]

»Willst du zum Baden gehen, so stelle dir die Vorgänge in einem Bade vor: wie die Leute sich spritzen, balgen, beschimpfen und bestehlen. Und so bei allem Tun.«[28]

»Sage niemals von einer Sache: ›Ich habe sie verloren‹, sondern: ›Ich habe sie zurückgegeben.‹«[29]

»Du hast eine Rolle in einem Stück zu spielen, das der Direktor bestimmt. Setzt er ein kurzes oder ein langes an, du mußt es dir gefallen lassen. Gibt er dir die Rolle eines Bettlers, mußt du sie dem Charakter der Rolle entsprechend durchführen und ebenso, wenn du einen Krüppel, einen Herrscher oder einen Privatmann machen sollst.«[30]

»Es verrät gemeinen Sinn, sich bei den Bedürfnissen des Körpers aufzuhalten.«[31]

Marc Aurel beschloß schon als knapp Zwölfjähriger, wie ein Stoiker zu leben: er verzichtete auf sein Bett und schlief auf dem Boden. Im Jahre 121 als Sohn vornehmer und reicher Eltern in Rom geboren, wurde er von Kaiser Hadrian zum künftigen Imperator bestimmt und für diese Aufgabe von seinem Großvater Antoninus Pius erzogen, der ebenfalls Imperator war. Marcus soll bis zu siebzehn Lehrer um sich gehabt haben, unter ihnen befand sich auch ein Stoiker, ein gewisser Junius Rusticus.

Mit vierzig Jahren an die Macht gelangt, versuchte er soviel wie möglich Gutes zu tun, aber das gelang ihm nicht immer so leicht. Während Epiktet das Kreuz des Sklaventums zu tragen hatte und hinkte, war Marc Aurel mit einer untreuen Frau geschlagen, mit Faustina, die es mit den Gladiatoren trieb, auch hatte er einen Sohn namens Commodus, der wahrscheinlich gar nicht von ihm stammte und ein regelrechter Verbrecher war. Dennoch liebte er beide zärtlich.

Trotz seines friedlichen Charakters war der Philosoph gezwungen, gegen die Jazygen, die Quaden und die Markomannen zu kämpfen, und ehrlich gesagt schlug er sich dabei sehr gut. Während eines solchen Krieges zog er sich im Jahre 181 die Pest zu, machte aber kein Drama daraus: er streckte sich auf einem Bett aus, zog das Leintuch über den Kopf und wartete auf den Tod.

Man kann sich des Eindrucks nicht erwehren, daß Marc Aurel mehr deshalb in die Philosophiegeschichte einging, weil er ein römischer Kaiser war, als weil sein Denken so originell gewesen wäre. Die von ihm hinterlassene Schrift mit dem Titel *Tá eis heauton* (Selbstbetrachtungen) ist eine Sammlung von erbaulichen Gedanken dieser Art: »Alles Begegnende begegnet gerecht«[32] oder »Der Bereich der Götter ist voll der Vorsehung«,[33] gemischt mit Betrachtungen voller melancholischem Pessimismus über die Mißlichkeiten des Lebens: »Wie alles rasch verschwindet, in der Welt die Personen selbst, in der Ewigkeit die Erinnerung an sie.«[34]

Oder: »Asien, Europa, Winkel der Welt. Das ganze Meer ein Tropfen der Welt. Der Athos eine Scholle der Welt. Die ganze gegenwärtige Zeit ein Punkt der Ewigkeit. Alles klein, leicht wandelbar, drinnen verschwindend.«[35]

Er war eben ein trauriger Imperator. Vom eigentlichen Stoizismus hatte er vor allem die moralistische Strenge des Verhaltens übernommen. Überzeugt, daß jedes Geschehen schon von den Göttern vorherbestimmt sei, nimmt der gute Marc Aurel jeden Schicksalsschlag mit christlicher Ergebenheit hin. Welch gewaltiger Unterschied zur moralischen Haltung eines Lukrez, der das Leben vielmehr als ein rein zufälliges Wunder ansah und versuchte, die guten Augenblicke zu nutzen, um es möglichst gut hinter sich zu bringen. Marc Aurel steht nicht nur für das Ende des Stoizismus, sondern auch für jenes des griechischen Denkens überhaupt: das Christentum dringt nun unerbittlich vor und diktiert über viele Jahrhunderte hinweg seine Gesetze.

## *Einige Betrachtungen über die Stoiker und die Epikureer*

Wer sind heute die Stoiker und wer die Epikureer? Woran soll man sie erkennen? Wie sehen sie aus? Eine sehr schwierige Frage. Der Stoiker ist ein Mensch, der felsenfest an seine moralische Aufgabe glaubt: er *muß* sie erfüllen. Er braucht immer ein großes Projekt, das seinem Leben Sinn verleiht. Aus Angst, daß dieses Projekt tatsächlich zu verwirklichen sein könnte, sucht sich der Stoiker aber im allgemeinen eine so schwierige Aufgabe aus, die möglichst sogar unlösbar, zumindest aber von einem normalen Sterblichen nicht zu erfüllen ist. Entscheidend für ihn bleibt, daß er im Namen einer Sache leiden kann, die moralischen Wert hat.

Stoiker sind all jene, die an die einzige, ewige, unauflösbare große Liebe glauben. Die finden sie natürlich nie, was sie aber nicht daran hindert, sie beharrlich zu suchen, ohne je Kompromisse einzugehen. Ihr Motto lautet: ›Alles oder nichts.‹

Stoiker sind auch die Christen, die wahren Christen. Ihr Ziel ist das Paradies, und dieses wollen sie durch Abtötung des Fleisches und Erhebung des Geistes erreichen. Zu ihren Lieblingssprüchen gehören diese: ›Wir sind zum Leiden geboren‹ und ›Die Letzten werden die Ersten sein.‹

Stoiker sind auch die Marxisten: das Ziel ihres Lebens ist Gerechtigkeit für alle, ohne jede Ausnahme. Auch dies ist ein Ziel, das kurzfristig nicht erreicht werden kann: die Sonne der Zukunft ist eben wie gesagt eine Sache der Zukunft. Auf dem Wege dorthin sind Revolutionen, Diktaturen des Proletariats und andere ebenso unangenehme Zwischenphasen vorgesehen.

Stoiker ist der italienische Radikale Marco Pannella: er möchte vor allem das Problem des Hungers in der Welt lösen, in der ganzen Welt. Wollte man ihm ein beschränkteres Programm vorschlagen, etwa die Lösung des Hungerproblems im neapolitanischen Viertel San Carlo all'Arena, würde er das sofort ablehnen und zwar schon deshalb, weil die Gefahr besteht, daß man dieses vielleicht lösen könnte. In der Zwischenzeit muß er, da er in einem Land lebt, in dem es mit der Folter hapert, sich zwangsläufig selber foltern, und also macht er Hungerstreik, knebelt sich selber und leidet.

Der Epikureer ist aus ganz anderem Holz geschnitzt: Im Bewußtsein der Vergänglichkeit des Lebens setzt er sich bescheidene Ziele, die er innerhalb kurzer Frist erreichen kann.

Epikureer ist der Angestellte, der eine Gehaltserhöhung verlangt, um ein bestimmtes Problem innerhalb des laufenden Jahres zu lösen.

Epikureer ist, wer eine Partei wählt, die ihm nicht Gerechtigkeit, Freiheit und Glück verspricht, sondern ihm durch eine Politik der kleinen Schritte eine stufenweise Verbesserung seines Lebens vorschlägt.

Epikureer ist, wer mit einem Partner weiter zusammenlebt, in den er nicht gerade sehr verliebt ist, mit dem er aber doch einen Modus vivendi gefunden hat, der das Zusammenleben erträglich macht.

Beide Denkströmungen haben ebenso viele Vorteile wie Nachteile. Die Epikureer sind im allgemeinen etwas gelassenere, fast immer lächelnde Menschen, die mit der Welt einigermaßen in Einklang sind. Die Stoiker dagegen sind hervorragende Arbeiter: auch wenn sie Karten spielen, geben sie ihr Bestes. Der Epikureer verachtet die aktive Politik und macht selten einmal als Industriekapitän Karriere: er legt mehr Wert auf sein Privatleben als auf Öffentlichkeit. Pirelli muß ein Stoiker gewesen sein, sonst wäre er nicht *der* Pirelli geworden, sondern hätte sich damit zufriedengegeben, ein einfacher Reifenhändler zu sein.

Man möchte künftigen Ehepartnern raten, sich vor der Heirat weniger für das Sternzeichen des andern zu interessieren als vielmehr für seinen jeweiligen Stoizismus- und Epikureismus-Index.

[1] Diogenes Laertios, *Leben und Meinungen berühmter Philosophen,* op. cit., VII, 2–3
[2] *ebd.*, VII, 27
[3] *ebd.*, VII, 168–176
[4] *ebd.*, VII, 179–189
[5] *ebd.*, VII, 136
[6] Fr. 158 Arnim
[7] Plutarch, *De communibus notitiis contra stoicos,* 31, 1066a
[8] Fr. 537 Arnim
[9] Stobaeus, *Anthologie,* II, 57, 19
[10] Cicero, *Tuskulanische Gespräche,* IV, 5, 11
[11] Vgl. fr. 544–656 Arnim
[12] Epiktet, *Handbüchlein der Ethik,* LIII, (Diogenes Taschenbuch 21554)
[13] Vgl. fr. 213ff., Arnim
[14] M. Pohlenz, *Die Stoa*, Göttingen 1984
[15] E. R. Bevan, *Stoics and sceptics,* Oxford 1913, S. 88
[16] Cicero, *a.a.O.*, II, 25, 61
[17] Siehe S. 142–143
[18] Diogenes Laertios, *a.a.O.*, VII, 128
[19] Aetios, *Placita,* I, 28, 5

[20] Tacitus, *Annalen,* 15, 60ff.
[21] Seneca, *Brief an Lucilius,* 54, 4–5
[22] *ebd.*, 87, 18
[23] Tacitus, *a.a.O.*, 13, 42
[24] Aulus Gellius, *Attische Nächte,* op. cit., II, 18
[25] Das Werk soll von Hermippos geschrieben worden sein, siehe Jacob Burckhardt, *Griechische Kulturgeschichte, a.a.O.*, II. Bd., S. 429 (VIII. Abschn., IV, »Philosophierende Sklaven und Frauen«)
[26] Epiktet, *a.a.O.*, XXII
[27] *ebd.*, III
[28] *ebd.*, IV
[29] *ebd.*, XI
[30] *ebd.*, XVII
[31] *ebd.*, XLI
[32] Marc Aurel, *Selbstbetrachtungen,* IV, 10
[33] *ebd.*, II, 3
[34] *ebd.*, II, 12
[35] *ebd.*, VI, 36

# X

## *Die Skeptiker*

### *Pyrrhon*

Pyrrhon, Sohn des Pleistarchos, wurde zwischen 365 und 360 v. Chr. in Elis geboren, jenem Städtchen, in dem einige Jahre vorher die Schule Phaidons zur Blüte gelangt war.[1] Als junger Mann versuchte er sich seinen Lebensunterhalt als Maler zu verdienen, gab es aber schon bald auf, offenbar vor allem deshalb, weil er damit bei seinen Mitbürgern nicht gerade großen Anklang fand. Antigonos von Karystos berichtet, im Gymnasium von Elis seien noch einige von ihm gemalte Fackelträger von zweifelhaftem Wert erhalten gewesen.[2] Nachdem er dann die Kunst aufgesteckt hatte, widmete sich der Junge der Philosophie: er hörte zunächst Bryson, einen sokratischen Denker, dann Anaxarchos von Abdera, einen Schüler Demokrits.

Im Jahre 334 nahm er an der Seite Anaxarchs am Feldzug Alexanders d. Gr. in den Orient teil. Er reiste zehn Jahre lang kreuz und quer durch die Lande und lernte viele orientalische Lehren kennen. Im Orient gab es damals, wie im übrigen auch heute, ganz merkwürdige Leute, die sich in leidenschaftsloser Betrachtung übten: Schamanen, Gurus und Mönche, die kontemplativen Religionen anhingen. Plutarch erzählt, ein Priester namens Kalanos habe in Persien beim Einzug der makedonischen Soldaten darum gebeten, ihm einen Scheiterhaufen in Form eines Altars zu errichten, und habe sich dann, nachdem er das Trankopfer gebracht und den

Invasoren noch viel Vergnügen für diesen Tag gewünscht hatte, inmitten der Flammen ausgestreckt, das Haupt mit einem Schleier bedeckt und sich so verbrennen lassen, ohne auch nur einen Muskel zu verziehen.[3] Pyrrhon, der noch nie einen Bonzen am Werk gesehen hatte, ließ sich von der Szene tief beeindrucken, verstand aber vor allem, daß es möglich ist, den Schmerz, wenn auch unter Qualen, einzig durch Willenskraft zu beherrschen.

In Indien begegnete er noch anderen Denkern und Philosophen, Gymnosophisten, Taoisten und ähnlichen Personen. Auch hier erkannte er, daß höchste Gelassenheit nur zu erzielen ist, wenn man *wu wei* praktiziert: das Nichthandeln.

Als er nach Hause zurückkehrte, war er schon fast vierzig und gründete in seiner Heimatstadt Elis die erste Skeptiker-Schule. Nun, eine regelrechte Schule wie etwa die Stoa oder der Garten war es wohl nicht. In Wirklichkeit war Pyrrhon nämlich am liebsten allein, nur manchmal, wenn er es nicht mehr aushalten konnte, fing er an, laut zu reden, und da er immer von jungen Leuten und Bewunderern umlagert war, lief es dann darauf hinaus, daß er schließlich doch Unterricht erteilte. Seine Anhänger wurden *Pyrrhoneer, Aporetiker* (Zweifler), *Skeptiker* (Prüfer) oder *Zetetiker* genannt. Letzteres bedeutet: »Untersucher, die untersuchen und nie etwas herausfinden.«[4]

Die Grundpfeiler seines Denkens waren: Die Zurückhaltung des Urteils *(epoché)*, also jener Geisteszustand, der es verhindert, die Gedanken der anderen abzulehnen oder anzunehmen; die Fähigkeit, sich nicht auszudrücken *(Aphasie)* und die Unerschütterlichkeit *(Ataraxie)*, also das Fehlen von Angst. Sein Denken ließe sich in zwei Sätzen so zusammenfassen: es gibt keine Werte oder Wahrheiten, für die man die Hand ins Feuer legen könnte. Von Natur aus läßt sich nichts als häßlich oder schön, als gut oder schlecht, gerecht oder ungerecht, wahr oder falsch ansehen, es ergibt nicht den geringsten Unterschied, ob man sich bester Gesundheit erfreut oder todkrank ist.[5]

Über Pyrrhons Unerschütterlichkeit gibt es zahllose Anekdoten, und wie immer ist Diogenes Laertios unsere bevorzugte Quelle.

Pyrrhon bewahrte bei allem, was um ihn her geschah, vollkommenen Gleichmut, und mit größter Wahrscheinlichkeit war er auch ein wenig langweilig. Wenn er in einer Diskussion war, machte es ihm überhaupt nichts aus, wenn sein Gesprächspartner wegging, er redete einfach beharrlich weiter und stellte Fragen. Während eines Spazierganges mit seinem Meister Anaxarch fiel dieser in einen sumpfigen Graben. Aber Pyrrhon ließ sich nicht aus der Ruhe bringen, er redete weiter, als wäre nichts geschehen. Und als ihn dann Anaxarch kurz darauf völlig schlammbedeckt wieder einholte, machte er etwas ganz anderes, als wir in dem Fall getan hätten, er lobte seinen Schüler nämlich dafür, daß er so gleichgültig und teilnahmslos gewesen war.[6] Es kann natürlich gut sein, daß er nicht nur unerschütterlich, sondern eben auch ein wenig geistesabwesend gewesen war. Diogenes Laertios erzählt, daß er, wenn er das Haus verließ, nicht die geringste Vorsicht übte und ständig in Gefahr war, unter einem Wagen oder in einem Graben zu landen; er brachte es dennoch unbeschadet auf neunzig Jahre,[7] was aber wohl mehr ein Verdienst seiner Schüler war, die ihn (wohl im Schichtwechsel) keinen Augenblick aus den Augen ließen.

Schriften hinterließ er keine; für ihn schrieben seine Schüler Timon, Ainesidem, Numenius und andere.

Es ist ganz natürlich, daß uns die Skeptiker an die Sophisten erinnern, und zwar schon deshalb, weil die einen wie die anderen bezweifelten, daß es *die* Wahrheit gab. Untersuchen wir das Denken beider Schulen aber genauer, bemerken wir schnell, wie verschieden sie sind. Wie soll man es ausdrükken? Die Sophisten waren eher »Staranwälte«, »Freischaffende«, in manchen Fällen leichter »käuflich«, während die

Skeptiker »intellektueller« waren. Die ersteren verneinten die Existenz der Wahrheit, maßen dafür aber dem Wort mehr Bedeutung bei, um ihre eigene Verhandlungsposition zu stärken, die letzteren dagegen wollten die *apátheia* erreichen, die Loslösung von den Leidenschaften. Die Sophisten trauten nicht der Wahrheit, dafür aber den Menschen (»Der Mensch ist das Maß aller Dinge«), die Skeptiker waren radikaler und bauten aus Prinzip auf nichts und niemanden: weder auf die Wahrheit, noch auf den Menschen, noch auf das Wort. Ihr Motto hätte lauten können: »Das Seiende ist nicht, und es ist mir auch völlig gleichgültig!« Oder, wie Timon sagte: »Nicht nur interessiert mich nicht das Warum der Dinge, sondern noch nicht einmal das Warum des Warum.«[8]

Mit den Stoikern hatten die Skeptiker höchstens eines gemeinsam: Die Loslösung vom Körper. Auf Zypern fragte der Tyrann Nikokreon während eines Gelages einmal Anaxarch, ob ihm das Gastmahl geschmeckt habe, worauf dieser in kaum zu überbietender Dreistigkeit erwiderte, es hätte ihm noch besser gemundet, wenn ihm zum Nachtisch auch noch das Haupt eines Tyrannen aufgetragen worden wäre. Nikokreon sagte zuerst nichts, als es aber einige Jahre darauf Anaxarch nach einem Schiffbruch wieder an die Strände von Zypern verschlug, konnte er sich rächen. Er ließ ihn in einen riesigen Mörser werfen und von seinen Henkersknechten mit eisernen Keulen zerstampfen. Während dieser Folter soll der Ärmste geschrien haben: »Zerstampfe nur, zerstampfe des Anaxarchos Ranzen, den Anaxarch zerstampfst du nicht.«[9]

In die gleiche Kategorie gehört der berühmte Gag Totòs, den wir auch als den »Pasquale-Sketch« kennen. Zwei Freunde treffen sich: der eine ist Totò, der andere Mario Castellani, sein erprobter Partner. Totò hat einen furchtbaren Lachanfall.

»Warum lachst du so?« fragt Castellani.

»Weil vor zehn Minuten ein Verrückter gekommen ist«, erwidert Totò, »ein Besessener, der mich anschrie: ›Pasquale, du bist ein Mistkerl!‹ und mich mit der Faust mitten ins Gesicht schlug.«

»Und was hast du gemacht?«

»Nichts! Was sollte ich denn tun? Ich habe gelacht.«

»Und was hat er dann gesagt?«

»Er hat mich angeschrien: ›Pasquale, du bist ein Schuft, ich schlage dich tot!‹ und hat mir noch einmal vier Fausthiebe versetzt.«

»Und was hast du gemacht?«

»Ich habe mich krumm gelacht. Ich dachte bloß: ›Was will dieser Idiot eigentlich von mir?‹«

»Und er?«

»Er hat immer nur weiter auf mich eingeschlagen, mich getreten und geschrien: ›Pasquale, du bist ein Mistkerl, ich schlage dich tot!‹«

»Und warum hast du dich da nicht gewehrt?«

»Ja warum denn, bin ich vielleicht Pasquale?«

## *Timon*

Timon aus Phlius, Sohn des Timarchos, war Chortänzer. Geboren um das Jahr 322, zog er in jungen Jahren nach Megara, wo er bei Stilpon Unterricht nahm.[10] Er war halb blind und ein Freund des Weines. Nachdem er Pyrrhon kennengelernt hatte, wurde er Anhänger des Skeptizismus. Sie waren sich auf der Straße begegnet, als sie sich gerade auf dem Weg zum Stadion befanden. Aristokles, ein Peripatetiker, der ihn haßte, hat über die Episode folgendes zu berichten: »O Timon, o nichtsnutziger Mensch, der du an nichts glaubst, wie willst du behaupten, Pyrrhon kennengelernt zu haben? Und der herrliche Pyrrhon, wußte er an jenem glücklichen Tage, als er sich zu den Pythischen Spielen begab, daß er dorthin ging, oder ging er einfach aufs Geratewohl wie ein Dummkopf?«[11]

Von Timon von Phlius sind uns nur wenige Fragmente überliefert, darunter dieser Satz: »Daß der Honig süß ist, behaupte ich nicht, wohl aber gebe ich zu, daß er süß scheint.«[12] Skeptiker wie Pyrrhon verneinen also nicht, daß es den Anschein, sondern, daß es das Sein gibt, die unanfechtbare Wahrheit. Ein Skeptiker wäre vielleicht sogar vorstellbar als Kämpfer in einer religiösen oder politischen Institution, als Priester, Soldat oder Abgeordneter, er wird dabei aber nur seine Aufgaben erfüllen, ohne dogmatisch an das zu glauben, was er tut. Wir sind vielleicht schnell geneigt, eine solche Einstellung als unmoralisch zu verdammen. Widerstehen wir aber einmal dieser Versuchung und stellen wir uns einen Augenblick lang vor, wie sich unser Leben verändern könnte, wenn wir in bestimmten Situationen nicht gleich zum Angriff übergingen, sondern zuerst einmal einhielten und überlegten: »Das was ich heute für wahr halte, könnte mir morgen schon nur noch wahrscheinlich vorkommen.«

*Epoché* ist an sich genau dies: sich mit seinem Urteil zurückhalten. Verglichen mit dem Fanatismus der Roten Brigaden, der maoistischen Trunkenheit von 68, den zahlreichen religiösen Verfolgungen, die blutige Geschichte geworden sind, mag diese Einstellung auch etwas für sich haben.

Nach Timon trat mit einem gewissen Arkesilaos, Sohn des Seuthes, der 315 v. Chr. in Pitane geboren war und die mittlere Akademie gründete, eine Wende im Denken der Skeptiker ein.[13] Auf alles konnte man bei der griechischen Philosophie gefaßt sein, aber daß nun ein Platoniker die Schar der Skeptiker anführte, kam wohl doch etwas unerwartet. Es war kaum anders, als wechselte man heute auf die andere Seite der Berliner Mauer über. Arkesilaos führte den Übergang von der übersensiblen Welt Platons in Pyrrhons Welt der vollkommenen Negation herbei. Gewiß hatte Sokrates bereits das »Wissen, nichts zu wissen« gebraucht, doch war dies bei ihm immer ein ironisches Mittel gewesen, das ihm als

Schlüssel zur Entdeckung einer moralischen Wahrheit diente (deren Existenz doch nie in Frage gestellt wurde). Arkesilaos verschmolz beide Lehren, und mit ihm bekam die ganze Akademie ein skeptisches Gepräge.

Unter den akademischen Skeptikern verdient Karneades besondere Erwähnung. Mit Karneades befinden wir uns mitten im zweiten vorchristlichen Jahrhundert: der Philosoph wurde 213 in Kyrene geboren und starb im Jahre 128.[14] Er soll ein sehr gebildeter Mann mit großer Rednerbegabung gewesen sein. Sein Ruhm gründet vor allem auf einer Reise nach Rom, wohin er gemeinsam mit dem Aristoteliker Kritolaos und dem Stoiker Diogenes von Babylon als Botschafter entsandt worden war. Ziel der Reise sollte die Aufhebung einer Geldstrafe von fünfzig Talenten sein, die Athen auferlegt worden war. Nachdem sie sich auf diese Weise in der Hauptstadt der Welt befanden, wollten die drei Philosophen die Gelegenheit nutzen, den Römern einmal zu zeigen, wie hervorragend die Griechen die Kunst der Dialektik beherrschten. Daher begaben sie sich zum Forum und hielten dort eine Reihe von Vorträgen, wobei jeder Redner stets zu Beginn eine bestimmte These aufstellte und sie dann im zweiten Teil seiner Rede selbst widerlegte. Die jungen Römer, die ohnehin für alles schwärmten, was von Hellas kam, und allgemein allem Neuen gegenüber aufgeschlossener waren, klatschten begeistert Beifall. Nicht so die Alten und insbesondere Cato der Ältere, der befürchtete, daß diese Intellektuellen schädigend auf die Republik einwirken könnten. Durch den Erfolg der drei Philosophen alarmiert, wandte sich Cato an den Senat und schrie solange herum, bis er erreichte, daß sie als unerwünschte Personen aus dem Lande ausgewiesen wurden.[15]

Cato war eben so geartet, für ihn war tugendhaft nur derjenige, der in äußerster Sittenstrenge lebte. Allen anderen gegenüber bewies er auch nicht eine Spur von Toleranz:

einmal ließ er einen Senator, Manilius, hinauswerfen, weil er beobachtet hatte, wie dieser seine Frau in der Öffentlichkeit küßte. Sklaven waren für ihn nichts als Arbeitstiere. Er hetzte sie gegeneinander auf, um sie anschließend besser unterdrükken zu können, und wenn sie alt geworden waren, verkaufte er sie einfach, um nicht für ihren Unterhalt aufkommen zu müssen. Wenn einer säumig war, ließ er ihn von seinen Gefährten zum Tode verurteilen und erwürgte ihn dann mit seinen eigenen Händen. Der Philosophie und allen Menschen gegenüber, die irgendwelche Gedanken im Kopf hatten, war er mißtrauisch.[16]

Schließen wir das Kapitel über die Skeptiker mit einer Kuriosität: sie, die ohnehin an nichts glaubten, begegneten natürlich den Sterndeutern nur mit größtem Mißtrauen. Einer der ihren, Favorinus von Arelate (80–160 n. Chr.) sagte in seiner Schmährede gegen die Astrologen:

»... daß ein gewisses Bettler- und Landstreichergesindel diese Art von Schwindel und Blendwerk erfunden habe und nun aus diesem Lügengewebe fleißig seinen Broterwerb ziehe. Es sei aber mehr als albern und abgeschmackt, weil das Fluten des Meeres mit dem Umlauf des Mondes zusammenhängt, nun auch zu glauben, die Entscheidung eines Rechtsfalles, welchen einer mit seinem Nachbar wegen einer Wasserleitung oder einer gemeinschaftlichen Wand vor Gericht hat, sei an die Sterne gekettet und werde vom Himmel herab gelenkt.«[17]

1 Diogenes Laertios, *Leben und Meinungen berühmter Philosophen,* op. cit., IX, 61
2 *ebd.*, IX, 62
3 Plutarch, *Leben des Alexander,* 69
4 Diogenes Laertios, *a. a. O.*, IX, 70
5 Cicero, *De finibus,* II, XIII, 43
6 Diogenes Laertios, *a. a. O.*, IX, 63
7 *ebd.*, IX, 62
8 Aristokles, *Apud Euseb. Praep. evang.*, XIV, 759c

[9] Diogenes Laertios, *a.a.O.*, IX, 59
[10] *ebd.*, IX, 109
[11] Aristokles, *a.a.O.*, XIV, 761a
[12] Diogenes Laertios, *a.a.O.*, IX, 105
[13] *ebd.*, IV, 28
[14] *ebd.*, IV, 62
[15] Plutarch, *Leben des Marcus Cato*, 22–23
[16] *ebd.*, 5; 17; 21
[17] Aulus Gellius, *Attische Nächte*, op. cit., XIV, 1

XI

# *Der Lehrer Riccardo Colella*

Den Lehrer Riccardo Colella habe ich rein zufällig kennengelernt: ich wollte mir in einem Lebensmittelgeschäft im alten Vomero-Viertel gerade eine Mozzarella aus Büffelmilch kaufen, als ich dieses Gespräch mitanhörte:

»Maestro«, sagte Don Carmine, der Lebensmittelhändler, und reichte einem unscheinbaren Mann mit Brille ein Päckchen, »es sind genau dreihundert Gramm, das macht fünftausendvierhundert Lire.«

»Ich verstehe nicht«, antwortete das Männchen. »Wofür soll ich Ihnen fünftausendvierhundert Lire zahlen?«

»Für den Schinken...«

»Welchen Schinken?«

»Den, den Sie in der Hand halten.«

»Don Carmine, es *scheint* Ihnen doch nur so, daß ich den Schinken in der Hand halte, es stimmt aber gar nicht. Also gebe ich Ihnen nicht eine einzige Lira.«

»Na gut, Maestro, Sie machen wieder die üblichen Geschichten«, platzte Don Carmine heraus. »Den Schinken habe ich Ihnen vor fünf Minuten gegeben. Dieser Herr hier kann es ja bezeugen. Was mach ich nur? Soll ich mir künftig vielleicht jedesmal eine Quittung unterschreiben lassen, wenn ich Ihnen etwas aushändige?«

»Don Carmine, es würde mich ja doch interessieren, wie Sie so sicher sein können, mir wirklich dreihundert Gramm Schinken ausgehändigt zu haben. Im besten Fall könnten Sie die Hypothese aufstellen, daß Sie mir *wahrscheinlich* etwas gegeben haben, das *vielleicht* sogar ein wenig Schinken gewesen sein kann.«

»Wahrscheinlich oder nicht wahrscheinlich! Maestro Colella, jetzt nehme ich Ihnen einfach das Päckchen aus der Hand, dann werden wir ja sehen, ob das nun Schinken ist oder nicht!« ruft der Lebensmittelhändler mit gespielter Verzweiflung aus.

»Don Carmine«, erwidert Maestro Colella vollkommen ruhig. »Ich habe es Ihnen vorgestern schon erklärt: es gibt nichts, dessen Sie sicher sein können. Nennen Sie mir eine einzige Sache, die Ihrer Meinung nach sicher ist, dann zahle ich Ihnen für den Schinken gern den doppelten Preis.«

»Ich bin sicher, daß ich Ihnen vor fünf Minuten dreihundert Gramm Schinken gegeben habe«, antwortet Don Carmine, ohne auch nur einen Augenblick nachzudenken.

»Und ich stelle jetzt die Hypothese auf, die Ihnen das Gegenteil beweisen könnte, daß es nämlich nicht wahr ist, daß Sie mir den Schinken übergeben haben, sondern daß Sie *nur dachten, ihn mir gegeben zu haben.*«

»Das möchte ich aber doch gern hören.«

»Glauben Sie an Gott?«

»Ja natürlich! Genau so wie ich glaube, daß ich Ihnen vor fünf Minuten dreihundert Gramm...«

»Und Sie denken zu Recht, daß Er allmächtig ist?« unterbricht ihn der Lehrer.

»Ist ja wohl klar.«

»Also halten sie Ihn für fähig, eine Welt zu erschaffen, wann Er es will und wie Er es will: groß, klein, bewohnt, unbewohnt, unwirtlich, technologisch...«

»Wie Er es will«, schneidet ihm der Händler das Wort ab.

»Also dann nehmen wir einmal an, daß Gott gerade in diesem Augenblick beschließt, eine Welt zu erschaffen, die genau gleich ist wie die unsere, mit all den Dingen, die um uns herum sind: Sterne, Sonne, Planeten, Kontinente, Neapel, der Vomero, unser Lebensmittelgeschäft, Sie, ich und der Schinken. Könnte Er das nun machen oder könnte Er es nicht?«

»Wie soll Er das nicht können!«

»Bestens«, fährt der Lehrer fort und lächelt schon im vorhinein, weil er an das Gesicht denkt, das der Lebensmittelhändler gleich machen wird, wenn er seine Erklärungen beendet hat. »Nachdem Gott also beschlossen hat, eine bereits funktionierende Welt zu schaffen, müßte Er auch bereits funktionierende Menschen schaffen, die von Anfang an schon ein historisches Gedächtnis hätten...«

»Was heißt das, daß sie ein historisches Gedächtnis hätten?«

»Ein Gedächtnis, das uns den *Eindruck* vermittelt, bereits ein Leben gelebt zu haben, auch wenn wir dieses gar nicht gelebt haben«, erwidert der Lehrer. »Es ist also mit anderen Worten so, daß uns Gott, als Er uns aus dem Nichts schuf, die Erinnerungen an eine Vergangenheit eingegeben hat, obwohl wir diese Vergangenheit also in Wirklichkeit nie erlebt haben, und nur so können wir überhaupt leben, wie wir in diesem Augenblick leben.«

»Ja und?« fragt der Lebensmittelhändler, der jetzt nachdenklich geworden ist.

»Und«, schließt der Lehrer, »Sie haben mir überhaupt keinen Schinken gegeben. Es *scheint* Ihnen nur, daß Sie ihn mir gegeben haben.«

»Aber wenn ich ihn Ihnen doch vor fünf Minuten gegeben habe.«

»Vor fünf Minuten waren Sie überhaupt noch nicht geboren.«

»Was soll's, Maestro, nehmen Sie halt Ihren Schinken mit und lassen Sie ihn sich gut schmecken: ich werde mit Ihrer Frau schon klarkommen. Aber eines müssen Sie wissen, bevor es mir das nächste Mal nicht *scheinen* wird, daß Sie mir fünftausendvierhundert Lire gegeben haben, wird es Ihnen nicht *scheinen*, daß Sie den Schinken bekommen haben.«

Eine so anregende Person wollte ich mir natürlich nicht entgehen lassen. Bevor ich ihn ansprach, ließ ich mir vom Lebensmittelhändler und seiner Frau alles über diesen Mann erzählen.

»Ein grundanständiger Mensch«, sagte Don Carmine, »er

macht das nur zum Spaß und zahlt alles auf Heller und Pfennig. Wenn nur alle so wären wie er! Andere zahlen entweder überhaupt nicht, oder wenn sie zahlen, dann nur, um anschließend noch mehr Schulden zu machen.«

»Was ist er denn von Beruf?« fragte ich.

»Er ist Musiklehrer. Er heißt Riccardo Colella und unterrichtet an der Lehrerbildungsanstalt Pimentel Fonseca, er ist verheiratet und hat einen Sohn.«

»Ja, aber er ist gottlos«, raunte seine Frau und bekreuzigte sich. »Seinen Sohn wollte er nicht taufen lassen. Jetzt ist der Junge achtzehn, und wenn er bei einem Unfall stirbt, kommt er womöglich in die Hölle.«

»Maestro Colella glaubt an die ›Taufe je nach Bilanz‹«, erklärt mir Don Carmine. »Er sagt, wenn einer im Sterben liegt, soll er, je nachdem wie sein Leben verlaufen ist, entscheiden, ob er sich taufen lassen will oder nicht. Und wenn dann der Pfarrer kommt, um ihm die letzte Ölung zu geben, kann er ihn ja gleichzeitig taufen und ölen.«

»Wasser und Öl gleichzeitig: Jesus Christus, steh ihm bei.«

Maestro Colella empfing mich mit ausgesuchter Höflichkeit nachmittags bei sich zu Hause. Signora Amelia, seine Frau, bot mir ein Täßchen Kaffee an und zog sich mit den Worten zurück:

»Ich bitte um Entschuldigung ... verzeihen Sie ...«

Es war klar, daß sie sich nicht deshalb entschuldigte, weil sie nun wegging, sondern weil sie wußte, was ihr Mann mir alles erzählen würde.

»Mein lieber *Ingegnere*, ich bin ein Soldat des Zweifels«, hob Colella an, sobald wir allein waren. »Ich glaube an den Zweifel als eine Grundregel des zivilen Zusammenlebens. Jeder hat seine persönliche Religion, und die meine ist der Zweifel. Kommen Sie mit, ich möchte Ihnen etwas zeigen.«

Mit diesen Worten betrat er den Flur. Dort begegnete ich noch einmal Signora Amelia, die mir wieder ein »Nehmen Sie's ihm nicht übel« zumurmelte, dann setzten wir uns schließlich in ein halbdunkles Zimmer, wo inmitten eines Wustes von Partituren, Schallplatten, Büchern und nicht ausgeleerten Aschenbechern ein riesiger Flügel stand.

»Sehen Sie hier«, sagte der Maestro und zeigte auf ein mit einem Damastvorhang verhülltes Bild. »Dies ist mein Heiliger!«

Er zog an einem Schnürchen, der Vorhang hob sich und ein großes, aus winzig kleinen Glühlämpchen gebildetes Fragezeichen wurde sichtbar. Der Maestro drehte einen Lichtschalter an, und die Glühlämpchen begannen wie Lichter an einem Weihnachtsbaum abwechselnd aufzublinken und wieder zu verlöschen.

»Seien Sie ihm nicht böse.«

Ich drehte mich um und sah Signora Amelia an der Tür stehen, sie flehte mich mit Blicken um Verständnis an.

»Amè, laß uns jetzt reden«, rief der Meister aus und forderte sie auf, hinauszugehen. Dann zeigte er auf ein Plastiksesselchen und sagte zu mir: »*Ingegnere*, setzen Sie sich und hören Sie mir aufmerksam zu: es gibt auf der Welt Fragezeichen und Ausrufezeichen, die Soldaten des Zweifels und jene der absoluten Gewißheit. Wenn Sie einem Fragezeichen begegnen, haben Sie nichts zu fürchten: es ist mit Sicherheit ein anständiger Mensch, ein Demokrat, jemand mit dem Sie diskutieren und verschiedener Meinung sein können. Die Ausrufezeichen dagegen sind gefährlich. Das sind Menschen mit festem Glauben, Leute, die früher oder später ›unwiderrufliche Entscheidungen‹ treffen. Merken Sie sich gut, was ich Ihnen jetzt sage: Glaube ist Gewalt, jede Art von Glaube, religiöser, politischer ebenso wie der von Sportlern. Bei jedem Krieg gibt es immer einen Menschen mit festem Glauben, der den ersten Schuß abgibt. In Irland, im Libanon, im Iran geht der Glaube mit der Sense in der Hand und mit blutdurchtränkten Kleidern um, und wenn er tötet, tut er dies immer im Namen der Liebe. Mein Vater hat mich gelehrt, daß der Zweifel der Vater der Toleranz und der Neugier ist. Die jungen Menschen sind neugierig, aber sie sind nicht fähig, tolerant zu sein, die Alten sind tolerant, aber sie sind nicht mehr neugierig, große Menschen dagegen sind fähig, sowohl neugierig, als auch tolerant zu sein. Wer aber einen Glauben hat, meint alles schon von vornherein zu wissen, er kennt keine Zweifel, er wundert sich über nichts, und wie Aristoteles sagt: ›Das Wundern ist der Anfang des Forschens‹. Wer einen Glauben hat, ist nicht geneigt, seine eigenen Fehler zu sehen, aber ohne die Hilfe der Fehler sind wir nichts. Glauben heißt blind und uneingeschränkt zu gehorchen. Mein Vater war Philosophielehrer. Wenn ihn jemand zu Hause anrief und fragte: ›Sind Sie Professor Colella?‹ antwortete er immer: ›Kann sein‹, und damit wollte er nicht geistreich tun, sondern er war wirklich nicht sicher, der zu sein.«

»Aber ein wenig Glauben braucht man schon, um überhaupt etwas zu unternehmen. Ohne Glauben hätten wir weder Amerika noch das Penizillin entdeckt.«

»Ja, aber es muß ein Glaube sein, der aus dem Zweifel entsteht«, erwiderte der Maestro. »Bei dem man fähig ist, aus den Fehlern zu lernen: das was ich den ›Glauben mit offenen Augen‹ nenne.«

»Was meinen Sie mit ›offenen Augen‹?«

»Ein Beispiel: nehmen wir an, bei den nächsten Wahlen entscheide ich mich für die kommunistische Partei. Na, und wenn es eine Partei in Italien gibt, für die ein wenig Glauben nötig ist, dann doch bestimmt die kommunistische Partei! Meinen Sie das nicht auch?«

»Na ja, doch, es ist bestimmt eine Glaubenspartei.«

»Gut, also was tue ich dann? Bevor ich zum Wählen gehe, rufe ich den Parteisekretär an und sage: ›Genosse Parteisekretär, ich würde euch gern wählen, aber ich habe Angst, daß ihr, sobald ihr nur an die Macht kommt, antidemokratisch werdet.‹ ›Was erzählen Sie da‹, würde er protestieren. ›Wir sind die demokratische Partei schlechthin! Das haben wir doch in all diesen Jahren bewiesen.‹ ›Ja gewiß‹, würde ich antworten, ›ihr seid demokratisch, aber eben jetzt, da ihr in der Opposition seid, wie soll ich wissen, ob ihr euch nicht verändert, wenn ihr mal an die Macht kommt. Auch Robespierre hat als Student eine Doktorarbeit gegen die Todesstrafe geschrieben und nachher alle diese Leute umgebracht.‹ Wahrscheinlich würde der Parteisekretär mich spätestens jetzt zum Kuckuck wünschen und zu mir sagen: ›Mensch, Genosse Colella, mach was du willst, wähl uns, wenn du uns wählen willst, wenn nicht, dann nicht. Vergiß aber nicht, ohne ein bißchen Glauben kannst du keine Schlacht gewinnen.‹«

»Und dann?«

»Und dann würde ich kommunistisch wählen, aber mit offenen Augen: immer aufmerksam alles beobachten, was geschieht. Also ich würde nie gegen die feindlichen Panzer losmarschieren wie die Jungen Chomeinis. Um es zusammenzufassen, der Zweifel ist keine Ideologie, sondern eine Methode. Einer kann seine Zweifel haben, also skeptisch sein, und dennoch für eine Idee kämpfen. Ich bin ein Skeptiker, das bedeutet aber nicht, daß ich nicht gleichzeitig auch Christ, Kommunist und Fan des Napoli wäre. Das entscheidende ist, daß man skeptischer Christ, skeptischer Kommunist und skeptischer Fan bleibt!«

»Aber wenigstens dann, wenn Sie sich an den Flügel setzen«, fragte ich ihn, »geben Sie sich doch der Freude an der Musik hin? Glauben Sie an das, was Sie spielen?«

»Nicht immer«, antwortete der Maestro und sah kurz auf das Fragezeichen, das immer noch aufblinkte, »wenn ich Beethoven spiele zum Beispiel, kommt mir immer der Zweifel, ob die Musik nicht direkt vom Himmel kommt und ich nur im Playback spiele!«

XII

# *Die Neoplatoniker*

## *Plotin*

»Plotin glich einem Manne, welcher sich dessen schämt, daß er im Leibe ist. Aus solcher Gemütsverfassung wollte er sich nicht herbeilassen, etwas über seine Herkunft, seine Eltern oder seine Heimat zu erzählen. Einen Maler aber oder Bildhauer zu dulden, wies er weit von sich, ja er erklärte dem Amelius, der ihn um seine Einwilligung bat, daß ein Bild von ihm verfertigt werde: ›Es soll also nicht genug daran sein, das Abbild zu tragen, mit dem die Natur uns umkleidet hat, nein, ihr fordert, ich soll freiwillig zugeben, daß ein Abbild des Abbildes von mir nachbleibe, ein dauerhafteres, als sei dies Abbild etwas Sehenswertes!‹ Aber Amelius hatte Karterios zum Freunde, den derzeit besten Maler, und den brachte er mit in die Vorlesungen und ließ ihn so mit dem Meister zusammentreffen; so konnte er nach der in seinem Gedächtnis niedergelegten Vorstellung ein Bild malen.«[1]

So beginnt das »Leben des Plotin«, das sein Schüler Porphyrios verfaßte. Auch Plotin ist ein Philosoph aus Afrika. Er wurde 205 v. Chr. im mittelägyptischen Lykopolis geboren und zeigte schon von klein auf eine Neigung zur Askese. Er war ein merkwürdig introvertiertes Kind, das fast nie Lust hatte, mit seinen Freunden zu spielen, und vielleicht war er auch nicht ganz normal, wenn stimmt, daß er noch mit acht Jahren hin und wieder das Bedürfnis hatte, zu seiner Amme zurückzukehren, um an ihren Brüsten zu saugen.[2] Im

Jahre 233 erlebte er eine tiefe mystische Krise: keiner der Philosophen, die er bis dahin kennengelernt hatte, konnte sein Verlangen nach Geistigkeit befriedigen. Eines Tages stellte ihm aber dann ein Freund Ammonios Sakkas vor, und als er den neuen Meister hatte sprechen hören, sagte er zu diesem Freund: »Das ist der, den ich suchte.«

Im Laufe der Jahre verspürte Plotin den übermächtigen Wunsch, genau wie seinerzeit Pyrrhon, die orientalischen Philosophien der Perser, der Magier, der Gymnosophisten, der Inder kennenzulernen. Die Gelegenheit dazu bietet sich ihm, als Kaiser Gordian III beschließt, einen Feldzug gegen die Perser zu führen.[3] Zu Plotins Pech aber war Gordian nicht Alexander. Er war noch kaum in Mesopotamien gelandet, als er auf dem Schlachtfeld geschlagen und von seinen eigenen Soldaten ermordet wurde. Der Philosoph konnte sich mit knapper Not retten und flüchtete zunächst nach Antiochia, dann nach Rom. Er war bereits stolze vierzig Jahre alt und nicht gerade ein Freund handwerklicher Arbeit. Welche Möglichkeiten blieben ihm da? Er gründete schließlich eine Philosophieschule oder besser gesagt eine philosophisch-religiöse Gemeinschaft.

Zu Plotin kamen so ziemlich alle: Freunde der Philosophie, Ärzte, Mädchen und Jungen aus allen Schichten, Witwen, einfache Neugierige und römische Senatoren. Einer von diesen, Rogatianus, verzichtete, um seinem Unterricht folgen zu können, auf all seine Reichtümer, auf seine Regierungsämter und Sklaven.[4] Dank seines Rufes, in dem er bei der Bevölkerung stand, wurden Plotin häufig die Sprößlinge vornehmer Familien anvertraut, damit er sie in das geistige Leben einführte. Die Räume, in denen der Unterricht abgehalten wurde, gehörten einer Schülerin namens Gemina, die später auch seine Frau wurde.

Ziel der neoplatonischen Lehre war die Loslösung von der sinnlichen Befangenheit und das Einswerden mit dem göttlichen Willen, das in ekstatischer Verzückung endet, einer Art geistigem Orgasmus, in dem sich der Eingeweihte als Individuum auflöst, um sich mit dem Ganzen, also mit Gott, zu vereinigen. Porphyrios, der Biograph, gibt zu, daß er selber diese Ekstase ein einziges Mal in seinem Leben im Alter von achtundsechzig Jahren erlebt habe, daß es Plotin aber vier Mal gelungen sei.[5]

Unter seinen Bewunderern sind auch Kaiser Gallienus und seine Frau Solonina zu nennen. Von ihnen erbat sich Plotin die Gunst, eine neue Stadt in Kampanien zu gründen, die Platonopolis heißen und nur für die Philosophen bestimmt sein sollte, die dort nach den Gesetzen Platons leben wollten. Gallienus und Solonina waren auch einverstanden, aber der Plan wurde nie verwirklicht, weil Plotin am Hofe zu viel Eifersucht erregte.[6] Um keine falschen Vorstellungen aufkommen zu lassen: Plotin verfolgte dabei nicht dasselbe Ziel wie einst Platon sechs Jahrhunderte früher in Syrakus. Der göttliche Platon hatte im Ernst vorgehabt, die ganze Gesellschaftsstruktur zu verändern, Plotin dagegen hätte sich mit einer Oase des Friedens für die Philosophen begnügt.

Bis zum Alter von fünfzig Jahren weigerte sich Plotin, auch nur eine Zeile niederzuschreiben, und zwar auch schon deshalb, weil er seinerzeit, genau wie seine beiden Mitschüler Herennius und Origines Ammonios Sakkas versprochen hatte, seine Lehre nie schriftlich niederzulegen. Ich erzähle diese Einzelheiten, um zu zeigen, daß in den mystisch geprägten philosophischen Schulen stets auch ein wenig pythagoreischer Geist wehte, also eine Sucht, geheime Sekten zu bilden. Der erste, der sich über das Verbot hinweggesetzte, war Herennius, dann Origines und schließlich auch Plotin selber, der dann in kaum mehr als fünfzehn Jahren vierundfünfzig Bücher schrieb, die Porphyrios später in sechs Hauptabschnitte einteilte. Sie sind als »Enneaden« in die Geschichte eingegangen (weil jeder dieser Hauptabschnitte wiederum aus neun Schriften bestand; das griechische Wort *ennea* bedeutet neun). Hervorzuheben ist noch, daß Plotin, als er anfing zu schreiben, schon fast blind war, so daß er seine Texte in einem Zuge niederschrieb und keine Möglichkeit mehr hatte, sie noch einmal durchzusehen.[7]

Wegen einer Hautkrankheit, die Wunden an Händen und Füßen hervorrief, beschloß er, Rom zu verlassen und sich nach Minturnae zurückzuziehen, wo er in der Villa eines Schülers lebte. Er starb mit sechsundsechzig Jahren, als er gerade diese Worte aussprach: »Ich versuche das Göttliche in mir hinaufzuheben zum Göttlichen im All.« Gleichzeitig sahen die Anwesenden eine Schlange unter seinem Bett emporzüngeln und durch ein Loch in der Wand verschwinden.[8]

Er war vielleicht mehr ein Dichter oder ein religiöser Führer als ein Philosoph. Augustinus sagte über ihn: »Tauscht nur ein paar Wörter in seinem Denken aus, und ihr habt einen Christen.«

## *Das System Plotins*

Nach Plotins Vorstellung wurde die intelligible Welt von drei *Personen* gebildet: dem Einen, dem Geist und der Seele.[9] Dies ist eine Dreieinigkeit, die uns ein wenig an die christliche erinnert. Im Unterschied zu Vater, Sohn und Heiligem Geist aber haben die drei Personen der Neoplatoniker ein anderes hierarchisches Gewicht: die erste Person, das Eine, hat durch Emanation, also durch Ausströmung, die zweite hervorgebracht, und die zweite, der Geist, hat durch Emanation die dritte hervorgebracht, ebenso wie die dritte, die Seele, die sensible Welt geschaffen hat. Außerdem umfaßt das Eine auch den Geist, der seinerseits die Seele und die sensible Welt umfaßt. Erinnern Sie sich an die Matrioschkas, die russischen Puppen? Also dann stellen Sie sich das Eine als die größte dieser Puppen vor, die in sich alle die anderen Puppen einschließt, der Geist wäre dann die zweite Puppe, die Seele die dritte und die sensible Welt schließlich die kleinste von allen.

Das Eine Plotins hat etwas Vorsokratisches: es ähnelt sehr dem Einen des Parmenides und ist in jedem Aspekt der Natur zu finden, genau wie die Luft des Anaximenes und das *apeiron* Anaximanders: es ist alles und umfaßt alles, da es Alles ist, es kennt keinerlei Grenzen. Sein Hauptmerkmal ist, unendlich zu sein.

Wenn wir hier vom Übersensiblen reden, ist es vielleicht angebracht, Plotins »Weltanschauung« mit derjenigen seiner berühmtesten Vorgänger zu vergleichen: mit jener Platons und Aristoteles'.

Platons Gott ist das *Gute selbst,* oder vielmehr die wichtigste aller Ideen. Es ist aber nicht klar, ob diese Idee des Guten auch ein Schöpfergott des Universums ist; sie scheint sich eher wie die Sonne darauf zu beschränken, die Welt zu erhellen, die bereits da ist, und ihr nur die Möglichkeit zu geben, gesehen zu werden.[10]

Aristoteles dagegen ist ausführlicher: er verneint die Existenz des Unendlichen im Akt, wobei er das Unendliche selbst nicht als einen Vorzug ansieht, sondern als einen Mangel, als etwas Unvollkommenes. Der aristotelische Gott befindet sich außerhalb des Alls, er kümmert sich um seine eigenen Angelegenheiten und hält die Welt wahrscheinlich nicht für wert, in Betracht gezogen zu werden. Das Denken eines solchen Gottes ist also nur auf sich selber gerichtet und reduziert sich darauf »sich selbst zu denken«.[11]

Für Plotin ist die zweite *Person* der Geist *(nous)* oder das Sein oder der Intellekt, wie man will. Sie ist mit anderen Worten die Gesamtheit aller bestehenden intelligiblen Wirklichkeiten, jene, die für Platon die Ideenwelt darstellten. Aber während das Eine einzig ist, ist der Geist vielfältig. Seine Aufgabe ist es, das Eine zu betrachten und die Seele hervorzubringen, die die dritte *Person* ist, »die letzte Göttin«, das heißt, die letzte der intelligiblen Wirklichkeiten.[12] Die Seele bringt, wie wir bereits gesagt haben, die sensible Welt hervor.

Eine Grundgegebenheit des Plotinschen Systems ist die Auf- und Abbewegung zwischen dem Gipfel und der Basis. Jede der drei *Personen* bringt nämlich durch *Emanation* etwas nach unten hervor und gibt sich gleichzeitig (natürlich mit Ausnahme des Einen) der Kontemplation des Höheren hin.[13]

Höchstes Ziel des Lebens ist die Kontemplation des Einen. Wie soll dies gelingen? »Ganz einfach«, erwidert Plotin, »man braucht nur alles übrige auszuschließen!«[14] Und zu dem übrigen gehört, fürchte ich, alles, was uns am Leben gefällt: die Gefühle, die Arbeit, die Frauen, die Kunst, Spiel und Sport usw. Ihm gelang dies bestens. Er beschreibt die Ekstase (*ékstasis* heißt auf Griechisch nämlich »aus sich selbst heraustreten«) auf diese Weise: »Immer wieder wenn ich aus dem Leib aufwache in mich selbst, lasse das andre hinter mir und trete ein in mein Selbst; sehe eine wunderbar gewaltige Schönheit und vertraue in solchem Augenblick ganz eigentlich zum höheren Bereich zu gehören; verwirkliche höchstes Leben, bin in eins mit dem Göttlichen und auf seinem Fundament gegründet; denn ich bin gelangt zur höheren Wirksamkeit und habe meinen Stand errichtet hoch über allem was sonst geistig ist.«[15]

Nicht alle Menschen sind fähig, sich zu erheben. Nur drei Kategorien können es offenbar schaffen: die Musiker, die Liebenden und die Philosophen. Die Musiker haben mit Hilfe der Philosophie die Möglichkeit, von der Süße der wahrnehmbaren Töne zu jener der geistigen Güter zu gelangen; die Liebenden müssen die körperliche Schönheit außer acht lassen und die unkörperliche anstreben; und die Philosophen müssen gar nichts Besonders machen, denn als Philosophen sind sie ja ohnehin voll und ganz auf die Kontemplation eingestimmt.[16]

1 Porphyrios, *Leben des Plotin,* 1

2 *ebd.*, 3, 12

3 *ebd.*, 3

4 *ebd.*, 7 (39)

5 *ebd.*, 23

6 *ebd.*, 7

7 *ebd.*, 8

8 *ebd.*, 2

9 In den Philosophiegeschichten werden diese *Personen* gemeinhin *Hypostasen* oder *Substanzen* genannt: beide Begriffe bedeuten nach dem griech. *hypo stásis,* bzw. dem lat. *sub stantia* »Unterstellung«. Die Substanz liegt in der Tat »unter« dem Anschein. Da wir es aber hier mit Entitäten zu tun haben, die der *übersinnlichen* Welt angehören, ziehen wir, um Mißverständnisse zu vermeiden, den Begriff »Personen« vor.

10 Platon, *Der Staat,* 508–509b

11 Aristoteles, *Metaphysik,* XII, 9, 1074b, 28–35

12 Plotin, *Enneaden,* IV, 8, 5

13 *ebd.*, V, 3, 17

14 *ebd.*, V, 3, 17

15 *ebd.*, IV, 8, 1

16 *ebd.*, I, 3, 1–3

XIII

# *Renato Caccioppoli*

Wenn ich mal irgendwie angeben will, erzähle ich: »Ich habe Analysis und Kalkulation bei Caccioppoli gemacht!«

1948, Universität von Neapel, zweijähriger Ingenieurkurs. Die Aula in der Via Mezzocannone ist brechend voll. Um einen Sitzplatz zu bekommen, bin ich schon seit einer Stunde da. Es ist zehn Uhr: wir warten auf Renato Caccioppoli. Seine Vorlesungen werden inzwischen von allen möglichen Leuten besucht: von Studenten, die vor der Prüfung stehen, von anderen Studenten, die die Prüfung bereits abgelegt haben, und sogar von solchen, die mit Mathematik überhaupt nichts im Sinn haben: Medizinern, Philologen, Neugierigen und Kulturschaffenden. Wir alle sind seine Schüler.

Caccioppoli kommt herein. Wie immer hochelegant: dunkler Abendanzug, leicht zerknautscht und mit Gipsspuren an den Ärmeln, aber nie ohne Gardenie im Knopfloch. Wahrscheinlich trägt er noch den Anzug vom Vorabend. Der Meister hat wohl in dieser Nacht überhaupt nicht geschlafen: er wird sich über Liebe und Politik unterhalten, Klavier gespielt, getrunken und gesungen haben. Nachts ist er nicht gern allein: er streift durch die Straßen Neapels, sucht die kleinen Bars der spanischen Viertel auf, im Vico Sergente Maggiore trinkt er einen Kognak, in der Via Nardones einen Grappa und erst, wenn wirklich überhaupt niemand mehr da ist, mit dem er reden könnte, geht er nach Hause, wobei er dann die ganze Via Chiaia zu Fuß zurücklegt. Und hier kommt er nun taufrisch herein und wird mit stürmischem

Beifall begrüßt. Er grüßt mit einer weitausholenden Gebärde zurück (Hand eines »Klavierspielers«). Die Haare fallen ihm tief in die Stirn. Daß er ein Genie ist, erkennt man schon an der Art, wie er sich bewegt: er ist ernst, wie es sich für einen Wissenschaftler ziemt, aber seine Augen lachen. Er bleibt stehen und deutet mit dem Zeigefinger auf einen Jungen in der ersten Reihe.

»Du bist in der Küche und willst dir einen Teller Spaghetti kochen. Der Topf mit dem Wasser steht auf dem Küchentisch. Der Herd ist bereits an. Welchen Handgriff machst du als ersten?«

»Ich stelle den Topf auf den Herd«, antwortet der Junge prompt.

»Und wenn der Topf nicht auf dem Tisch steht, sondern auf der Abstellfläche des Küchenbüfetts?«

»Genau gleich: ich stelle den Topf auf den Herd.«

»Nein: wenn du ein Mathematiker bist, stellst du ihn zuerst auf den Küchentisch und kehrst zum Ausgangspunkt des früheren Falls zurück.«

Renato Caccioppoli wurde am 20. Januar 1904 in Neapel geboren. Sein Großvater war der berühmte Michail Bakunin, der russische Anarchist, der mehr an die Bauern als an die Arbeiter glaubte und beschlossen hatte, die Weltrevolution im ländlichen Gebiet um Neapel zu beginnen. Er wußte nicht, daß das Volk hier im Süden immer monarchistisch gewesen ist. Am Ende überzeugte er nur einige junge Aristokraten aus der Gegend, die einzigen, die gewillt waren, gegen die Macht zu kämpfen.

Caccioppoli hatte schon mit sechsundzwanzig Jahren einen Titel für algebraische und Infinitesimalanalyse in Padua. Im Jahre 33 erhielt er den Lehrstuhl in Neapel. Wir verdanken ihm außerordentlich bedeutende Studien auf dem Gebiet der Differentialgleichungen, der variablen Funktionen und der Meßtheorie. Im Jahre 1953 zeichnete ihn die Accademia dei Lincei als eine der größten mathematischen Begabungen unserer Zeit aus. Es sind aber bestimmt nicht seine wissenschaftlichen Verdienste, die ihn bei uns so beliebt machten. Caccioppoli war vor allem ein freier Geist

*Renato Caccioppoli*
*(1939)*

und dann erst ein Genie mit goldenem Herzen, ein außergewöhnlicher Pianist, ein Philosoph und Dichter.

An jenem Abend, an dem Hitler in Neapel einzog, befand sich Caccioppoli in einer Gaststätte von Materdei. Nach beendeter Mahlzeit stieg er auf einen Stuhl und verkündete den Anwesenden, was er von Hitler und Mussolini hielt. Danach zog er mit Sara Mancuso, der Frau, die er liebte, und mit zwei Gitarrenspielern durch die Gassen Neapels und sang die Marseillaise. Im Morgengrauen des nächsten Tages holten sie ihn ab, und nur durch das Eingreifen seiner Tante, der Chemieprofessorin Maria Bakunin, blieb ihm die Verschickung an einen Zwangswohnort erspart. Er wurde für geisteskrank erklärt und in die psychiatrische Anstalt Leonardo Bianchi eingewiesen.

Er war mit Eduardo, mit Gide und mit sehr vielen neapolitanischen Intellektuellen befreundet. Er ließe sich vielleicht als ein Kommunist sui generis bezeichnen, Parteimitglied wollte er nie werden. Als ein faszinierender Plauderer und Wanderprediger hielt er aber unvergeßliche Wahlreden für die KPI. Vor allem suchte er sich auch immer die schwierigsten Kampfplätze aus, die Hochburgen der Gutbürgerlichen, und da zog er dann los über die Heuchelei der sogenannten Rechtschaffenen, die Anmaßung der Geistlichen, die Grausamkeit Stalins, er teilte so ziemlich nach allen Seiten aus und zielte nicht nur auf seine Gegner. Er war tolerant, aber auch ein Rebell: eines Tages schoß er mit der Pistole auf alle antiken Möbelstücke in seiner Wohnung.

Wenn er Prüfung abhielt, konnte man gewiß sein, daß es wieder lustig zugehen würde – außer natürlich für denjenigen, der ›dran‹ war. Eines Tages kam ein Junge, der kein Griechisch konnte und daher nichts von der Existenz des Buchstabens Epsilon ($\varepsilon$) wußte. Die Prüfung lief so ab:

»Gegeben ist eine nach Belieben kleine ›Drei‹ ...« begann der Junge.

»Was heißt, eine ›Drei‹?« fragte Caccioppoli verwundert.

»Eine ›Drei‹«, wiederholte der Student und zeigte auf das Epsilon, das er gerade auf die Tafel gemalt hatte.

»Sie meinen, wenn ich will, kann ich sie auch noch kleiner verlangen?«

»Ja.«

»Also, dann machen Sie sie mir kleiner.«

Der Junge verkleinerte sie um die Hälfte.

»Nein, das reicht mir noch nicht. Ich will sie noch kleiner.«

Der Gag ging so weiter, bis der Ärmste unter dem Hohngelächter von uns ›Humanisten‹ sein Epsilon wirklich nicht mehr kleiner machen konnte.

Auch ich schnitt, ehrlich gesagt, nicht gerade glänzend ab. Er gab mir, was er einen ›Dreier zum Abgewöhnen‹ nannte.

»Sie hätten eigentlich etwas Besseres verdient«, sagte Caccioppoli zum Abschied, »aber ich hoffe, daß dieser Dreier Sie dazu veranlaßt, die Fakultät zu wechseln. Sie haben eine ganz brauchbare Phantasie, mein lieber Junge, vielleicht können Sie sich als Dichter versuchen. Hören Sie auf den Rat eines Experten: Geben Sie das Ingenieurfach auf und werden Sie Wortkünstler.«

Eines Nachts gegen ein Uhr sah ich ihn auf der Treppe der Santa Caterina-Kirche sitzen. Ich dachte zuerst, daß ihm vielleicht übel wäre, und fragte, ob ich ihm behilflich sein könnte. Er forderte mich auf, mich neben ihn zu setzen. Dann sprach er über die therapeutische Kraft des Maßes. Er sagte: »Wenn du vor etwas Angst hast, versuche, es im richtigen Verhältnis zu sehen, dann wirst du merken, daß nicht viel dran ist.« Ich glaube, daß er betrunken war, nicht wegen der Maxime, die ich großartig finde, sondern weil er mich duzte.

Die Frau, die er liebte, verließ ihn von einem Tag auf den anderen. Es hieß, sie sei mit einem Parteigenossen nach Capri abgehauen. Das war am 8. Mai 1959. Am Nachmittag desselben Tages beging Renato Caccioppoli in seiner kleinen Wohnung im Palazzo Cellamare Selbstmord. Tags zuvor hatte er zu einigen Studenten gesagt: »Jede Art von Scheitern kann man verzeihen, außer beim Selbstmord. Wenn einer sich dazu entschlossen hat, darf er keinen Fehler machen!« Er machte keinen Fehler:

Horizontale Lage, Nacken auf dem Kissen, Schuß in die Schläfe. Er war fünfundfünfzig Jahre alt. Als ich die Nachricht las, war ich gar nicht erstaunt, ja ich wunderte mich, daß es nicht schon früher geschehen war. Er war zu russisch, zu ironisch, zu sehr eine Dostojewski-Gestalt, um geduldig auf einen natürlichen Tod zu warten. Die Liebe hat in seinem Leben wohl eine entscheidende Rolle gespielt. Lucio Villari hat mir erzählt, daß Caccioppoli einmal im Hause der Mathematikerin Maria del Re gefragt worden sei, welches seiner Meinung nach der wichtigste Satz der Geschichte sei. Alle erwarteten wer weiß welche große Aussage, aber er sagte einfach: »Dem Herzen läßt sich nicht befehlen«. »Und die nützlichste Entdeckung?« »Die Knaus-Ogino-Methode, wenn sie hinhaut.« »Und die schlimmste?« »Die Knaus-Ogino-Methode, wenn sie nicht hinhaut.«

Warum ich Renato Caccioppoli in meine Geschichte der griechischen Philosophie aufgenommen habe? Welcher Philosophieschule ließe er sich zuschreiben? Jeder und keiner: er war ein Eklektiker.

Zwischen dem zweiten und ersten vorchristlichen Jahrhundert tauchten in der griechisch-römischen Welt die ersten Eklektiker auf. Es handelt sich bei ihnen nicht um eine regelrechte Philosophieschule, sondern um eine Denkungsart, die von jeder Lehre das übernahm, was das Beste an ihr war. Hatten die Skeptiker behauptet, daß nichts wahr sei, begannen die Eklektiker, von den gleichen Voraussetzungen ausgehend, zu behaupten, daß alles ein wenig wahr sein müsse. Und da sich im Laufe der Zeit die Prinzipien der Begründer der verschiedenen Richtungen immer mehr abschliffen, entstand so etwas wie eine Mischung aus verschiedenen Weisheiten, die unter dem Namen Eklektizismus in die Geschichte einging. Zu den berühmtesten Eklektikern gehörten Philon von Larissa, Antiochos von Askalon und der große Cicero.

So wie Renato Caccioppoli die Freiheit, die Genüsse, die Freunde, Wein und gutes Essen liebte, war er zweifellos ein

Epikureer. Seine Solidarität mit den unteren Schichten erinnert an Epikurs Beziehung zu den Entrechteten. Gleichzeitig hatte er aber auch etwas von einem Stoiker an sich. Professor Felice Ippolito erzählt, daß sein Vater, der leidenschaftlich gern Wagner hörte, trotz einer Blinddarmreizung eines Tages nicht auf die Premiere von *Tristan und Isolde* verzichten wollte, die er gemeinsam mit Caccioppoli besuchte. Nach der Aufführung wurde der Ingenieur auf dem schnellsten Weg ins Krankenhaus eingeliefert, und während er dort darauf wartete, in den Operationssaal gebracht zu werden, drückte ihm Caccioppoli die Hand und sagte:

»Wie ich dich beneide! Isoldes Tod zu betrauern und gleichzeitig furchtbare Bauchschmerzen zu haben!«

Aber Caccioppoli war auch ein Kyniker: Als er in Padua bereits den Lehrstuhl für Analysis innehatte, zog er sich eines Tages wie ein Gammler an, rasierte sich nicht und setzte sich ohne einen Pfennig in der Tasche in ein Eisenbahnabteil dritter Klasse nach Mailand. Er wollte ausprobieren, was es hieß, arm zu sein. Nach fünf Tagen wurde er wegen Bettelei aufgegriffen.

Und schließlich darf man auch seinen tiefsitzenden Skeptizismus nicht übersehen. Die Abgeordnete Luciana Viviani erzählt: »In den fünfziger Jahren kämpften wir beide auf der Seite der Friedenspartisanen, nahmen an Märschen, an Abrüstungsdemonstrationen, Wahlveranstaltungen usw. teil. Während wir Jungen aber voller Enthusiasmus und von heiligem Zorn erfüllt waren, war er immer ein wenig ironisch, zweifelnd, enttäuscht. Wenn man ihn fragte, warum er so Abstand hielt, antwortete er: ›Für mich gibt es keine Gewißheiten, bestenfalls Wahrscheinlichkeiten.‹«

# *Namensregister*

Luciano De Crescenzo

*Geschichte der griechischen Philosophie*

*Die Vorsokratiker*

Aus dem Italienischen von Linde Birk

»Jetzt gibt es Grund zum Aufatmen für alle, die sich Geschichte wieder einmal als fröhliche Wissenschaft wünschen. Während in Deutschland viele Seiten mit vielfältigen Fragen danach bedruckt wurden, ob der Historiker wieder erzählen dürfe – oder gar müsse –, hat der italienische Ingenieur und Autor Luciano De Crescenzo sich unbekümmert ans Erzählen gemacht. Seine *Geschichte der griechischen Philosophie* ist ein neuerlicher Beleg für das Verlagsmotto, daß Diogenes Bücher ›weniger langweilig‹ seien. Weniger langweilig als fast alles was über die Geschichte nicht nur der antiken Philosophie geschrieben wurde, ist De Crescenzos Buch allemal.«
*Deutsches Allgemeines Sonntagsblatt, Hamburg*

»Philosophen wie du und ich – ein italienischer Ex-Manager hat die *Geschichte der griechischen Philosophie* so unterhaltsam aufbereitet, daß sie ein Bestseller wurde. Das Erfolgsrezept ist einfach: Er schreibt verständlich.« *Stern, Hamburg*

»Was philosophisches Denken sein kann, woher es entspringt und wie es weiterwirkte – das alles vereint De Crescenzo auf wenigen Seiten. Philosophie ist auch etwas Vergnügliches – diese längst verschüttete Einsicht ruft er uns wieder ins Gedächtnis.«
*Die Furche, Wien*

## *Luciano De Crescenzo im Diogenes Verlag*

Luciano De Crescenzo – braucht man ihn noch vorzustellen? – ist jener charmante ehemalige Ingenieur aus Neapel, der mit seiner *Geschichte der griechischen Philosophie,* mit *Also sprach Bellavista* (der auch als Film in den Kinos ein Riesenerfolg war) den deutschen Sprachraum und alle Bestsellerlisten eroberte. Ein echtes »Medien-Dauerfeuerwerk« (Die Zeit).

»Der Mann ist eine Wundertüte, die sich, verblüfft über den eigenen Inhalt, unablässig und mit diebischer Freude selbst über die Umwelt ergießt. Je nach Anlaß und Laune präsentiert sich Luciano De Crescenzo als Schriftsteller, Journalist, Filmemacher, Manager oder Spaßvogel.« *Die Weltwoche, Zürich*

*Also sprach Bellavista*
Neapel, Liebe und Freiheit
Aus dem Italienischen von Linde Birk

*oi dialogoi*
Von der Kunst, miteinander zu reden
Deutsch von Jürgen Bauer

*Geschichte der griechischen Philosophie* I
Die Vorsokratiker
Deutsch von Linde Birk

*Geschichte der griechischen Philosophie* II
Von Sokrates bis Plotin
Deutsch von Linde Birk

*Zio Cardellino*
Der Onkel mit dem Vogel
Roman. Deutsch von Ina von Puttkamer
Mit einem Vorwort des Autors

*Sokrates*
Sein Leben und Denken
Deutsch von Linde Birk

Homer

*Ilias*

*Odyssee*

Beide Bände in der Übersetzung von
Johann Heinrich Voss,
Edition von Peter Von der Mühll,
mit einem Nachwort von Egon Friedell

»Das schönste, alles umfassende Thema ist die *Odyssee.* Es ist größer, menschlicher als Hamlet, Don Quixote, Faust.« *James Joyce*

»Man hat den Autor für einen Bücherwurm und Absonderling gehalten. Das erste mit Unrecht. Zwar liest er unter anderem die Bibel, die großen Dramatiker, die *Bekenntnisse des Augustin,* die *Pickwickier* und *Don Quixote* und hält die *Odyssee* für das schönste der Märchenbücher, aber ein Bücherwurm ist doch ein Tierchen mit ganz anderen Manierchen.«
*Wilhelm Busch, Von mir über mich*

»Homer ist die Enzyklopädie. Er wußte alles.«
*Gustave Flaubert*

»In Schlegels Shakespeare und in Vossens Übersetzungen läßt die Sprache ihre Wasserkünste spielen, und *beider* Meisterstück geben dem Wunsche des Verfassers Gewicht: daß überhaupt die Übersetzer wissen möchten, wie viel sie für Klang, Fülle, Reinheit der Sprache, oft sogar mehr als der Urschriftsteller, zu leisten vermögen, da ihnen, wenn dieser über die Sache zuweilen die Sprache vergißt, die Sprache eben die Sache ist.« *Jean Paul*

Friedrich Dürrenmatt
*Philosophie und Naturwissenschaft*
Essays, Gedichte und Reden

»Mutig denunziert er die eindimensionale, auf cartesianischer Denksystematik beruhende, moderne Ideologie und verschreibt sich der Literatur des Paradox, die ihn in die Nähe eines Platon, der mittelalterlichen Mystiker, eines Erasmus, eines Montaigne, eines Swift, eines Shakespeare und auch des genialen Blaise Pascal bringt.« *Amédée A. Scholl*

»Dürrenmatt scheint mir ein äußerst wichtiger Herold für die Zukunft zu sein, ja, ich vermute, daß man Dürrenmatt einst als den wichtigsten Schriftsteller betrachten wird, der gegenwärtig auf dem europäischen Kontinent tätig ist. Dürrenmatt hat einen Ausweg aus der Sackgasse Sartres und Camus' gefunden. Er benutzt alle traditionellen Analysen des Existentialismus, die Konzepte von nicht-authentischer Existenz, menschlicher Selbsttäuschung usw., jedoch mit einem instinktiven, mystischen Optimismus.«
*Colin Wilson*

»In seinem wichtigen Aufsatz *Über Toleranz* plädiert Dürrenmatt, dieser höchst paradoxe Autor, der früher so kompromißlos den Zusammenbruch der humanistischen Ideale aufgezeigt hat, plädiert Dürrenmatt also für eine neue Aufklärung, indem er Hegel, Marx, Lenin und Mao das Denken von Lessing, Kant und Kierkegaard entgegensetzt.«
*Michael Butler/The Times Literary Supplement*

Nicolas Gfeller

*Kleine Geschichte der Ethik*

Von Buddha bis Ernst Bloch
Mit zahlreichen Abbildungen

Eine kurze Geschichte der Ethik, dargestellt an ausgewählten Beispielen und versehen mit einschlägigen und kommentierten Zitaten von Buddha, Lao Tse, Konfuzius, Moses, Platon, Aristoteles, Christus, Epiktet und Marc Aurel, Augustinus, Mohammed, Thomas von Aquin, Machiavelli, Montaigne, Spinoza, Kant, Mill, Nietzsche, Kierkegaard, Hartmann, Adorno, Sartre und Bloch.
Die Ethik wurde und wird aus den verschiedensten Quellen gespeist, und sie wird noch facettenreicher und widersprüchlicher durch die Vielzahl der Persönlichkeiten und Charaktere, die von der Philosophie, der Theologie oder von beidem her sich durch die Jahrhunderte mit Ethik beschäftigt haben. Kein Handbuch für ein ›richtig‹ gelebtes Leben, sondern Anstoß zu eigenem Denken.

»Der Mensch schafft sich, er ist nicht von Anfang an fertig geschaffen; er schafft sich, indem er seine Moral wählt, und der Druck der Umstände ist derartig, daß er nicht anders kann, als eine wählen.« *Jean-Paul Sartre*

# *Dichter und Denker im Diogenes Verlag*

**● Heinrich Böll**

*Worte töten, Worte heilen*
Gedanken über Lebenslust, Sittenwächter und Lufthändler. Ausgewählt und zusammengestellt von Daniel Keel. Mit einem Nachwort von Alfred Andersch

**● Buddha**

*Worte der Vollendung*
Herausgegeben und mit einem Vorwort und einem Nachwort von Wolfgang Kraus

**● Albert Camus**

*Weder Opfer noch Henker*
Über eine neue Weltordnung. Aus dem Französischen von Lislott Pfaff. Mit einem Essay von Heinz Robert Schlette und einem Beitrag von Hans Mayer

**● Anton Čechov**

*Freiheit von Gewalt und Lüge*
(vorm.: Denken mit Čechov) Gedanken über Aufklärung, Fortschritt, Kunst, Liebe, Müßiggang und Politik. Zusammengestellt von Peter Urban. Mit fünf Porträts und einer Selbstkarikatur von Doktor Čechov

**● Luciano De Crescenzo**

*Also sprach Bellavista*
Neapel, Liebe und Freiheit. Aus dem Italienischen von Linde Birk

*oi dialogoi*
Von der Kunst, miteinander zu reden. Deutsch von Jürgen Bauer

*Geschichte der griechischen Philosophie I*
Die Vorsokratiker. Deutsch von Linde Birk

*Geschichte der griechischen Philosophie II*
Von Sokrates bis Plotin. Deutsch von Linde Birk

**● Friedrich Dürrenmatt**

*Kritik*
Kritiken und Zeichnungen

*Literatur und Kunst*
Essays, Gedichte und Reden

*Philosophie und Naturwissenschaft*
Essays, Gedichte und Reden

*Politik*
Essays, Gedichte und Reden

*Versuche*

*Zusammenhänge / Nachgedanken*
Essay über Israel. Eine Konzeption / unter anderem über Freiheit, Gleichheit und Brüderlichkeit in Judentum, Christentum, Islam und Marxismus und über zwei alte Mythen

*Denkanstöße*
Ausgewählt und zusammengestellt von Daniel Keel. Mit sieben Zeichnungen des Dichters

*Labyrinth*
Stoffe I–III: Der Winterkrieg in Tibet / Mondfinsternis / Der Rebell. Vom Autor revidierte Neuausgabe

*Turmbau*
Stoffe IV–IX: Begegnungen / Querfahrt / Die Brücke / Das Haus / Vinter / Das Hirn

*Gedankenfuge*

*Die Schweiz – ein Gefängnis*
Rede auf Václav Havel. Mit einem Gespräch des Autors mit Michael Haller sowie einer Rede von Adolf Ogi

**● Meister Eckehart**

*Deutsche Predigten und Traktate*
Herausgegeben und übersetzt von Josef Quint

**● Albert Einstein**

*Briefe*
Aus dem Nachlaß herausgegeben von Helen Dukas und Banesh Hoffmann

**● Albert Einstein & Sigmund Freud**

*Warum Krieg?*
Ein Briefwechsel. Mit einem Essay von Isaac Asimov

**● Henry F. Ellenberger**

*Die Entdeckung des Unbewußten*
Geschichte und Entwicklung der dynamischen Psychiatrie von den Anfängen bis zu Janet, Freud, Adler und Jung. Aus dem Amerikanischen von Gudrun Theusner-Stampa. Mit 45 Abbildungen

## ● Ralph Waldo Emerson

*Essays*

Erste Reihe. Herausgegeben, aus dem Amerikanischen übersetzt und mit einem ausführlichen Anhang von Harald Kiczka

*Natur*

Herausgegeben und übersetzt von Harald Kiczka. Mit einem Nachruf auf Emerson von Herman Grimm

*Repräsentanten der Menschheit*

Plato, Swedenborg, Montaigne, Shakespeare, Napoleon, Goethe. Sieben Essays. Deutsch von Karl Federn. Mit einem Nachwort von Egon Friedell

*Von der Schönheit des Guten*

Betrachtungen und Beobachtungen. Ausgewählt, übertragen und mit einem Vorwort von Egon Friedell. Mit einem Nachwort von Wolfgang Lorenz

## ● Epiktet

*Handbüchlein der Moral und Unterredungen*

Herausgegeben und mit einer Einführung von Wolfgang Kraus

## ● Epikur

*Über das Glück*

Aus dem Altgriechischen und herausgegeben von Séverine Gindro und David Vitali. Mit einem Vorwort von Ludwig Marcuse

## ● Erasmus von Rotterdam

*Das Lob der Narrheit*

Mit vielen Kupfern nach Illustrationen von Hans Holbein und einem Nachwort von Stefan Zweig

## ● Jean-Henri Fabre

*Das offenbare Geheimnis*

Aus dem Lebenswerk des Insektenforschers. Eine Auswahl aus den ›Souvenirs entomologiques‹. Herausgegeben von Kurt Guggenheim und Adolf Portmann. Mit einem Essay von Martin Lindauer. Aus dem Französischen von Kurt Guggenheim. Mit Bildtafeln und Zeichnungen

*Wunder des Lebendigen*

Aus der vielfältigen Welt der Insekten. Eine Auswahl aus den ›Souvenirs entomologiques‹. Herausgegeben von Martin Lindauer und Jost M. Franz. Deutsch von Liselotte Ronte

## ● Französische Moralisten

La Rochefoucauld, Vauvenargues, Montesquieu, Chamfort. Aus dem Französischen und herausgegeben von Fritz Schalk

## ● Franz von Assisi

*Fioretti*

Gebete / Ordensregeln / Testament / Briefe. Aus dem Italienischen von Wolfram von den Steinen und Max Kirschstein. Mit einem Essay von Wolfram von den Steinen

## ● Egon Friedell

*Steinbruch*

Kleine Philosophie. Mit einem Vorwort des Autors und einem Nachwort von Wolfgang Lorenz

*Ecce Poeta*

Mit einem Nachwort von Wolfgang Lorenz

## ● Nicolas Gfeller

*Kleine Geschichte der Ethik*

von Buddha bis Ernst Bloch. Mit zahlreichen Abbildungen

## ● Baltasar Gracián

*Hand-Orakel und Kunst der Weltklugheit*

Aus dem Spanischen von Arthur Schopenhauer. Mit einem Nachwort von Hugo Loetscher

## ● Immanuel Kant

*Deines Lebens Sinn*

Eine Auswahl aus dem Gesamtwerk. Herausgegeben von Wolfgang Kraus

## ● Lao Tse

*Tao-Te-King*

Neu ins Deutsche übertragen von Hans Knospe und Odette Brändli. Mit einem Nachwort von Knut Walf

## ● D.H. Lawrence

*Liebe, Sex und Emanzipation*

Essays. Aus dem Englischen von E. Schnack

## ● Ludwig Marcuse

*Philosophie des Glücks*

Von Hiob bis Freud. Vom Autor revidierter und erweiterter Text nach der Erstausgabe von 1948. Mit Register

*Sigmund Freud*

Sein Bild vom Menschen. Mit Register und Literaturverzeichnis

*Ignatius von Loyola*
Ein Soldat der Kirche. Mit Zeittafel

*Briefe von und an Ludwig Marcuse*
Herausgegeben und eingeleitet von Harold von Hofe

*Mein zwanzigstes Jahrhundert*
Auf dem Weg zu einer Autobiographie. Mit Personenregister

*Nachruf auf Ludwig Marcuse*

*Heinrich Heine*
Melancholiker, Streiter in Marx, Epikureer

*Ludwig Börne*
Aus der Frühzeit der deutschen Demokratie

*Philosophie des Un-Glücks*
Pessimismus – ein Stadium der Reife

*Meine Geschichte der Philosophie*
Aus den Papieren eines bejahrten Philosophiestudenten

*Das Märchen von der Sicherheit*
oder Die unverschämte Vernunft. Ein Essay, herausgegeben und eingeleitet von Harold von Hofe

*Obszön*
Geschichte einer Entrüstung

*Der Philosoph und der Diktator*
Plato und Dionys. Geschichte einer Demokratie und einer Diktatur

*Wie alt kann Aktuelles sein?*
Literarische Porträts und Kritiken. Herausgegeben, mit einem Nachwort und einer Auswahlbibliographie von Dieter Lamping

*Die Welt der Tragödie*

*Amerikanisches Philosophieren*
Pragmatisten, Polytheisten, Tragiker

**● Thomas Merton**

*Im Einklang mit sich und der Welt*
Contemplation in a World of Action. Aus dem Amerikanischen und mit einer Einführung von Georg Tepe

**● Mohammed**

*Die Stimme des Propheten*
Aus dem Koran ausgewählt, herausgegeben und mit einem Vorwort von Wolfgang Kraus

**● Michel de Montaigne**

*Essais*
nebst des Verfassers Leben nach der Ausgabe von Pierre Coste, ins Deutsche übersetzt von Johann Daniel Tietz. Mit Personen- und Sachregister. Nachwort von Winfried Stephan

*Essais*
Eine Auswahl vorgestellt von André Gide

*Um recht zu leben*
Aus den Essais. Deutsch von Hanno Helbling. Mit einem Vorwort von Egon Friedell

**● Charles-Louis Secondat Montesquieu**

*Vom glücklichen und weisen Leben*
Aus dem Französischen von Erwein Freiherr von Aretin. Nachwort von Fritz Schalk

**● Thomas Morus**

*Utopia*
Roman. Aus dem Lateinischen von Alfred Hartmann. Mit einem Porträt des Autors von Erasmus von Rotterdam

**● Friedrich Nietzsche**

*Vom Nutzen und Nachteil der Historie für das Leben*
Herausgegeben und mit einem Nachwort von Michael Landmann

*Brevier*
Ausgewählt, herausgegeben und mit einem Vorwort von Wolfgang Kraus

**● Walter Nigg**

*Große Heilige*
Von Franz von Assisi bis Therese von Lisieux

*Das Buch der Ketzer*
Von Simon Magus bis Leo Tolstoi

*Vom Geheimnis der Mönche*
Von Bernhard von Clairvaux bis Teresa von Avila

*Das mystische Dreigestirn*
Meister Eckhart, Johannes Tauler, Heinrich Seuse

*Heilige und Dichter*
Von Augustinus bis Reinhold Schneider

*Des Pilgers Wiederkehr*
Drei Variationen über ein Thema

*Heimliche Weisheit*
Mystisches Leben in der evangelischen Christenheit

*Der christliche Narr*
Über Symeon von Edessa, Jacopone da Todi, Erasmus' *Lob der Torheit*, Philipp Neri, Cervantes' *Don Quijote*, Heinrich Pestalozzi und Dostojewskijs *Idiot*

*Buch der Büßer*
Neun Lebensbilder. Von Maria Magdalena bis Simone Weil

*Friedrich Nietzsche*
Mit einem Nachwort von Max Schoch

*Große Unheilige*
Von König Saul bis Friedrich Nietzsche

*Teresa von Avila*
Eine leidenschaftliche Seele

*Das ewige Reich*
Geschichte einer Hoffnung

*Der Teufel und seine Knechte*

*Franz von Assisi*
Denken mit dem Herzen

**● No future?**
Herausgegeben von Franz Sutter

**● George Orwell**
*Im Innern des Wals*
Erzählungen und Essays. Aus dem Englischen von Felix Gasbarra und Peter Naujack

*Rache ist sauer*
Essays. Deutsch von Felix Gasbarra, Peter Naujack und Claudia Schmölders

*Gerechtigkeit und Freiheit*
Gedanken über Selbstverwirklichung nebst dem Essay ›Kreativität und Lebensqualität‹. Zusammengestellt von Fritz Senn. Deutsch von Felix Gasbarra und Tina Richter. Mit 7 Zeichnungen von Tomi Ungerer

**● Hanspeter Padrutt**
*Der epochale Winter*
Zeitgemäße Betrachtungen

*Und sie bewegt sich doch nicht*
Parmenides im epochalen Winter. Mit einem ausführlichen Anhang

**● Blaise Pascal**
*Größe und Nichtigkeit des Menschen*
Aus dem Französischen von Ferdinand Bruckner. Mit einem Nachwort von Egon Friedell

**● Rainer Maria Rilke**
*Briefe an einen jungen Dichter*
Mit einem Vorwort von Joachim W. Storck

**● Arthur Schopenhauer**
*Aphorismen zur Lebensweisheit*
Textidentisch mit Band 8 der ›Zürcher Ausgabe‹. Herausgegeben von Arthur Hübscher. Mit einem Nachwort von Egon Friedell

*Zürcher Ausgabe: Werke in 10 Bänden*
Vollständige Neuedition. Alle Bände bringen, nach dem letzten Stand der Forschung, den integralen Text in der originalen Orthographie Schopenhauers nach der historisch-kritischen Gesamtausgabe von Arthur Hübscher; Übersetzungen fremdsprachiger Zitate und seltener Fremdwörter wurden in Klammern eingearbeitet. Die editorischen Materialien besorgte Angelika Hübscher

*Die Welt als Wille und Vorstellung I*
In zwei Teilbänden

*Die Welt als Wille und Vorstellung II*
In zwei Teilbänden

*Über die vierfache Wurzel des Satzes vom zureichenden Grunde*
*Über den Willen in der Natur*
Kleinere Schriften I

*Die beiden Grundprobleme der Ethik: Über die Freiheit des menschlichen Willens / Über die Grundlage der Moral*
Kleinere Schriften II

*Parerga und Paralipomena I*
In zwei Teilbänden, wobei der zweite als Einzelausgabe die ›Aphorismen zur Lebensweisheit‹ enthält

*Parerga und Paralipomena II*
In zwei Teilbänden

**● Alexander Sinowjew**
*Ich bin für mich selbst ein Staat*
Betrachtungen eines russischen Kosmopoliten. Aufgezeichnet von Adelbert Reif und Ruth Renée Reif. Mit einer vollständigen Bibliographie der Werke von Alexander Sinowjew

**● Stendhal**
*Über die Liebe*
Essay. Aus dem Französischen von Franz Hessel. Mit Fragmenten, einem Anhang aus dem Nachlaß des Autors und einer Anmerkung von Franz Blei

**● Andrzej Szczypiorski**
*Europa ist unterwegs*
Essays und Reden. Aus dem Polnischen von Klaus Staemmler und Winfried Lipscher

**● Teresa von Avila**
*Die innere Burg*
Herausgegeben und übersetzt von Fritz Vogelgsang

**● Thomas a Kempis**
*Die Nachfolge Christi*
Ein kernhafter Auszug aus ›De imitatione Christi‹. Nach dem lateinischen Urtext bearbeitet und mit Anmerkungen herausgegeben von E. A. Kernwart

**● Henry David Thoreau**
*Über die Pflicht zum Ungehorsam gegen den Staat*
und andere Essays. Herausgegeben, aus dem Amerikanischen und mit einem Nachwort von Walter E. Richartz

**● Marquis de Vauvenargues**
*Große Gedanken entspringen im Herzen*
Herausgegeben und mit einem Vorwort von Wolfgang Kraus. Aus dem Französischen und mit einem Nachwort von Candida Kraus. Frontispiz von Ch. Colin

**● Voltaire**
*Gedanken regieren die Welt*
Eine Auswahl. Herausgegeben und mit einem Vorwort von Wolfgang Kraus

*Briefe aus England*
Herausgegeben, übersetzt und mit einem Nachwort von Rudolf von Bitter

**● Gerhard Wehr**
*Carl Gustav Jung*
Leben, Werk, Wirkung

*Martin Buber*
Leben, Werk, Wirkung

**● H. G. Wells**
*Die Geschichte unserer Welt*
Vom Neanderthaler bis zum Zweiten Weltkrieg. Aus dem Englischen von Otto Mandl, Helene M. Reiff und Eva Redtenbacher

**● Urs Widmer**
*Das Normale und die Sehnsucht*
Essays und Geschichten

**● Wie soll man leben?**
Anton Čechov liest Marc Aurel. Aus dem Russischen übersetzt, herausgegeben und mit einem Vorwort von Peter Urban

**● Oscar Wilde**
*Der Sozialismus und die Seele des Menschen*
Ein Essay. Aus dem Englischen von Gustav Landauer und Hedwig Lachmann. Frontispiz von Walter Crane